华中师范大学政治学一流学科建设成果文库

基层与地方治理系列教材

总主编 徐 勇 陈军亚

乡域治理

TOWNSHIP GOVERNANCE

主 编 黄振华

社会科学文献出版社
SOCIAL SCIENCES ACADEMIC PRESS (CHINA)

华中师范大学政治学一流学科建设成果文库
总编委会

总编委会负责人： 徐　勇　陈军亚

总编委会成员（排名不分先后）：

丁　文　韦　红　文　杰　田先红　江立华

牟成文　闫丽莉　江　畅　刘筱红　张大维

陆汉文　张立荣　陈军亚　冷向明　张星久

袁方成　徐　刚　唐　鸣　徐　勇　徐晓林

徐增阳　符　平　雷振扬

前　言

2013年，党的十八届三中全会提出"国家治理体系和治理能力现代化"的重大命题。2019年，党的十九届四中全会审议通过《中共中央关于坚持和完善中国特色社会主义制度、推进国家治理体系和治理能力现代化若干重大问题的决定》，对国家治理体系和治理能力现代化进行了全面部署。2024年，党的二十届三中全会决定指出，进一步全面深化改革的总目标是继续完善和发展中国特色社会主义制度，推进国家治理体系和治理能力现代化。国家治理体系和治理能力现代化是中国式现代化的重大战略目标，需要集聚各方面力量努力实现。

国家治理体系和治理能力现代化是一个系统工程，它包括多个领域和多个层级。基层与地方治理是国家治理的重要组成部分。2021年，《中共中央 国务院关于加强基层治理体系和治理能力现代化建设的意见》指出，基层治理是国家治理的基石，统筹推进乡镇（街道）和城乡社区治理，是实现国家治理体系和治理能力现代化的基础工程。介于中央和基层之间的地方治理在国家治理体系中居于上下衔接的重要位置。为了更好地贯彻中央精神，让人们更好地理解中央精神，增强理论自觉和行动自觉，我们编写了"基层与地方治理系列教材"，包括《省域治理》《市域治理》《县域治理》《乡域治理》等。

华中师范大学的政治学学科在基层与地方治理研究方面起步较早。20世纪80年代，随着农村人民公社体制的废除，国家恢复设立乡政府，实行村民自治，我校的政治学学者便开始基层群众自治研究。90年代末，我校的政治学学者将"治理"引入政治学和农村研究领域。进入21世纪后，城市社区治理成为重要内容。之后，我校政治学的研究领域逐步由村（社区）向乡镇（街道）、县（区）、市和省扩展，产出了大量研究成果。其中包括编写作为马克思主义理论研究和建设工程重点教材的《地方政府与政治》。

2017 年，华中师范大学的政治学学科入选"双一流"建设学科名单。2022 年，我校的政治学学科进入第二轮"双一流"建设学科名单，明确了"世界一流 中国特色 华师路径"的学科建设方向，形成"优势突破引领—交叉融合推进—整体发展提升"的总体思路，构建"一个引领、两大支撑、三大基础"的一流学科建设"雁阵布局"。其中，"国家治理体系中的基层与地方治理"确定为优势引领领域。这一领域的成果包括教材、数据库、年度报告等内容。"基层与地方治理系列教材"便是重点内容之一。

基层与地方治理是我们长期研究的领域。根据国家治理体系和治理能力现代化的总体要求编写教材，是一项全新的任务。在教材编写中，我们以中央精神为指引，紧密结合我国实际，积极探索，在主编和编写组的共同努力下，本系列教材得以完成。

本系列教材具有开拓性，尚有许多需要进一步完善之处，还请读者批评指正。

"基层与地方治理系列教材"总主编

徐 勇　陈军亚

2024 年 11 月 21 日

目 录

绪 论 ·· 1

第一章 乡域治理的历史演变 ······································ 15
第一节 传统中国的乡域治理 ······································ 15
第二节 近代中国的乡域治理 ······································ 23
第三节 中华人民共和国成立后的乡域治理 ················ 25

第二章 乡域治理机构 ·· 31
第一节 乡镇党委的构成与职能 ································· 31
第二节 乡镇政府的构成与职能 ································· 37
第三节 乡镇人大的构成与职能 ································· 47

第三章 乡域治理关系 ·· 56
第一节 乡域纵向治理关系 ··· 56
第二节 乡域横向治理关系 ··· 66

第四章 乡域治理体制 ·· 74
第一节 乡域人事体制 ·· 74
第二节 乡域财政体制 ·· 82
第三节 乡域监督监察体制 ··· 88

第五章　乡域政治建设 ··· 94
第一节　乡域党的建设 ··· 94
第二节　乡域民主政治建设 ···································· 106

第六章　乡域经济建设 ·· 116
第一节　乡村产业发展 ·· 116
第二节　村级集体经济建设 ···································· 125
第三节　圩镇开发与建设 ······································ 130
第四节　县乡融合与发展 ······································ 135

第七章　乡域社会建设 ·· 139
第一节　乡域公共服务建设 ···································· 139
第二节　乡域社会组织建设 ···································· 145
第三节　乡域平安稳定建设 ···································· 150

第八章　乡域文化建设 ·· 155
第一节　乡域文化概述 ·· 155
第二节　乡域传统文化的保护与传承 ····························· 159
第三节　乡域公共文化服务体系建设 ····························· 165

第九章　乡域生态文明建设 ···································· 173
第一节　乡域生态环境保护 ···································· 173
第二节　乡域人居环境治理 ···································· 179
第三节　乡域绿色发展 ·· 184

第十章　乡域政治领导机制 ···································· 191
第一节　乡域政治领导的基本内涵 ······························· 191
第二节　乡域政治领导的主要方式 ······························· 197
第三节　乡域政治领导的优化路径 ······························· 203

第十一章　乡域行政运行机制 …… 209
第一节　乡域决策 …… 209
第二节　乡域执行 …… 216
第三节　乡域考核 …… 220
第四节　乡域问责 …… 225

第十二章　乡域依法治理机制 …… 231
第一节　乡域依法治理的基本内涵 …… 231
第二节　乡域依法治理的主要内容 …… 234
第三节　乡域依法治理的现实挑战 …… 240
第四节　乡域依法治理的改革方向 …… 243

第十三章　乡域监督监察机制 …… 248
第一节　乡域监察的组织机构与职责 …… 248
第二节　乡域监督监察的范围与方式 …… 252
第三节　乡域监督监察的程序与过程 …… 257
第四节　乡域监督监察的挑战及应对 …… 259

第十四章　乡域治理现代化 …… 266
第一节　乡域治理现代化的概念内涵 …… 266
第二节　乡域治理现代化的现实挑战 …… 270
第三节　乡域治理现代化的路径走向 …… 274

参考文献 …… 279

后　记 …… 283

绪　论

基层治理是国家治理的基石。《中共中央　国务院关于加强基层治理体系和治理能力现代化建设的意见》中明确指出，"统筹推进乡镇（街道）和城乡社区治理，是实现国家治理体系和治理能力现代化的基础工程"。[①] 乡域治理是基层治理的重要组成部分，也是夯实国家治理基础的关键领域。学习和研究乡域治理对于理解和认识中国的基层治理和国家治理都具有重要的理论价值和现实意义。

一　乡域治理的概念内涵

从国家政策层面看，基层治理涵盖两个不同维度：一是纵向维度，包括乡镇（街道）治理和社区治理；二是横向维度，包括城市基层（街道、城市社区）治理和农村基层（乡镇、农村社区）治理。在基层治理的总体格局中，乡域治理具有极为重要的作用，其通常意指农村基层治理，但同时具有自身的特点和内涵。

"乡域"概念通常包含三重含义。一是广义的"乡域"，等同于"乡村"概念，泛指所有的乡村地区，乡域即乡村地域之意。二是狭义的"乡域"，等同于"乡镇"概念，特指乡镇政府驻地。狭义的"乡域"是一个层级性概念，介于县级和村级之间。因此，狭义的乡域治理，是不包括村级治理的。三是中观层面的"乡域"概念，主要指向一种行政区划的地域性概念，其范围比广义上的"乡村"概念更小，但又比狭义上的"乡镇"概念更广。本书所讨论的乡域治理，主要指以乡镇区划为基本地域单位的

[①]《中共中央　国务院关于加强基层治理体系和治理能力现代化建设的意见》，人民出版社，2021，第1页。

调节和处理公共事务的各类活动的总称。乡域治理首先以乡镇区划为基本地域范围，有着明确的治理边界。以地域划分国民是国家行政的一般特征。对此，恩格斯在《家庭、私有制与国家的起源》中指出，国家与旧的氏族组织不同的地方，"第一点就是它按地区来划分它的国民……这种按照居住地组织国民的办法是一切国家共同的"。[①] 以地区划分国民直接催生了行政区划，并由此形成不同的区划层级。乡域治理所涵盖的区划层级为乡镇，包括乡（含民族乡）和镇，也即一般意义上的乡村地区。与乡镇区划相对应的城市街道，尽管也可能存在乡村元素，但并不纳入乡域治理的研究范畴。当前，乡域治理的地域范围涵盖了我国绝大多数的农村地区。

中国的乡域治理是伴随乡制的产生而形成的。从历史上看，我国早在西周时期便有了"乡"的概念。《周礼》有云：五家为比，五比为闾，四闾为族，五族为党，五党为州，五州为乡。其中，乡设乡大夫，管辖12500家。[②] 秦始皇统一中国后，推行郡县制，在县以下实施乡亭里制，县下设乡，乡下为亭，亭下为里。大约百户为里，十里为亭，十亭为乡，一乡有万户居民。[③] 进入20世纪以后，中国传统的乡制发生了重大变化。与当下的乡镇体制相比，传统乡制最大的特点在于：乡虽然是国家在农村地区设立的一级行政区划，但不是作为一级国家政权而存在的，而是作为地方性自治组织。乡一级既没有设立官府，也没有安排吃"皇粮"、拿俸禄的官员。[④] 在传统中国，乡域治理的主要力量是地方士绅，在一些地方则依靠宗族长老、村寨头人等乡村权威加以维持。对此，费孝通提出了"双轨政治"的概念：一方面是自上而下的皇权，另一方面是自下而上的绅权和族权，双轨相互平行、相互作用。[⑤] 总体上看，传统乡域治理的组织化程度是比较低的，国家权力的介入有限，更多依靠地方自治的力量予以维持。

进入近代以后，国家对乡治的关注程度增加，并对传统乡治体制进行

---

① 《马克思恩格斯选集》（第四卷），人民出版社，2012，第187页。
② 张厚安、白益华主编《中国农村基层建制的历史演变》，四川人民出版社，1992，第4~10页。
③ 王文编著《乡镇政权建设》，中山大学出版社，1993，第25页。
④ 肖唐镖：《中国乡村社会的治理与乡制变迁》，《中共宁波市委党校学报》2022年第5期。
⑤ 费孝通：《乡土重建》，北京联合出版公司，2021，第45页。

改革。1908年，晚清政府颁布《城镇乡地方自治章程》，其中规定：凡府厅州县官府所在地为城，其余市镇村屯集等地人口满5万以上者为镇，不满5万者为乡。城镇设"议事会""董事会"等机构，乡设"议事会"和"乡董"等自治职。清政府决定逐年推行自治，并提出在1913年在全国普遍推行乡镇自治。① 1912年，中华民国延续了乡镇地方自治制度，并将乡镇机构设定为正式的基层政权机构。② 1949年之后，我国在县以下一般设立区公所，在区公所下分别建立乡、村政权。1954年，我国颁布了第一部宪法，其中明确规定：县以下只设乡、民族乡、镇一级人民政权。这标志着农村基层政权的初步成形。进入1958年之后，随着人民公社化运动的推进，各地开始撤乡建社。1983年10月，中共中央、国务院发布《关于实行政社分开建立乡政府的通知》，至1985年，全国共建立乡镇政府91138个，同时建立村民委员会940617个，③ 从而形成了"乡政村治"格局，并一直延续至今。

二 乡域治理的主要特征

在国家治理的总体格局中，乡域治理占据着极为重要的地位。与一般意义的乡村治理或乡镇治理不同，乡域治理内含特定的研究路径和取向。乡域治理不仅是对既有治理实践挑战的回应，也是对过往治理研究取向的反思，从而彰显其理论和实践价值。具体来看，乡域治理的独特价值源于乡域治理本身具有的诸多特点。

（一）乡域治理的基础性

乡域治理并不是孤立存在的，而是国家治理的重要组成部分，并承担着基础性的功能。习近平总书记指出："基层强则国家强，基层安则天下安，必须抓好基层治理现代化这项基础性工作。"④ 乡域治理是基层治理尤

---

① 赵秀玲：《中国乡里制度》，社会科学文献出版社，1998，第25页。
② 王铭铭：《国家与社会关系史视野中的中国乡镇政府》，香港《中国社会科学季刊》1998年秋季卷总第24期，第81页。
③ 国家统计局农村社会经济统计司编《中国农村统计年鉴—1986》，中国统计出版社，1987，第3页。
④ 中共中央党史和文献研究院编《习近平关于城市工作论述摘编》，中央文献出版社，2023，第161页。

其是农村基层治理的主体部分，其在夯实国家治理基础方面发挥着不可替代的作用。具体来看，主要包括两个方面。

一是夯实政权基础。乡镇政权是乡域治理的核心主体。乡域治理的效能取决于乡镇政权的建设成效。我国是单一制国家，并形成了中央、省（自治区、直辖市）、地级市、县（市）、乡（镇）五级政府架构。其中，乡镇政府是最基层的政府，处于国家行政管理体系的"基座"位置。乡镇政权的建设状况，直接决定着国家政令能否有效贯彻。长期以来，受到压力型体制的作用，乡镇基层政权接收来自上级政府的各种指令和任务，面临"上面千条线，下面一根针"的治理困局。近年来，随着基层治理事务的增多，乡镇政府的工作负担愈益加重，提升政权治理能力的要求日益迫切。乡域治理是以乡镇政权为核心主体的治理类型，推进乡域治理对于健全和改进乡镇政权建设具有重要作用，有利于推动国家政权体系建设。

二是夯实社会基础。国家治理是以人为对象的治理活动。不同的人群联结起来组成社会，并构成国家治理的社会基础。乡域治理处于国家治理的基层，直接联结着乡村社会，面对着普通民众的日常生活。国家治理是否有效，很大程度上取决于民众的评价和认可情况。民众的评价越高，国家治理的成效越好。对于普通民众而言，好的治理体现在日常生活中的一件件小事之中。乡域治理处于国家治理的最底层，直接面对的是广大的社会民众，其对国家治理发挥着不可或缺的作用。在此，夯实国家治理的社会基础，本质上是夯实国家治理的群众基础。

（二）乡域治理的复杂性

在基层治理中，乡域治理尤为复杂。这种复杂性，源于乡域治理的双重属性：一方面，我国是一个单一制国家，作为乡域治理核心主体的乡镇政权处于国家政权的末梢，具有典型的国家属性；另一方面，乡域治理是以乡村社会为基本治理场域的，并将普通民众纳入其中，从而赋予其极强的社会属性。作为国家与社会的接合部，乡域汇聚了国家和社会的多重元素，使得治理过程趋于复杂化。具体来看，包括以下几个方面。

一是主体多元化。在乡域治理框架下，乡镇政权是乡域治理的核心主体。但国家权力主体，并不只有乡镇政权，中央、省（自治区、直辖市）、地级市、县（市）等不同层级政权都会将自己的权力触角延伸至乡域。其表现形式包括一般性的政策传导，也会通过考核、调研、巡视等不同方式体现，从而使得乡域成为不同国家权力叠加的场域。除了国家正式权力之外，村委会、各种类型的非正式自治组织（理事会、议事会等）以及各类社会组织，也会参与到乡域治理过程之中。以上各类治理主体在乡域空间中相互叠加、组合、互动，形成了极为复杂的治理样态。

二是矛盾集中化。相对于其他层级的治理而言，基层治理是矛盾最为突出的场域，其中乡域治理面临的矛盾和冲突尤为集中。通常而言，人口规模越大，越接近人民群众的日常生活，就越容易产生纠纷和矛盾。当前，我国仍然是一个农业大国，仍有数亿农业户籍人口，这些人口主要集中在乡域。相对城镇地区，乡域经济发展水平有限，民众生产生活水平仍有不少短板，国家政策支持和保障相对不足，特别是随着社会经济的发展，乡域社会的个体化特征凸显，人们的利益诉求差异性大，矛盾和纠纷更易显现。

三是地域差异化。乡域治理是一个地域性概念，不同地区的乡域治理存在极大的差异性。至2021年底，我国共有29631个乡镇区划单位，不同乡镇在治理过程中面临着不同的约束条件，治理形态千差万别。从经济发展水平看，不同地区的乡镇经济发展水平各异，经济发达地区与经济落后地区在治理能力上存在明显差异。从文化特征上看，民族、宗教、地方习俗对于乡域治理具有明显影响。特别是边疆民族地区，其治理策略和方式与内地汉族地区有很大不同。地域差异性不仅表现为大空间范围的差异性，也反映在狭小的空间区域之内。例如，即便是同一个县的乡镇，也会由于地形地貌、经济结构、人口构成等方面的差异而有迥然不同的治理形态。

（三）乡域治理的薄弱性

在推进基层治理体系和治理能力现代化的背景下，面对愈加复杂的乡域治理格局，强化乡域治理效能尤为重要。但从实践来看，当前乡域治理面临内在的挑战。一方面，主体多元化、矛盾集中化、地域差异化致使乡域治理难度持续增大；另一方面，由于一系列主客观因素的制约，当前乡域治理的效能并未得到充分发挥，乡域治理成为我国基层治理的薄弱环节。具体来看，乡域治理的薄弱性主要体现为两个方面。

一是乡域治理体系不够健全。20世纪80年代以来，我国在乡域治理层面长期实行"乡政村治"的治理模式。[1]"'乡政村治'，乡政指乡一级政权（包括乡镇政府），是国家依法设在农村最基层一级的政权组织；村治指村民委员会是农村最基层的群众性自治组织。乡镇政权和村民委员会的结合，就形成了当代有中国特色的农村政治模式。"[2]"乡政村治"模式适应了我国农村基层治理的需要，但同时也面临着内在局限。突出表现为，现阶段乡域治理的体系化程度不够，党组织、政权组织、自治组织以及农村集体经济组织、社会组织之间的协同性不足，乡域治理主要依靠自上而下的行政力量推动。尽管村委会在法律上属于群众自治性组织，但在实际运作过程中却呈现出明显的行政化趋向，其他经济和社会组织参与乡域治理的成效普遍偏弱。

二是乡域治理能力仍显不足。乡域治理能力的不足很大程度上源于乡域治理资源的缺失。治理资源是治理活动得以展开的重要基础。治理资源可以划分为配置性资源和权威性资源两种类型，前者主要指物质资源或经济资源，后者主要指政治资源或权力资源。[3] 在配置性资源上，乡域地处国家治理的基层，获得的经济资源总体偏少，与省域、县域和市域无法相提并论。当前，乡镇政府没有独立的财政收入，很多地方仍陷于"吃饭财政"的窘境，能够投入治理实践的经济资源十分有限。在权威性资源上，乡域行政资源较为匮乏，乡村两级干部人数较少，民众与乡村干部之间存在不信任感，乡村干部威信不足，都进一步约束了乡域治理效能的发挥。

（四）乡域治理的多变性

从历史上看，我国的国家正式权力通常到县一级为止，县以下实行自治，表现为"皇权不下县，县下皆自治"。由此，"县制"在历史上较为稳定，但"乡制"变动幅度较大。进入近代以后，国家政权对乡村的渗透不断加深，并促使乡域治理实现了从"乡镇自治"到"乡镇政权"的根本性转变，国家权力正式深入乡域治理场域之中。中华人民共和国成立之后，

---

[1] 张厚安：《乡政村治——中国特色的农村政治模式》，《政策》1996年第8期。
[2] 张厚安：《乡政村治——中国特色的农村政治模式》，《政策》1996年第8期。
[3] 〔英〕安东尼·吉登斯：《民族-国家与暴力》，胡宗泽、赵力涛译，生活·读书·新知三联书店，1998，第7~8页。

我国乡域治理的多变性特征依旧显著，如从新中国成立初的小乡制到集体化时期的人民公社体制再到改革开放后的乡镇政府体制，乡域治理经历了频繁的变动。

乡域治理的多变性不仅体现在国家政权主导的区划调整上，也体现在社会层面。由于乡域治理是在乡域社会的基础上展开的，乡域社会的变化也会对乡域治理产生直接影响。这在20世纪80年代以后体现得尤为明显。例如，随着市场经济的发展，农民外出务工人数剧增，"三留守"问题突出，给乡域治理带来挑战；再如，税费改革以前，乡村干部需负责征收名为"三提五统"的各种税费，在压力型体制下乡村干群关系紧张。近年来，由于基层行政任务的增加，乡域治理又面临着形式主义、官僚主义等突出问题。

乡域治理的多变性，一方面增加了乡域治理的难度，导致基层干部压力增加，另一方面也对乡域治理研究提出了更高的要求。很长一段时间以来，尽管学界直接以"乡域治理"为主题的研究不多，但是围绕乡镇政权、村民自治、乡村关系等相关主题展开的研究却十分丰富。乡域治理的多变性也使得既有的研究成果往往滞后于现实实践的发展。一系列新情况、新问题、新现象的出现，迫切要求理论研究者开展更为深入的研究。

三　乡域治理的基本框架

乡域治理具有系统性和整体性。本教材在编写的过程中主要围绕四个方面展开。一是乡域治理主体；二是乡域治理对象；三是乡域治理方式；四是乡域治理走向。四个方面彼此衔接，涵盖了乡域治理的基本内容，也成为理解和认识乡域治理的基本框架。下文对乡域治理主体、乡域治理对象、乡域治理方式作简要介绍。

（一）乡域治理主体

治理主体是指在社会治理过程中承担责任、行使权力、拥有资源、制定政策和管理事务的个人、组织或机构。具体来看，乡域治理主体可以分为三种类型。一是乡域治理机构，属于国家授权的正式权力机构，主要指国家正式权力在乡镇的执行主体，包括乡镇党委、政府、人大等，构成乡域治理主体的核心。二是乡域治理组织，主要指乡域范围内各种类型的自治组织和社会组织,是乡域治理主体的重要组成部分。在乡域范围内,村民委员会虽然面向的是村庄层面,但同样是重要的乡域治理主体之一。三是乡域治理个人,主要指乡域治理过程中的民众。

在乡域治理范畴内,最重要的治理主体无疑是乡域治理机构,包括乡镇党委、乡镇政府以及乡镇人大。乡镇党委是中国共产党在乡镇一级的基层委员会,主要包括乡、民族乡和镇的党委。乡镇党委是党在农村的基层组织,是党在农村全部工作和战斗力的重要基础,全面领导乡镇各项工作。乡镇政府是乡域治理中最基本的政权组织,承担着乡镇行政管理的主要职责。乡镇人大是地方国家权力机关,近年来在乡域治理中的作用日益突出。目前,在乡镇虽然建有政协工作组,但由于其并不构成一级独立的政协机构,发挥的作用相对有限,因而本书未作专门介绍。

乡域治理主体并不是孤立发挥作用的,而是在与不同主体互动和沟通的过程中发挥作用,由此就涉及治理主体间的关系问题。具体包括两个层面。一是纵向关系,重点是以乡镇政权为基础,向上与县级政府之间的县—乡关系,向下与村民委员会之间的乡—村关系。从乡域治理的概念界定看,乡域治理不仅包括乡镇治理,也包括村级治理。因此,在纵向关系上还包括村民委员会与村民小组之间的村—组关系。二是横向关系,重点仍是以乡镇政权为基础,横向上形成的乡镇政府与县(市)政府各职能部门设在乡镇的分支机构基于管理权的权力和分配形成的"条块关系"。其中的"条"指的是县(市)政府职能部门及其派驻乡镇的站、所和服务中心,"块"指的是乡镇政府及其派出机构。除了"条块关系"之外,乡域范围内村民委员会之间的关系也属于乡域治理主体间关系的一种类型。

(二)乡域治理对象

乡域治理对象是指乡域治理过程中治理主体所要解决和处理的各类公共事务。根据对象的不同类型,可以大体分成五类。

其一,乡域政治建设。政治建设是乡域治理的首要问题。政治建设的水平直接影响乡域治理的成效。政治建设主要包括两方面内容。一是乡域党的建设。党的建设回答的是"建设一个什么样的党,怎样建设党"的根本性问题,乡域党的建设回答的是在乡镇场域内中国共产党建设的相关问题,即党的建设理论所要回答的问题在乡镇场域中如何更好实现的问题。

乡域党的建设包含乡镇党的建设和村级党的建设两个方面。无论是乡镇层级还是村级，乡域党的建设都涉及党的组织建设、党的制度建设、党的作风建设等问题。乡域党的建设不仅需要分别做好乡镇党的建设和村级党的建设，还需要将乡镇党的组织和村级党的组织衔接起来，并进一步通过党小组、党员中心户等将党的组织进一步向基层延伸，构建更加完整的乡域党的组织体系。

其二，乡域经济建设。乡域经济既是乡域治理的对象，也是乡域治理的支撑。从乡域范围来看，乡域经济类型主要包括四类。一是农户经济。以农业为主，同时也包括第二、三产业。尽管当前大量农民外出务工，但农户仍然构成农业生产经营的主体。二是圩镇经济。从乡镇层面看，圩镇是乡域经济的重要组成部分，其不仅具有经济功能，也发挥着重要的社会和文化功能。近年来，随着农村人口大量外流，圩镇也面临"空心化"的挑战。三是农村集体经济。尽管圩镇是乡域经济的中心，但从村级层面看，更为基础性的经济形态是农村集体经济。当前，农村集体经济正面临着从传统集体经济向新型农村集体经济的转变过程，如何壮大集体经济成为乡域经济发展的重要内容。四是县乡经济融合。乡域经济无法孤立发展，必然要融入更广大的县域经济体系之中。在此背景下，县乡经济的融合就成为乡域经济融合发展的重要趋向。

其三，乡域社会建设。乡域治理是在乡域社会中展开的，并以乡域社会建设为重要内容，主要表现为四个方面。一是乡域公共服务建设，重在为民众提供完善的基本公共服务。二是乡域社会组织建设，重在培育和发展多种类型的社会组织，让村民参与到社会组织之中，更好地为乡域治理提供动力。三是乡域平安稳定建设，重在化解乡村纠纷矛盾，提高乡域平安建设的水准。四是乡域民生保障，重在为村民提供多种类型的民生服务和保障，提高民众的幸福感和满意度。

其四，乡域文化建设。乡域文化是乡域治理的重要内容。乡域文化是"文化"的一种具体表现形式，是人们在长期的社会历史实践中探索和形成的。乡域文化本身明确了乡村传统文化的地域范围和创造主体。因此，我们可以将其与"乡土文化"或者"乡村文化"等概念等同对待。乡域文化涵盖物质文化、习俗文化、规则文化、道德文化等多种类型。乡域文化具有乡土性、稳定性、传承性等特点。当前，传统乡域文化式微，由此便涉及乡域文化的保护与开发问题。与此同时，乡域文化建设的重要任务是构建更加完备的乡域公共文化服务体系，为民众提供更加多元化的公共文化设施和服务。

其五，乡域生态文明建设。推进乡域生态文明建设是乡域治理的应有之义。乡村生态文明建设不仅涉及自然生态环境的改善，也涉及与民众生活直接相关的乡域人居环境的整治和优化。这既需要政府更多的政策支持和资源投入，也有赖于民众环境保护意识的提升和生态环境治理的主动参与。乡域生态文明建设应当具有可持续性，因此需要以乡域绿色发展理念为引领，通过绿色发展助力乡村经济社会的高质量发展。

（三）乡域治理方式

治理方式是治理主体在治理过程中为达成治理目标而采取的手段和方法。从乡域治理过程来看，乡域治理方式主要包括四种，即政治领导、行政管理、依法治理和监督监察。不同的治理方式作用方式也不同，针对的治理事项也有所差异。

一是政治领导。政治领导的主体是中国共产党，具有强烈的政治属性，主要指中国共产党在政治原则、政治方向、重大决策上的领导。乡域政治领导主要体现为乡域基层党组织的领导，尤其是乡镇党委的统一领导。乡镇党委通过推荐和决定乡镇重要干部、决定乡域重大事务、加强对乡镇政府工作进行对口管理等方式实现政治领导。在村级层面，村党组织的领导构成乡域政治领导的重要内容，并突出体现为村党组织对村民委员会的领导。通过"一肩挑"、两委联席会议、授权党员参与村级事务管理等方式体现政治领导。近年来，政治领导在基层治理中的重要性持续增强，显著提升了基层治理效能。

二是行政管理。行政管理是基本的治理方式之一，主要采取科层制的方式实施和推进。行政管理的主体是政府，政府的行政管理包括决策、执行、考核、问责等主要过程。对于乡镇政府而言，由于其处于我国政府管理体系的最基层，通常较少制定政策，主要发挥政策执行的职能。但这并不意味着乡镇政府不具备决策职能。乡镇政府的决策是以乡镇党委班子为核心展开的，其决策效能直接影响乡域治理的成效。与决策过程相比，乡镇政府更重要的角色是政策执行者。上级政策、任务能否有效贯彻落实，直接关系到国家意志的实现程度。围绕基层政权形成的压力型体制本质上是一种政策执行体制。在压力型体制下，考核与问责的重要性日益凸显，也成为乡镇政府行政运行过程的重要内容。

三是依法治理。近年来，法治建设在我国取得了显著进步。法治建设不仅要体现在文本上，也要体现在治理实践过程当中。传统上，乡村社会主要依靠"习惯法"处理公共事务，形成"礼治秩序"。近年来，依法治理在乡域治理中的重要性不断提升。依法治理一方面要求乡镇政府严格执法，在政策执行和社会治理过程中严格依照法律法规行事；另一方面则要求加大法治宣传力度，让更多民众知法、懂法、守法。在乡域治理实践中，缺少执法权始终制约着乡镇施政效能，使得乡镇政府在治理过程中陷入"看得到但管不到"的困境之中。与此同时，在一些地方也存在有法不依、执法不严甚至知法犯法现象，给乡域治理带来不利影响。

四是监督监察。监督监察是推进乡域治理的重要方式。在乡域范围内，乡镇政府在监督监察方面扮演了双重角色。一是对于上级政府部门而言，乡镇政府需要接受上级政府部门的监督监察，其构成监督监察的对象。二是对于乡镇和村级而言，乡镇政府本身也需要履行监督监察职责，构成监督监察的主体和实施者。纪检监察部门是经国家正式授权的监督监察部门，在乡域治理过程中履行具体的监督监察职责。近年来，随着基层治理规范化、制度化程度的不断提高，乡域监督监察的力度也在加强，对于推进和落实各项政策具有积极作用和意义。但同时，监督监察重心的下移也在相当程度上挤压了基层政权的自主性空间，造成基层治理过程"刚性化"，并由此产生诸多矛盾和问题。如何既发挥监督监察的正面作用又避免对基层治理造成反向挤压，是乡域治理过程中需要加以破解的重要问题。

四　乡域治理的学习意义与方法

（一）乡域治理的学习意义

乡域治理是基层治理的主体内容，也是国家治理的重要基础。乡域治理作为一门研究乡域治理形成、运行及其规律的基础课程，对其进行学习具有十分重要的意义。

1. 有助于把握正确的政治方向

乡域治理是在中国特色社会主义政治体系中运行的，体现了中国特色社会主义政治制度的本质要求。中国特色社会主义政治制度不仅统辖乡域治理实践，而且贯穿于乡域治理实践全过程。无论是党的领导、人民当家作主抑或依法治国，都需要在乡域治理场域中得以体现和实践。由此，乡域治理与中国特色社会主义政治制度紧密衔接，成为理解和认识中国特色社会主义政治实践的窗口。学习乡域治理，有助于从基层治理和微观实践的层面领会中国特色社会主义理论的正确性，坚定马克思主义的政治方向和政治立场。

2. 有助于深化对政治学基本理论的认识

乡域治理是一种政治实践过程，必然会反映和体现政治学基本理论特别是马克思主义政治学基本原理的相关论断。政治学基本理论不是悬浮于空中的，而是体现在实践运行中的。学习乡域治理，有助于理解政治学基本理论尤其是马克思主义政治学基本原理的相关概念和理论，分析这些概念和理论是如何在实践中运行的。尤为重要的是，通过乡域治理的学习，能够更好地理解政治学基本理论中国化的过程，这对于构建中国自主的政治学知识体系具有积极的推动作用。

3. 有助于深化对国家治理现代化的认识

党的十八届三中全会提出"国家治理体系和治理能力现代化"的重大理论命题。国家治理是一个多层次的治理系统，包括省域治理、市域治理、县域治理、乡域治理等不同治理层级。国家治理现代化既指国家整体治理的现代化，也包括不同层级的治理现代化。乡域治理作为国家治理的基础层级，对于国家治理现代化具有十分重要的作用。学习和研究乡域治理，有助于深化对国家治理体系和治理能力现代化的认识，尤其是深化对国家治理多层级治理特征的认识。

4. 有助于推进乡域治理实践

乡域治理是当前基层治理的重点和难点领域。在基层治理尤其是乡域治理领域，我国仍面临着一系列挑战和困境。例如，"权小、责大、事多、能弱"是当前乡镇政权存在的普遍问题，如何在压力型体制、属地管理等制度约束下提升基层治理效能是地方主政者亟待破解的难题。学习乡域治理，有助于加深对当前基层治理尤其是乡域治理发展态势的认识，厘清现阶段存在的难题和困境，并通过借鉴各地基层改革经验推进乡域治理实践。

（二）乡域治理的学习方法

乡域治理是一门综合性很强的课程，需要掌握多种学习方法。

1. 理论分析方法

乡域治理是中国特色社会主义实践的重要组成部分，必然是在马克思主义基本理论的指导下展开的。要深入学习了解乡域治理的形成、发展及其运行过程，必须首先掌握马克思主义基本原理特别是中国化马克思主义基本理论。只有充分掌握马克思主义基本原理，才能正确认识乡域治理的内在机理和深层结构，也才能充分理解乡域治理的演化逻辑和未来走向。中国的乡域治理之所以强调党的领导和政治建设，从根本上看是由中国特色社会主义政治制度决定的，其中也体现了马克思主义政治的本质要求。因此，只有从马克思主义基本原理的高度来把握，才能更好地学习和掌握乡域治理这门课程。

2. 历史分析方法

中国的乡域经历了漫长的发展历程。早在秦汉时期，中国便形成了"乡制"并逐步演化至今。当今的乡域治理是长期历史积淀的产物，并受到历史传统的深刻影响。尤其是在中国这样一个文明形态从未中断的国家，历史视角对于理解当下中国的治理实践尤为重要。从这个角度看，只有充分了解中国的历史，才能深刻认识中国乡域治理的源起和演化，并指出未来发展的方向。运用历史分析方法，就是将乡域治理置于中国的漫长历史进程中予以考察，将传统与现代联结起来，以此更好地认识当下的乡域治理实践和过程。

3. 比较分析方法

由于经济社会条件的差异，乡域治理呈现出不同的样态。要深入理解乡域治理，不仅要把握乡域治理的一般特征，也要注意到乡域治理的差异性，并发掘产生治理差异性的内在原因。对于乡域治理差异性的甄别，很重要的方法便是比较分析方法。一是横向维度的地域比较，通过考察不同区域的乡域治理，分析乡域治理的不同样态，并形成类型化的乡域治理模式；二是纵向维度的时间比较，通过考察不同历史时期的乡域治理，分析乡域治理的演化特点及规律。只有掌握和运用不同类型的比较分析法，才能更好地学习乡域治理这门课程。

4. 实践调查方法

乡域治理是一门实践性很强的课程。乡域治理既受到正式制度和文本的约束，也受到乡村社会非正式制度的重要影响，其内部运作有一套自主的行为逻辑。因此，要真正理解乡域治理，就不能只停留在制度和文本的层面，而是需要深入乡域治理实践过程当中，运用实践调查方法进行深入的调查和研究。实践调查方法又包括多种具体方法，如访谈调查法、参与观察法、问卷调查法等，都可以运用于乡域治理的学习过程之中。掌握和运用实践调查法，有利于更加深入和有效地学习乡域治理这门课程。

第一章　乡域治理的历史演变

作为一个拥有漫长农业文明史的国家，中国历代王朝始终将乡域社会视为国家稳定与发展的基础，并围绕乡域社会开展了诸多治理实践。自先秦乡村组织初建以来，我国的乡域治理模式大体经历了从传统时期的官方治理体制与民间自治双轨并行，到近代以来国家推动乡镇基层政权建设，再到新中国成立后基层政权建设日臻完善并开启"乡政村治"的历史演变过程。

第一节　传统中国的乡域治理

传统时期的乡域治理带有明显的"双轨治理"特征。一方面，国家高度重视对乡村社会的控制与管理，从先秦的乡遂制到秦汉、隋唐时期的乡里制，再到宋元、明清时期的里甲制、保甲制，国家力量对乡村基层的渗透不断增强；另一方面，即使处于国家的行政控制之下，乡村社会始终存在较大的自治空间，乡村中的乡绅、宗族是传统时期乡村治理不可或缺的力量，传统乡域治理在官治与民治的融合互动中不断演进。

一　先秦时期的乡域治理

"乡"最早出现于商周时期，此时的"乡"并不是一个区域概念，也不代表一个具有行政意义的组织，而是用来指代那些共同饮食的氏族聚落，更多地体现了血缘的宗族关系。随着阶级社会和族邦势力的发展，乡逐渐成为一个依照血缘关系组成的集团。在按照血缘亲疏确定统属关系的早期社会，这种血缘集团无疑可以满足统治者确立统治秩序的需要，以乡、邑组织为基础的基层行政体系也逐渐建立起来，乡也由早期的亲族组织逐渐演变为一个基层的行政单位，并隶属于中央政权管辖。

关于乡作为基层组织最早出现的时间，目前还没有充足的证据可以说明。但是从现有文献记载来看，至少在西周时期乡就已经存在。西周时期"国""野"分治的乡遂制是最早由官方建立的乡域行政制度，全国设六乡六遂，乡为天子、诸侯、士大夫及工商业者的居住区域，乡之下设比、闾、族、党、州，以户为单位，五五递增，分置比长、闾胥、族师、党正、州长。而遂为农户居住区域，其下设邻、里、酂、鄙、县、遂，分置邻长、里宰、酂长、鄙师、县正、遂大夫等官职。乡遂制下行政组织与军事组织相结合，兼具军事、教化和监控的社会功能。此外，西周时，不仅周朝的国中设乡，诸侯国内也设乡作为基层组织。

春秋战国时期沿袭了乡遂制度，但也有变革，主要变化在于乡里初步定型，开始成为乡村基层的行政组织。春秋早期，各个诸侯国不仅设乡，而且还赋予乡人较大的民主权利，可以参与讨论时政。战国时期，乡之地位渐渐移于县下，而县以下地方基层组织的基本形式是乡和里。秦国商鞅变法"集小乡邑聚为县"。此外，此时期统治者还在乡一级设乡长、乡正，负责对乡域民众进行管理。"里"在西周时单纯用来指代地域范围，其中有居民居住的聚落，并不具有行政属性。战国时，社会流动性增强，"里"中居民血缘宗法关系的逐渐消解，统治者逐渐失去对他们的控制，"里"便逐渐承担起管理居民的任务，以至于最终演变成乡之下的一级行政组织单位。但此时，社会大动荡，乡里制度还称不上真正意义上的地方行政制度，而是更多地与军事组织关系密切。

二 秦汉时期的乡域治理

秦王朝建立后，实行专制主义中央集权制，将全国划为三十六郡，郡下设县，县下设乡、亭、里等组织。事实上，自秦开始延续相当长一段历史时期的乡村控制系统其实是由乡里组织与亭组织两套并行的基层社会控制系统构成。其中，乡里组织是基层行政控制系统，亭组织是县府派驻基层乡村社会主管治安的机构。秦朝时，十里一亭，亭有亭长；十亭一乡，设啬夫、游徼、三老三职。啬夫是一乡的最高行政长官，负责文告、听讼、征税等行政事务。汉时，主要乡官啬夫分为两种：一般乡的行政长官称为"啬夫"，由县署任命；地理位置重要，人口较多的乡行政长官则称为"有秩啬夫"，由郡府任命。有秩啬夫的级别要高于一般的啬夫。秦汉时的乡行政长官，不管是"有秩啬夫"还是一般的啬夫，都是在籍的正式行政官员，他们可以在行政体系内继续流动升迁，汉时甚至有啬夫升至中央九卿。游徼也是秦汉时重要的乡官之一。汉时游徼隶属县廷，负责缉捕盗贼，维护社会治安。与啬夫不同，游徼虽被视为乡官，其辖区却是以县为单位划分的。具体而言，游徼是根据各县的地理位置的重要性以及县域具体社会治安情况而设立的，其驻点在县署，其辖区是一个乡或多个乡，并长期巡行于乡间察奸捕盗。秦汉时亭长与游徼的职责相近之处在于，都是负责治安。但与游徼负责面上的乡域治安不同，亭长的职责更侧重于维护重要交通线和据点的安全，其设置数与乡域大小及交通线的疏密成正比。

啬夫、游徼、三老三职中，以三老最为特殊，三老虽是官方所置，但并不是政府官吏，没有俸禄品级，只是可以免除徭役，具有半官方性质。汉时以孝治国，最为重视乡村父老的作用，形成了制度化的"三老制"。西汉初年，统治者即在地方基层设置三老，负责教化民众。汉时的乡三老一般由官方从年五十以上，德高望重之人中择之。此外在乡之下还有里父老。三老是为在制度上补充官吏教化功能缺失而立。三老不是乡里基层专有的职务，汉时，郡县两级均设有三老。乡三老可以被选任为县三老，县三老虽然还是任职于具体的乡，但身份地位比一般的乡三老要高。与乡三老近似，汉惠帝时开始置乡里荣誉职，即孝悌力田。孝悌力田可以看作乡官的一部分，其职能是教化乡域民众，使民众各司其职、安居乐业。三老、孝悌力田都是凭借他们的年高德劭和淑行勤劳来达到教化乡里、移风易俗、导民向善的目的的。因此，汉时的地方政治秩序就并存着以县令长为首的管理民众的行政系统和以乡三老为主体包含孝悌力田在内的吏民教化系统，从而形成了基层政治中行政与教化的二元格局。东汉时，随着地方行政官吏儒学素养的提高，三老的教化职能渐由县乡官吏取代，其职权逐渐虚化，成为具有象征意义的荣誉职位。

以啬夫、游徼、三老为代表的行政、军事、教化系统，构成了秦汉时期基层管理组织的主体。值得一提的是，在行政、军事、教化系统之下，还存在里组织与什伍组织。秦汉时百家设一里，里设里正。里正需协助啬夫完成赋税征收、户籍登记、监督百姓等工作。此外，当违法行为发生时，里正需与啬夫一起承担责任。里正由官府登记在案，但并不享受官府薪俸，也不具备完全的官吏身份。什伍组织最早起源于商鞅变法，为严密组织与监控农民，商鞅以五家为伍、十家为什，什伍相互纠举，即发现一家犯罪，其余几家应该举报，若不举发，则十家连坐。秦国最初实行的什伍制度，其实是在战争形势下推行的兵民合一体制，在秦统一中国以后，什伍组织在促使基层百姓监督自律方面仍然发挥了不可替代的作用。

三　隋唐时期的乡域治理

隋王朝建立伊始颁布新令，以五家为保，五保为里，四里为党，党里保皆有正。也就是说，隋王朝实行的是党里保三长制。隋文帝开皇九年，将乡村的党改为乡，并扩大辖区，以五百家为乡，百家为里，分设乡正、里正一人。由此，隋朝的乡村制度从三级乡里制回归到了二级乡里制。唐承隋制，以百户为里，五里为乡。乡设乡长与乡佐，里置里正。隋唐时期，从先秦沿袭而来的乡官制虽然仍是乡村制度的重要组成部分，但已逐渐式微。隋文帝设乡正后，赋予其署理辞讼之权，但并没有对乡域治理起到积极作用，于是废除了乡正理辞讼之权。唐初，唐太宗下令在全国范围内各乡设乡长一人、佐二人，仅六年后，又下诏废除乡长。

乡长虽废，乡制犹存。唐中后期规定，诸户以百户为里，五里为乡，四家为邻，五家为保。每里置正一人，掌按比户口，课植农桑，检察非违，催驱赋役。废除乡正之后，里正的地位更加突出了，乡级行政的实际执行者换成了里正，五名里正共同完成一乡的行政事务。相比较而言，唐朝的统治者对里正的选拔与任用较为重视，唐代的里正从六品以下勋官中选任，而且免除里正的劳役与赋税。唐前期，政治清明，人民安居乐业，即使有职无级，也不享受俸禄，民众仍然乐于担任里正之职。然而，安史之乱后，乡村民户流失严重，地方豪强当道，里正承担着繁重的职责，一不小心便可能因为拖欠赋税等原因罹法网，与秦汉时属国家行政官吏的乡官的地位相差甚远。唐宣宗时，由于权轻责重，最初由朝廷选任，承担一定国家职能的乡官逐渐转化为人人避之不及的职务，而是由乡里豪强大户轮流充任。由此，乡里职役取代了乡官的职能，乡官制退场。尽管乡官由职役取代，但乡仍是唐朝一级重要的基层管理单位，赋税征派、诉讼处理、户籍管理与徭役征发等工作仍以乡为单位进行。从区域来看，即使是在边远的敦煌吐鲁番地区，实行的依然是乡里之制。从时间维度看，直至两宋，乡还仍然承担一定的行政职能，而非一个有名无实的地域概念。

在乡里之下，村组织与邻保组织构成了唐朝最基层的组织体系。唐代的村与城镇的坊类似，都是民众的聚居区，唐在村设村正。虽与秦汉时的什伍制稍有不同，唐代以四家为邻、五邻为保，保设保长，但相互督查纠举的职能与秦汉一致。平日邻保之内如有远来客人投宿，或者保内之人出门远行，都要相互通告。如果邻保内发生强盗及杀人案件，被害人家属及同伍之人应立即向里正、村正、坊正报告。邻保之间的连带责任并不限于治安防盗，在赋税征收过程中，如果有人逃亡，那么逃户应纳税额常常摊征给邻保。唐前期，村正和伍保主要负责治安，村正"督查奸非"，保长则"以相禁约"。随着乡官制的式微，原先乡官的职能实际由里正承担，而里正的职责则向村、保下移。唐前期主要负责治安的村正、保长到唐后期已经集按比户口、检察非违和催驱赋役等职能于一身。另外，乡村书手、弓手、耆老的出现也从另一侧面反映出唐后期村正、保长赋役征派任务的繁重，只能加派新管理人员。

四　宋元时期的乡域治理

从组织形式看，北宋乡里制度的演变以王安石变法为界分为特点鲜明的两个阶段：前一阶段仍实行乡里制，后一阶段实行保甲制，有些地区后一阶段则是乡里制和保甲制并行。宋初基本沿袭唐的基层治理制度，实行乡里制。宋时的"乡""里"规模均大于唐朝的"乡""里"规模，不强调乡里的固定户数，而是以地域为单位编排乡里。乡之下是自然聚居形成的村，乡则是在若干自然聚落基础之上的更大范围的自然空间，具有完整的地域意义。这样，各乡所辖村数大不相同，与秦汉时期以人户为基础的较为规整的乡里之制有明显区别。里正、村正及保长一般由比较富有的人家户主或子弟担任。担任社会基层行政组织负责人的民户对县级官员尽的只是一种差役义务。

宋神宗时期，王安石在乡村基层实行保甲制。以五户为一小保，设一小保长，五小保为一大保，选一人为大保长，十大保为一都保，选能够服众的人出任保正、保副。保正从最富有的农户中选出，用以监察农户，征收赋税。除保正等职役外，还规定，凡是一户有二男丁者，要择一人当保丁，凡有两丁以上的农户，选一人来当保丁。保丁平时耕种，闲时要接受军事训练，战时便征召入伍，实际上是一种兵农合一的体制。宋神宗熙宁七年又废户长、村正，诏令村郭相邻的二三十户组成甲，甲设甲头，负责督察赋税徭役的征派。

南宋时的乡里制度因袭了北宋之制，大体与北宋一样，也是早期实行乡里制，中后期又实行了保甲制。值得一提的是，尽管两宋时保甲制开始实行，国家权力对乡村社会的管理与控制进一步加强，但乡村社会仍有一定的自治空间，乡约治理、宗族组织等在乡村社会发挥了一定作用。乡约，又称乡规民约，是由士绅阶层倡导、发起、实施的地方公约，意在促进邻里之间"德业相劝，过失相规，礼俗相交，患难相恤"。乡约萌芽于秦汉，起初表现为宗族势力基于血缘关系的约定，也就是宗法，其内容与朝廷法度不尽一致甚至有悖，所以朝廷对此类乡约持打压态度。一般认为，基层治理载体意义上的乡约最早出现于宋神宗时期，是由北宋吕氏兄弟在其家乡蓝田所推行的，所以也称为"蓝田乡约"或"吕氏乡约"。蓝田吕氏以此约为号召，成立了一个由乡民自愿加入并受此约限制的组织。作为该组织的活动规范，该约规包含四条大纲——"德业相劝""过失相规""礼俗相交""患难相恤"，每条下附有细则。这种乡约的实施，由乡民选举出的"约正"负责，其活动是每月的月中选主事者一人，主事者掌管"三籍"：愿入乡约者书于一籍，德业可劝者书于一籍，过失可规者书于一籍。

元代县级政权之下的乡里基层行政也有自己的特点：一是元代南方地区将乡与里称为都和图，二是官办民间协作组织"社"被广泛设立。元代的都，源自宋代保甲制中的都保，为都保的简称。在职责与功能上，元代的都图与唐宋时期的里甲并无区别。行政化的乡社是元代基层组织中最具特色的安排。元代在广大乡村中广泛设有社长,与金朝的乡社主要负责农业生产不同,元代社长的主要职能是以教化为先,劝导乡里,教督农民,成就王道之风。元朝在县以下乡村以五十家为单位立一社,选年高晓事者任社长。不足五十户的村庄与邻近村庄共立一社。因地理位置偏远,难以共立一社的村庄可以自立一社。元代,北方一些地方还有名为锄社的耕作互助组织,锄社十家结成一组,相互帮助锄田。锄社的存在多少反映了传统时期乡域治理带有一定的"自治色彩"。

五 明清时期的乡域治理

明朝虽仍是里甲制与保甲法并行,但由于统治者更侧重于对乡里社会的渗透与控制,保甲制得到了进一步强化。明朝统治者在洪武十四年开始在全国推行里甲制,里甲由此成为明代庞大的封建国家机构的基层行政单位和最基本的役制组织。明朝的里甲制度首先是一种行政组织,它以自然村为单位,以一百一十户为一里,一里分十甲。明朝的里长由丁力财粮强盛的人户担任,里长要对县级行政机关负责,实现对乡村社会的管理,其职责主要是督促生产和管理人户。里甲组织除了设里长、甲首外,还设有里书,协助里长编制黄册,摊派赋役。为了配合里甲制的推行,统治者又设立了黄册制度,编制了鱼鳞图册,以确定人丁和田土,便于进行赋税征收和人丁管控。明朝初年,统治者还曾推行"老人制",规定里甲中选年过五十、为人所敬服者在乡里充任耆宿,负责教化民众,且规定民间户婚、田地、斗殴、相争等一切小事不许告官,由本里老人及里长、甲长决断。到明代中后期,由于土地兼并与人口流动,黄册与鱼鳞图册难以编审,以其为基础的里甲制也走向衰败。

明代,朝廷开始积极提倡和鼓励乡约,洪武二十一年,明太祖采纳解缙建议"仿蓝田吕氏乡约及浦江郑氏家范,率先于世族以端轨",颁布了圣谕六条推广乡约。吕坤在吕大钧的《吕氏乡约》基础上制定的《乡甲约》把保甲内容也吸纳到乡约之中,而后王阳明在任南赣巡抚时颁布了《南赣乡约》。乡约在朝廷提倡、地方官推广之下,开始广泛发展,地方形成了集乡约、保甲、社学、社仓为一体的一整套乡治系统。与此同时,国家积极吸纳宗族组织,利用宗族组织对乡民进行管理,主要体现在三个方面。一是以祭祀、族谱等为依托维持社会稳定。宗族通过庄严肃穆的祭祀活动及家族成员共同修撰族谱,维系着家族的尊卑有序,巩固家族团结。二是以族规族训为依托实行礼仪教化。明代祠堂聚集族人所宣讲的族规族训已经与儒家经典和统治者意识形态紧密融合,强调"移孝作忠",要求遵守国法,及时完粮纳差。这相当于宗族主动承担了国家道德教化的任务,同时又自我约束,尽量体现国家意志。三是以族田、义庄为核心的救济保障系统。明时各宗族,特别是一些较大规模、较有财力的宗族,一般都设置有族田、义庄等,以救济族人、资助求学等,意图通过经济手段来收聚民心,增强族众的凝聚力和向心力,缓和群体矛盾,从而达到稳定地方秩序,控制族众的目的。

　　清朝入关后不久,效仿明代实行里甲制,并在全国范围内普遍推行。清朝里甲制的具体内容是以百户为里,十户为甲,推选人丁多的十人为甲长。清朝还在靠近城镇的乡村设厢,厢下设里,里置里长,十里为厢。与明时一致,不管是城郊乡村还是一般乡村,里长任期都是以十年为限,轮流应征,负责催办钱粮、勾摄政事、核实丁户。此外清朝的乡里组织相比明代更加复杂,其称谓也更加多样。如清初在乡村设里社,置里长、社长。在原八旗地区,清政府不设里长,改为领催;而在南方省份,乡村组织则被称为保、都、图等。

　　清朝中后期实行的虽是里甲制,但实际上仍是轻行政管理的乡里制,重社会控制的保甲制。在清代,保甲制度已经发展至极点,成为渗透全国乡域的一项制度。清代保甲对社会的严密控制表现在两方面。一方面是对常住人口的流动进行严格管理。清时规定,百姓在定更后禁止夜行,如有需要须经保甲长验明后给予夜行牌。另一方面,清政府对无业游民的管理也非常严格。如将乞丐编入保甲,发放腰牌以便各地官员督查,从而使盗贼无孕生之地。

　　与此同时,清朝统治者进一步改造利用乡约与宗族组织。清代的乡约既有教化性的乡约,也有行政性的乡约,甚至有的乡约被赋予了行政管理职能,呈现出地域性、多样性和复杂性。此外,统治者更加重视宗族组织在维护乡村社会秩序中的作用。清雍正年间正式规定宗族与保甲并列成为乡村基层行政组织,凡是聚族而居,人口众多的宗族,须挑选族内有品望的人担任族正，负责化解纠纷、处理族内户口田土事宜、纳粮完差。政府还专门奖励表现优异的宗族，保护祠宇、祭田、义庄田等宗族公共财产，进一步巩固宗族制度。

第二节　近代中国的乡域治理

中国近代史始自1840年鸦片战争爆发，止于1949年中华人民共和国成立。这一时期外有列强入侵，内有军阀混战，是中国最为动荡混乱的一个历史时期。在内外交困之下，国家力量开始向乡村渗透，知识分子也试图改造乡村社会。然而，在时局动荡、军阀割据的时代背景下，带有现代色彩的乡域治理革新终告失败，乡域社会秩序愈加混乱。

一　清末的乡域治理

鸦片战争以后，清政府为适应变革需要颁布《城镇乡地方自治章程》，规定凡府厅州县官府所在地为城，其余市镇村屯集等地人口满5万以上者为镇，不满5万者为乡，城镇乡均为地方自治体。乡设立议事会和乡董事会，实行议行分立。乡议事会在本乡选民中选举产生，为议事机构。乡议事会议员由民选产生，人数为8~16名。议员无记名选出议长、副议长。乡议事会每季度召开会议。此外，乡董事会乡董、乡佐各1名，由议事会议员选出。乡议事会、董事会皆设若干办公人员，由乡议事长、乡董遴选派充。此后，全国有些县的确实行了乡镇自治，如四川巴县。不过，全国大部分地区的乡村治理仍延续传统时期的治理模式，保甲是乡村基层组织，保长、甲正负责乡域赋税征派、纠察检举等，乡绅、地主仍是乡村社会的主导者。总之，清末统治者向西方学习，真正倡导与实行乡镇地方自治，是基本符合世界大势与历史潮流的。不过，1911年辛亥革命爆发，清王朝随之覆灭，其意欲在全国推行的乡镇自治也随之终结。

二　北洋政府时期的乡域治理

北洋政府时期部分延续了清末的乡村自治制度。1914年，袁世凯取消全国省、县两级自治，而在"区""村"两级实行自治，并颁布了《地方自治试行条例》等文件。袁世凯去世后，历届政府也都曾关注乡村自治问题，如颁布《乡自治制》等规章，但相关规章制度落到实处的甚少。

与此同时，在军阀割据的背景下，为加强地方统治，掀起了"地方自治"浪潮。其中，阎锡山推行的以提高村民素质为核心的山西乡村自治运动影响较为深远。一开始，山西乡村自治运动的核心工作主要是对乡民进行教育，包括对村民进行国民义务教育、职业教育、女子教育和社会教育。在提高村民素质的基础上，阎锡山改革乡村组织体系，将乡村分为区和村两级行政单位，并规定村内居民以二十五家为闾，闾设闾长，五家为邻，邻设邻长。村设立村民会议与村公所，村民会议议员由村民选出，百户以下设五名议员，百户以上每五十户增设议员一名。村公所设村长一名，由村议会议长兼任，负责编查户口、执行村约等事宜。此外，阎锡山还设立了息讼会及监察委员会，并规定了村长资格条件、村公所机构设置、村民会议运作规范、村务监察制度。山西乡村自治运动在提高乡民素质、重建乡村组织、实行乡村自治的基础上，也加强了对乡村社会的控制和赋税征收，比较有效地将国家权力渗透到乡村。

三　南京国民政府时期的乡域治理

南京国民政府因袭了清末的城镇乡制，乡镇机构由此被固定为政府的基层政权机构。1928年9月《县组织法》规定县以下机构为区—村（里）—闾—邻共分四级。1929年6月重订《县组织法》，改村为乡，改里为镇。1930年7月，又修正《县组织法》。1934年，国民党中政会又通过了《改进地方自治原则》，规定县地方制度采用两级制，即县为一级，乡（镇、村）为一级，这项规定把以往的县—区—乡（镇）—闾—邻的五级制度改为县—乡的两级制。不过，由于不少地区的地方自治状况不适宜新的县乡制，不久内政部便发布《改进地方自治原则要点之解释》，宣布两级制的改革不一定急于执行。南京国民政府时期乡域行政的数次变动体现出统治者试图让国家权力深入乡村的意图，但因内忧外患、层级过多、机构庞大、人力财力不足、民众未经训练等原因，地方自治成为空头支票。1930年起，几次军事"围剿"失败后，国民党认识到不能单纯依靠军事力量而忽视民众，提出清查户口、厉行保甲、严密民众组织、加强自卫力量的主张。1931年起，国民党开始在江西编排保甲、制定规约、推行联保连坐，并明确保甲长辅助区长。1932年8月，豫鄂皖三省颁布关于编查保甲户口的条例，要求以保甲取代乡（镇）、闾、邻组织。此后，南京国民政府开始在全国范围推行保甲，但保甲的实施仍多流于形式。

政党组织向乡村延伸也是南京国民政府时期国家政权向乡村社会渗透的表现。民国时期，国民党在各乡镇都建立了党组织。在乡镇的党组织名为区党部，直属县党部，有的区党部下设区分部。乡镇长通常兼任区党部书记，部分乡镇委员与区党部委员相互兼任。由此可见，在相当数量的乡镇政府中，乡镇长、国民党区党部和乡绅商董身份，往往是重叠在一两个人身上的。国民党党组织的下沉虽然在形式上使其权力向基层延伸，增加了对民众的控制，但由于长期以来存在的组织功能障碍和内在弊端，其不仅未能借此展示出自身力量的强健和壮大，组织的涣散程度反而随着组织的扩充而同步增加。

此阶段，梁漱溟、晏阳初等人发起平民教育与乡村建设运动，旨在通过平民教育、乡村建设来改变国家和社会面貌，为我国推进基层治理提供了宝贵经验。梁漱溟被称为"三十年代农村改革的全国性发言人"，其乡村建设理路主要有三点：其一，他认为中国的问题首先在于"文化失调"，乡村建设要从文化入手，以教育现代化实现农民的现代化；其二，他认为中国的小农是一盘散沙，必须将农民组织起来，走合作化道路；其三，在推行教育与合作化的基础上，引入科学技术，实行民主政治，最终实现乡村现代化。19世纪三四十年代开展的平民教育与乡村建设运动虽然以失败告终，但是它的兴起和发展，对于发展农村教育和卫生事业，促进农业生产和社会进步，解决农民尤其是自耕农的生产困难问题等仍然起到了一定的积极作用。

第三节　中华人民共和国成立后的乡域治理

中华人民共和国成立后，农村基层政权建设与稳固成为中国共产党面临的紧迫性任务。乡域治理体系也在农村基层政权建设和社会主义制度建立的过程中逐渐发展和形成。

一 土地改革时期的乡域治理

中华人民共和国成立初期，百废待兴，经济基础薄弱，社会动荡，彼时的中国仍是一个落后的农业国家。稳定基层政权，改革农村土地制度，发展农村生产力成为中国共产党面临的主要任务。1950年6月通过的《土地改革法》规定，"没收地主的土地、耕畜、农具、多余的粮食及其在农村中多余的房屋"，"征收祠堂、庙宇、寺院、教堂、学校和团体在农村中的土地及其他公地"，"所有没收和征收得来的土地和其他生产资料，除本法规定收归国家所有者外，均由乡农民协会接收，统一地、公平合理地分配给无地少地及缺乏其他生产资料的贫苦农民所有"。在党的领导下，发动农民，通过农民协会推进各地农村的土改运动，农民因此获得了土地，翻身做了新社会的主人，乡村的土地改革得以在很短时间内迅速完成。土地改革彻底改变了农村的生产关系、权力结构与旧秩序，对新中国成立初期的农村经济社会建设恢复和社会主义国家建设具有重大的意义。

中华人民共和国成立初期，中国共产党推动乡村土地改革的过程也是加强农村基层政权建设的过程。1950年《土地改革法》和《农民协会组织通则》颁布，要求在乡村两级建立农民协会。其中，《土地改革法》规定"乡村农民大会，农民代表会及其选出的农民协会委员会，区、县、省各级农民代表大会及其选出的农民协会委员会，为改革土地制度的合法执行机关"。同时规定，农民协会的职权是根据政府法令和上级农民协会指示及当地农民要求，决定农民运动的方针和计划，审查农民协会委员会的工作报告。其任务是团结雇农、贫农、中农及农村中的一切反封建的分子，遵照人民政府的政策法令，有步骤地实行反封建的社会改革，保护农民利益；组织农民生产，举办农村合作社，发展农业和副业，改善农民生活；保障农民的政治和文化水平，参加人民民主政权的建设工作。就是说，这一时期的农民协会，在许多方面实际上行使着基层政权的职能，带有半政权性质。同时，国家还在乡村建立民兵、自卫队组织，协助人民政府进行防土匪、防特务的治安工作等。

与此同时，1950年12月，政务院颁布《乡（行政村）人民代表会议组织通则》和《乡（行政村）人民政府组织通则》，乡被确定为我国最基层的政权。它和行政村并存，同为农村基层行政区域，其由一个或数个村组成，户数在 100~500 户，人口在 500~3000 人。乡（行政村）设人民代表会议和人民政府。乡（行政村）人民代表会议由乡（行政村）人民政府召开，一般代行乡人民代表大会职权。对于土地改革未完成的地区，在乡（行政村）人民代表会议召开前，由乡（行政村）农民代表大会或乡（行政村）农民代表会议执行乡（行政村）人民代表会议的职权。1951 年 4 月，政务院发布《关于人民民主政权建设工作的指示》，要求"已完成土地改革的地区，应酌量调整区、乡（行政村）行政区划，缩小区、乡行政范围，以便利人民管理政权，密切政府与人民群众的联系，充分发挥人民政权的基层组织的作用，并提高行政效率"。[①] 据此，一些实行大乡制的地方适当把乡划小，同时把一些行政村建制改为乡建制。此后，农村基层政权建制逐步趋向统一，实行乡建制。

二 农业合作化时期的乡域治理

土地改革以后，农民有了土地，其生产积极性也大幅提升。然而，孤立、分散的个体经济不适应农业生产较快发展的实际需求。为了让农民走上丰衣足食的道路，党和国家决定推进农业合作化。事实上，早在 1951 年，中共中央就通过了《关于农业生产互助合作的决议（草案）》，提出要将农民组织起来，按照自愿和互利的原则，在农村推进互助合作运动，引导农民走集体化道路。1955 年党的七届六中全会通过了《关于农业合作化问题的决议》，改造运动开始进入高速发展阶段，参加农业生产合作社的组织，除了偏远山区，农村基本实现了全覆盖。可以说，这一时期，中国共产党的乡村治理实践采取群众运动的治理方式，通过农民协会推进了土地改革，通过互助组、初级社、高级社的组织化形式，完成了从小农经济向具有社会主义性质的生产关系转变的治理目标。

在推进农业合作化时期，党和国家一方面侧重于对农业农村的社会主义改造，另一方面则更加重视巩固农业合作化的制度基础，推动基层政权

[①] 中共中央文献研究室编《建国以来重要文献选编》（第二册），中央文献出版社，1992，第 232 页。

建设。一是基层政权建设更加完善。1954年初，内务部发布了《关于健全乡政权组织的指示》，对调整、加强乡政权作了新的规定，即乡人民政府一般应按生产合作、文教卫生、治安保卫、人民武装、民政、财粮、调解等方面的工作，分设各种委员会。行政村以下按自然村划定居民组进行工作。村设代表主任，由乡人民代表互推产生；居民组设组长，由代表担任。1954年9月出台的《宪法》规定"乡、民族乡、镇设立人民代表大会和人民委员会"，"地方各级人民委员会，即地方各级人民政府，是地方各级人民代表大会的执行机关，是地方各级国家行政机关"。这是第一次以根本大法的形式把"乡、民族乡、镇"明确为我国最基层的政权组织，标志着我国农村基层政权的初步定型。《地方各级人民代表大会和地方各级人民委员会组织法》进一步明确了乡、民族乡、镇人民代表大会和人民委员会的任期等。二是全面推动乡村党组织建设。1954年11月，中央组织部召开第一次全国农村党的基层组织工作会议，强调要壮大农村党员队伍，提高党员素质。当时，在全国22万个乡中，已有17万个乡建立了党的基层组织，农村党员近400万人，约占农村人口的0.8%。到1956年底，农村党员发展到670万人，与1953年相比，增加了近100%。98.1%的乡镇建立了党委或党总支、党支部，绝大部分行政村（高级社）建立了党支部。[1] 从此，中国共产党的基层组织基本覆盖了全部乡镇和农村地区，完善的党组织体系为今后党和国家的社会动员以及政治意志贯彻，打下了深厚的组织基础。此后，在农村地区，不仅设置和完善了中国共产党的自身组织，在党的领导之下还相继建立了共青团、妇联、民兵组织等隶属于党组织的社会团体，从而构建了一个以党组织为核心的严密的农村政治组织网络。

三　人民公社时期的乡域治理

随着农业合作化运动的深入、农业合作社规模的不断扩大，高级农业生产合作社形成，国家对农村生产力量的集中也达到了极高的程度。1958年8月，《中共中央关于在农村建立人民公社问题的决议》提出了建立人

---

[1] 常明明：《农业生产合作社干部研究（1954—1956年）》，中华人民共和国国史网，http://hprc.cssn.cn/gsyj/zzs/ggyxzg/202108/t20210805_5352044.html。

民公社的基本方针，指出要把农村建设成为"组织军事化、行动战斗化、生活集体化"的农林牧副渔全面发展、工农商学兵互相结合的人民公社。1962年9月通过的《农村人民公社工作条例（修正草案）》提出将农村人民公社分为公社、生产大队和生产队三级，并最终确定了人民公社的性质、规模、人事安排及党组织建设等。人民公社是政社合一的基层组织，由人民公社党组织（领导主体）、社员代表大会（权力机构）、公社管理委员会和生产大队管理委员会（行政和生产管理）以及各级监察委员会（监督检查）等构成。人民公社的各级权力机关，是公社社员代表大会、生产大队社员代表大会和生产队社员大会。公社社员代表大会要定期开会，每年至少开会两次。公社管理委员会受县人民委员会和其派出机关的领导，行使管理生产建设、财政、粮食、贸易、民政、文教卫生、治安、民兵和调解民事纠纷等方面的职权。人民公社既是农村集体经济的组织形式，又是基层政权的组织单位。公社规模由社员民主决定，按照"一乡一社"确定以后保持不变。此外，规定了人民公社的组织形式和制度设计。"乡社合一、工农商学兵合一"是人民公社的基本组织形式。人民公社实行"三级所有、队为基础"的组织体制。"三级所有"即生产资料为公社、生产大队和生产队共同所有；"队为基础"即生产经营的核算单位是生产小队。人民公社下辖生产大队，成立大队管理委员会，设大队长、副大队长、秘书（有的由会计兼任）、保管员、出纳员、民兵队长、治保主任和妇代会主任。公社干部为国家干部，大队干部一般由脱产或不脱产的村民担任。大队下辖生产队，设立队务委员会，选举队长、副队长、妇女副队长、会计（兼记工员）、保管员。

总体来看，以公社、生产大队和生产队为核心的三级组织体系，既是农村经济组织，也是"党政合一"的基层政权组织，具有政经社高度合一的特点。在政治方面，通过人民公社体制，党实现了将组织建在生产大队，使党和国家的意志可以直接深入生产队一级。此外，注重加强对人民公社的民主制度建设，提倡"民主办社、民主办队"，农民可通过社员大会等途径行使民主权利。在经济方面，人民公社拥有生产资料，负责全社的农、林、牧、副、渔业生产与资源分配。在社会方面，人民公社三级组织内普遍设立了面向全体社员的公共卫生保健制度，实行合作医疗，生产大队统筹全体社员的医疗费用。此外，人民公社还特别注重对贫弱社员的社会救济。

改革开放后，在全国普遍推行家庭联产承包责任制，从集体所有、集体经营，改为集体所有、家庭承包经营。家庭经营制度的回归，直接改变了政社合一的人民公社体制。国家逐步废除人民公社、建立乡政府，逐步实现政社分开。1982年《宪法》明确了乡镇政权、村委会的法律地位，标志着人民公社体制开始退出历史舞台。

第二章 乡域治理机构

中国是单一制国家,实行自上而下的治理。[1] 乡域治理位于中国国家政权组织体系中的最末端,也是最接近人民群众的治理层级。从行政区划上看,乡域治理主要指乡、民族乡和镇的治理。相较于县级及以上的治理层级,乡、民族乡和镇的数量众多且直面社会公众,其组织体系较为简单和灵活。通常而言,在乡、民族乡和镇层面,包含党委、政府和人大三个主要的治理机构。

第一节 乡镇党委的构成与职能

乡镇党委是中国共产党在乡镇一级的基层委员会,主要包括乡、民族乡和镇的党委。乡镇党委是党在农村的基层组织,是党在农村全部工作和战斗力的重要基础,全面领导乡镇各项工作。下面,主要围绕组织构成和职能两方面对乡镇党委加以介绍。

一 乡镇党委的构成

尽管我国乡镇之间的差异性巨大,如不同乡镇在自然地理、人口规模、经济发展、文化传统等方面存在很大差别,但是乡镇党委的组织构成(人员安排、机构设置)却基本保持一致,具有较强的统一性。

(一)乡镇党委的领导人员构成

一是人员设置。根据《中国共产党农村基层组织工作条例》,乡镇党

---

[1] 徐勇:《中国式基层治理现代化的方位与路向》,《政治学研究》2023年第1期。

委由党员大会或党员代表大会选举产生，每届任期5年。乡镇党委一般设委员7~9名，其中，设书记1名、副书记2~3名（一般1人担任乡镇人民政府主要负责人，1人担任协助书记抓党务人事的专职副书记），应当设组织委员、宣传委员、统战委员、政法委员等。乡镇纪律检查委员会书记、人民武装部部长、担负重要职能的党员副乡镇长由党委委员兼任，乡镇纪律检查委员会书记专司专责。结合乡镇党政班子成员分工，在上述职数范围内，可安排1~3名党员副乡镇长与分管有关工作的党委委员交叉任职。乡镇党委委员按照乡镇领导职务配备，应当进行合理分工，保证各项工作有人负责。

二是人员产生。乡镇党委经由党员大会或党员代表大会选举产生。在乡镇党委换届时，党委委员由乡镇党员大会或党员代表大会选举产生；书记、副书记由上届党委会提出候选人，报县级党委审查同意后，在委员会全体会议上选举产生。书记、副书记和其他委员一般应当任满一届。在乡镇党员大会或党员代表大会闭会期间，县级党委可以根据工作需要，调动、任免乡镇党委书记、副书记、纪委书记，纪委书记的提名考察按有关规定办理，其他党委委员的调整需按照规定程序产生，其数额在届期内一般不得超过委员职数的1/2。

三是人员变动。因调离本乡镇、辞去公职、退休等原因不适宜继续担任党委委员的，应当辞去或者免去其职务。因死亡、丧失国籍、被追究刑事责任、被停止党籍、受到留党察看以上党纪处分的，委员职务自动终止。辞去、免去委员职务的，应当由乡镇党委报县级党委审核后，按程序提交乡镇党员大会或党员代表大会作出决定；自动终止委员职务的，乡镇党委应当报县级党委备案，并提交乡镇党员大会或党员代表大会追认。

（二）乡镇党委的组织机构构成

由于我国地域辽阔，受自然条件、经济发展、历史文化、政策制度等因素的影响，各地乡镇党委在机构设置上存在一定差异。

一般而言，乡镇党委按照精简、统一、高效原则，优化乡镇机构设置，建立健全公共服务、产业引导、综合治理等工作机构；加大乡镇党政工作机构和乡镇站所整合力度，增强乡镇统筹协调和综合服务功能。按照规定设置纪律检查委员会、人民武装部等机构以及工会、共青团、妇联组织,配备相应工作力量。落实全面从严治党要求,设立乡镇党建工作办公室,配齐配强工作力量,具体承担乡镇党的建设和干部人事等工作。

1. 领导机构

乡镇党委会、党政联席会构成乡镇党委的领导机构,在乡镇组织系统中起核心、统率作用,其主要任务是对乡镇各项工作进行统一领导和决策,以保证党和国家的路线、方针、政策在乡镇的贯彻和落实。乡镇党委、人民政府发布决议、命令及采取重大措施,必须经过乡镇党委会、党政联席会讨论通过。乡镇党委会一般由乡(镇)党委书记、副书记、党委委员组成;党政联席会一般由乡(镇)党委书记、副书记、党委委员、乡(镇)长、副乡(镇)长、各部门负责人等组成。

2. 职能机构

乡镇一般依据现实工作需要,设置数量不等的党委职能机构。为便于表述,下面在普遍意义上说明乡镇党委职能机构的一般设置情况。

一是党政综合办公室。负责乡镇党委、政府日常事务。负责重要文稿、综合调研、文电、会务、机要、保密、信息、档案、统计、人民武装、工青妇、综合协调、督查考核、对外联络、后勤保障、党务政务公开等工作。负责政策性文件、具体行政行为的审核和上报备案等工作,具体承担依法行政和行政执法监督的各项工作。负责检查和督促重要工作和中心任务的完成落实情况。

二是党建办公室。负责基层党的政治建设、组织建设、宣传、统战、意识形态、精神文明建设等工作。负责党代表的选举、联络及相关服务工作。负责干部人事、机构编制、劳动工资、离退休人员服务、镇级党校等工作。负责基层治理体系建设工作和统筹联系驻村、包村(居)工作。指导协调工会、共青团、妇联等群团组织工作。

三是纪检监察办公室。承担镇党的纪律检查、监察工作,协助镇党委推进全面从严治党,加强党风廉政建设和反腐败工作。依照党章和其他党内法规履行监督、执纪、问责职责。根据授权开展监察工作,对公职人员进行监督,提出监察建议,依法对公职人员进行调查、处置。受理处置党员群众检举举报。指导村(居)务监督机构工作。负责村(居)纪检组织的自身建设。

对乡镇一级而言，由于党委机构和政府机构常常设置在一起，党委政府之间的职责区分并不清晰，因此上面仅列出与党委直接相关的机构。为避免重复，其他由乡镇党委党员兼任负责人的各办公室不在此处单独介绍，具体可见下面的"乡镇政府的构成与职能"一节。

二 乡镇党委的职能

根据《中国共产党农村基层组织工作条例》，乡镇党委统一领导本地区基层各类组织和各项工作，加强基层社会治理，支持和保证行政组织、经济组织和群众性自治组织充分行使职权。

（一）乡镇党委的组织原则

由于乡镇党委是党在农村的基层组织，是党在农村全部工作和战斗力的基础，全面领导乡镇的各类组织和各项工作，因而乡镇党委必须始终在思想上政治上行动上同党中央保持高度一致，坚决贯彻执行党中央决策部署和上级党组织决定，坚决维护党中央权威和集中统一领导，任何工作部署都必须以贯彻党中央精神为前提。为此，乡镇党委应当每年向县级党委作1次全面工作情况报告，研究涉及全局的重大事项或作出重大决定要及时向县级党委请示报告，执行党中央和上级党组织某项重要决定的情况应当专题报告。遇有突发性重大问题和工作中重大问题应当及时请示报告，情况紧急必须临机处置的，应当尽职尽力做好相关工作，并及时报告。

乡镇党委应当支持和保证下级党组织依法依规正常履职。凡属下级党组织职责范围内的事项，原则上由下级党组织处理。乡镇党委作出同下级党组织有关的重要决定，一般应当事前征求下级党组织意见。需要乡镇党代会代表、下级党组织和党员了解的重要情况和重大问题，应当及时通报。

乡镇党委应当坚持民主集中制，实行集体领导和个人分工负责相结合的制度。凡属应当由党委会讨论和决定的事项，必须由集体研究决定，任何个人或者少数人无权擅自决定。应由党委会集体研究决定的事项，不得以"领导小组""专项工作组"名义或者领导签批等方式作出决定。在集体讨论和决定问题时，个人应当充分发表意见。个人对集体作出的决定必须坚决执行，有不同意见可以保留，也可以通过正常渠道向上级党组织报告，但在上级或者本级党组织没改变决定以前，除执行决定会立即引起严重后果等紧急情况外，必须无条件执行已作出的决定。乡镇党委书记应当带头执行民主集中制，充分发扬党内民主，善于集中正确意见，自觉接受党委其他委员的监督，不得搞独断专行。讨论决定重要事项时，先由其他党委委员发表意见和看法，书记在综合各方面情况基础上最后提出自己的意见，经表决后作出决策。乡镇党委其他委员应当支持书记开展工作，自觉接受书记对其工作的督促检查，保证乡镇党委决策的贯彻落实。乡镇党委委员根据分工落实集体决议，勇于担当、敢于负责，切实履行职责。对不属于自己分管的工作，应当从全局出发关心支持，积极提出意见和建议。应当在党性原则基础上维护团结、互相信任、互相理解、互相支持、互相帮助、互相监督。

（二）乡镇党委的工作原则

乡镇党委必须高举中国特色社会主义伟大旗帜，坚持以马克思列宁主义、毛泽东思想、邓小平理论、"三个代表"重要思想、科学发展观、习近平新时代中国特色社会主义思想为指导，坚决维护习近平总书记党中央的核心、全党的核心地位，坚决维护党中央权威和集中统一领导，牢固树立"四个意识"，坚定"四个自信"，做到"四个服从"，坚持党要管党、全面从严治党，以提升组织力为重点，突出政治功能，努力成为宣传党的主张、贯彻党的决定、领导基层治理、团结动员群众、推动改革发展的坚强战斗堡垒。一般而言，根据《中国共产党农村基层组织工作条例》，乡镇党委工作要遵循以下原则。

（1）高举中国特色社会主义伟大旗帜，坚持以习近平新时代中国特色社会主义思想为指导，增强"四个意识"、坚定"四个自信"、做到"两个维护"，坚决贯彻党的理论和路线方针政策，自觉在思想上政治上行动上同党中央保持高度一致。

（2）坚持以人民为中心的发展思想，不忘初心、牢记使命，认真践行党的宗旨和群众路线，做到立党为公、执政为民。

（3）坚持解放思想、实事求是、与时俱进、求真务实，把上级党委精神与本乡镇实际结合起来，主动担当作为，创造性地开展工作。

（4）坚持民主集中制，坚持集体领导与个人分工负责相结合，增强乡镇党委领导集体活力和党的团结统一。

（5）坚持党要管党、全面从严治党，认真践行"三严三实"要求，始终保持党的先进性和纯洁性。

（6）坚持在宪法和法律范围内活动，依据党章和其他党内法规制度履职尽责，推进基层治理体系和治理能力现代化。

（三）乡镇党委的工作职责

乡镇党委是乡镇工作的领导核心，全面领导乡镇的各类组织和各项工作，起到把方向、管大局、作决策、保落实的作用。根据《中国共产党农村基层组织工作条例》，乡镇党委的主要职责如下。

（1）贯彻执行党的路线方针政策和党中央、上级党组织及本乡镇党员代表大会（党员大会）的决议。

（2）讨论和决定本乡镇经济建设、政治建设、文化建设、社会建设、生态文明建设和党的建设以及乡村振兴中的重大问题。需由乡镇政权机关或者集体经济组织决定的重要事项，经乡镇党委研究讨论后，由乡镇政权机关或者集体经济组织依照法律和有关规定作出决定。

（3）领导乡镇政权机关、群团组织和其他各类组织，加强指导和监督，支持和保证这些机关和组织按照国家法律法规以及各自章程履行职责、协调一致地开展工作。

（4）加强乡镇党委自身建设和村党组织建设，以及其他隶属乡镇党委的党组织建设，抓好发展党员和党员教育管理。维护和执行党的纪律，监督党员、干部和其他工作人员严格遵守国家法律法规。

（5）加强村民委员会、村务监督委员会、村集体经济组织、合作经济组织建设，强化指导和监督，支持和保障村民委员会、村务监督委员会依法开展自治活动，支持村集体经济组织、合作经济组织依法开展经营活动。

（6）按照干部管理权限，对乡镇机关、企事业单位干部和村屯干部加强教育、培训、选拔、考核和监督。加强对农村经济组织、社会组织负责人的教育、培养、管理和监督。协助管理上级有关部门驻乡镇单位的干部，并对协管干部的任免向有关主管部门提出书面意见。做好人才服务和引进工作。

（7）领导本乡镇的基层治理，加强社会主义民主法治建设和精神文明建设，加强社会治安综合治理，做好生态环保、美丽乡村建设、民生保障、脱贫致富、民族宗教、信访维稳等工作。

除上述职责规定以外，乡镇党委还应当认真履行全面从严治党主体责任。乡镇党委书记应当履行第一责任人职责，党委委员必须履行分管领域全面从严治党责任。乡镇党委应当至少每半年研究1次全面从严治党工作，每年年初应当向县级党委书面报告上一年度落实全面从严治党主体责任情况；每季度研究1次基层党建工作，每年至少向县级党委专题报告1次抓党建工作情况。① 实行乡镇党委书记抓党建工作述职评议考核制度，探索开展班子成员抓党建工作述职评议考核，完善党建工作考核综合评价体系，对抓党建工作失职失责的乡镇党委和党员领导干部进行问责，确保党建工作各项部署落到实处。乡镇党委还应当认真落实党风廉政建设责任制，领导和支持纪委履行监督责任，把监督挺在前面，精准运用监督执纪"四种形态"，严格执行和维护党的纪律，一体推进不敢腐、不能腐、不想腐。

为落实上述职责规定，乡镇党委委员应当进行合理分工，保证乡镇各项工作都有人负责。乡镇党委书记主持党委全面工作，负责召集和主持党委会议，组织党委活动，协调党委委员的工作，对党委工作负主要责任。担任政府正职的党委副书记主持政府全面工作；在书记外出时，受书记委托主持全面工作。担任人大正职的党委副书记主持人大全面工作，协助书记抓党的建设工作，同时可以根据需要协调和负责其他方面工作。其他党委委员根据党委决定，按照分工负责有关工作，行使相关职权。乡镇领导班子成员分工按规定向县级党委报备。乡镇党委应当建立党委及成员职责清单制度，明确党委委员职责，并在一定范围内公开。

第二节　乡镇政府的构成与职能

乡级地方人民政府包括乡、民族乡和镇的人民政府。乡镇是中国的基层行政建制，具体而言，乡为广大农村地区的基层行政建制，民族乡为少

---

① 《自治区党委关于印发〈广西壮族自治区乡镇党委工作办法〉的通知》，广西新闻网，http://news.gxnews.com.cn/staticpages/20210125/newgx600e9b4d-20082128.shtml。

数民族聚居的农村地区的基层行政建制,镇为非农业人口占有一定比例的小城市型的基层行政建制。

一 乡镇政府的构成

由于我国地域广阔,受自然地理、历史因素、文化传统、政策差异等因素的影响,各地乡镇的实际情况差异显著。比如,按照经济社会发展水平可以把我国乡镇分为三类。一是发达乡镇。这类乡镇多聚集在东部沿海和内陆发达地区,工商业在乡镇经济中占主导地位,农业处于辅助产业的地位。二是发展中乡镇。这类乡镇多处在城区外围,多有一定的第二、第三产业基础,但农业仍在 GDP 中占有较大比重,经济发展的潜力比较大。三是欠发达乡镇。这类乡镇一般地理位置相对比较偏远,经济以农业为主,第二、第三产业稀少,农民生活水平相对落后。总体来看,尽管不同乡镇之间的差异性很大,但是乡镇政府的组织构成(人员安排、机构设置)基本保持一致,具有较强的统一性。

(一)乡镇政府的领导人员构成

一是人员设置。根据《地方各级人民代表大会和地方各级人民政府组织法》,乡、民族乡、镇人民政府设乡长、副乡长,镇长、副镇长。乡长、副乡长,镇长、副镇长,由乡、民族乡、镇人民代表大会选举产生,每届任期5年,可连选连任。乡镇政府一般设乡镇长1名、副乡镇长3~5名(一般1人担任乡镇人民政府常务副乡镇长,其他人员分别担任协助乡镇长工作的对口副乡镇长)。结合乡镇党政班子成员分工,在上述职数范围内,可安排1~3名党员副乡镇长与分管有关工作的党委委员交叉任职,如常务副乡镇长往往由党委委员兼任。乡镇政府领导人员按照乡镇领导职务配备,应当进行合理分工,保证各项工作有人负责。

二是人员产生。乡镇政府领导班子经由乡、自治乡、镇人民代表大会选举产生。乡长、副乡长,镇长、副镇长一般应当任满一届。乡长、副乡长,镇长、副镇长可以向本级人民代表大会提出辞职,由大会决定是否接受辞职。乡长、镇长出缺时,应召开乡、自治乡、镇人民代表大会选举乡长、镇长;在人民代表大会召开前,可由上一级人民政府在副乡长、副镇长中决定一人代理乡长、镇长。乡镇人民政府每届任期与本级人民代表大会每届任期相同。

三是人员变动。因调离本乡镇、辞去公职、退休等原因不适宜继续担任乡长、副乡长、镇长、副镇长的，应当辞去或者免去其职务。死亡、丧失国籍、被追究刑事责任、被停止党籍等党纪政纪处分的，乡长、副乡长、镇长、副镇长职务自动终止。辞去、免去乡长、副乡长、镇长、副镇长职务的，应当由乡镇人民政府报县级政府审核后，按程序提交乡镇人民代表大会作出决定；期满自动终止乡长、副乡长、镇长、副镇长职务的，乡镇人民政府应当报县级政府备案，并提交乡镇人民代表大会追认。

（二）乡镇政府的组织机构构成

农村实行家庭联产承包责任制改革之后，原有的"三级所有、队为基础"的人民公社管理体制难以为继。1983 年 10 月，中共中央、国务院发布了《关于实行政社分开建立乡政府的通知》。1984 年，全国各地普遍废除了人民公社，建立起了乡镇政府。政社分开后的 1985 年，乡镇的数量为 91138 个。[①] 改革开放以来乡镇的数量不断减少，在总量不断减少的同时，镇的数量呈增加之势，乡的数量越来越少，反映了我国城镇化进程不断加快的趋势。据国家统计局发布的数据，截至 2021 年底，全国共有乡镇数量为 29631 个，其中镇的数量为 21322 个，乡为 8309 个。[②]

由于各个乡镇在自然条件、人口规模、经济结构、发展水平和文化传统等方面差异巨大，全国乡级地方人民政府行政机构的设置没有统一的模式。一般来说，现阶段乡镇人民政府的机构设置主要包括领导机构、职能部门以及县（市）直属部门驻乡镇的有关机构。

1. 领导机构

乡镇人民政府办公会议构成乡镇政府的领导机构，在乡镇行政组织系统中起核心、统率作用，其主要任务是对乡镇行政管理工作进行统一领导和决策，以保证党和国家的路线、方针、政策在乡镇的贯彻和落实。乡镇人民政府发布决议、命令及采取重大措施，必须经过乡镇人民政府办公会议讨论通过。乡镇人民政府办公会议由乡（镇）长、副乡（镇）长、各部

[①] 国家统计局农村社会经济统计司编《中国农村统计年鉴—1986》，中国统计出版社，1987，第 3 页。

[②] 国家统计局编《中国统计年鉴—2022》，中国统计出版社，2022，第 2 页。

门负责人等组成。乡镇人民政府实行乡长、镇长负责制，由乡长、镇长主持本级人民政府的工作。副乡长、副镇长协助乡长、镇长工作。民族乡人民政府的乡长通常由少数民族人员担任。

2. 职能部门

除了本章第一节提及的乡镇党政合署办公的组织机构——党政综合办公室、党建办公室以外，乡镇人民政府还设有其他诸多职能部门（部门负责人一般由党委委员兼任）。这些职能部门以乡镇政府的职能为基础，通过一定的法律程序在乡镇人民政府内部设置的工作机构，受乡镇人民政府领导机构的直接领导，负责组织和管理等方面的行政事务。近年来，受经济社会发展水平以及政府"大部制"改革的影响，许多乡镇人民政府均改革了内设机构，成立了更具综合性的办公室（不同乡镇设置办公室的标准不一，办公室类型也较为多样，在此仅列出具有代表性的几种）。

一是公共服务办公室（党群服务中心、社区建设办公室）。负责公共服务、党群服务、社会事务、政务服务等工作。负责劳动就业、社会保障、民政、教育、文化、旅游、体育、卫生健康、退役军人服务等工作。根据法律法规授权或上级有关部门依法委托履行相关行政许可职能和提供行政服务。负责党群服务平台建设及管理协调工作。指导推进村（社区）公共服务和综合管理。负责指导基层自治和居民区建设等工作职能，负责开展对居委会、业委会等的指导、服务工作，落实居住小区综合管理。负责社区综合网格化服务管理工作。指导基层开展社区社会工作实践，承担服务志愿者组织管理服务功能。协助环境卫生工作。

二是综合治理办公室。维护辖区内社会秩序稳定，做好社会治安综合治理、平安建设、信访维稳、法制宣传教育、人民调解、法律服务等工作。定期集中排查辖区的矛盾纠纷，受理群众来信来访、投诉事项，把矛盾纠纷化解在基层。加强流动人口和重点人员的教育、帮扶工作，对危险物品存放场所、特种行业和公共复杂场所的治安管理提供服务和支持，防止重大治安问题发生。引导辖区内单位履行社会责任，组织群防群治，完善治安防控体系。依照有关规定做好出租屋和外来暂住人员的管理工作。负责网格化工作，推动政府管理、村（社区）自治以及群众团体、社会组织、志愿者服务等融入网格管理，动员广大村（居）民参与基层治理。负责基层治理综合信息平台运行的管理保障、平台接收事项的交办跟踪和督办。

三是综合行政执法办公室（综合行政执法队）。负责辖区内综合行政执法工作。根据授权，在辖区范围内集中行使自然资源和规划建设、生态保护、市场监管、卫生健康、乡镇和乡村治理等方面的行政处罚权，及与之相关的行政检查权、行政强制措施权。对行政执法方面投诉的受理工作。统一指挥调度派驻执法机构开展执法活动，推动乡镇综合执法机构与县直执法部门的沟通协调，配合上级相关行政主管部门在乡镇的行政执法工作。负责辖区内日常行政执法巡查和监督管理工作，组织开展群众监督和社会监督。协助处理辖区内重大行政违法案件，完成辖区内重大、临时、突发事件的执法工作和重大保障执法任务。负责监督、检查、协调和管理辖区内的城管工作。负责辖区内的市容环境卫生、园林绿化、市政等监督、管理、服务工作。协助对辖区内建筑工地的违章施工行为和违法建设进行处理。协助有关部门依法监督辖区内物业管理企业开展物业管理等工作。

四是自然资源和生态环境保护办公室。负责自然资源（含林政资源）、生态环境保护、地质灾害隐患排查，突发环境污染事件的应急管理与处置。负责生态环境保护、人居环境整治等工作。贯彻执行国家和地方有关生态环境保护工作的政策、法律法规和环境标准。组织和协调辖区内环境保护教育、宣传工作。负责辖区内生态环境保护污染防治监督管理工作，做好辖区内环境污染巡查工作。协助环境保护行政执法工作。负责做好农村环境连片整治工作。协助农村生活污水无害化治理等工作，保障辖区内环境质量符合相应环境功能标准。负责辖区饮用水源保护，确保人民群众饮用水安全。负责生态乡镇、生态村居创建工作。组织开展农业污染源、生活污染源的综合防治工作，并协助做好工业污染的综合防治工作。

五是应急管理办公室。负责安全生产、防汛防旱防台风防冰冻、防灾减灾救灾、自然灾害救助、抗震救灾和消防、森林防火管理等各类应急管理日常工作，组织制定、完善和实施各类应急预案。负责组织应急力量，定期开展应急培训和演练。负责组织安全生产、防汛防旱防台风防冰冻、防灾减灾救灾和消防、森林防火宣传教育工作，开展本辖区安全隐患排查治理，指导做好应急管理相关工作。

六是农业农村办公室（乡村振兴办公室、经济发展办公室）。负责乡村振兴、移民、农业、林业、水利等方面工作。负责农业农村公共信息服务和农田水利建设、防汛抗旱技术服务、农民的公共培训教育等工作。负责农林渔业新技术的引进、试验、示范、推广和市场信息服务等工作。负责农业统计、农业发展、产业培育、农村集体经济发展、农民增收、扶贫等工作。负责农田水利基本建设和基本农田管理以及农业资源的开发和保护。负责多种经营的规划、引导，推进农业产业化进程。负责贯彻执行党和国家关于乡村振兴战略方针、政策和上级有关措施意见。

3. 县（市、区）直属部门驻乡镇的有关机构

县（市、区）直属部门驻乡镇的有关机构是指机构的人权、财权、物权隶属于县（市、区）直属部门，实行乡镇和主管部门双重领导的工作部门。严格地说，这些机构本来不属于乡镇政府本身的工作机构，它是协助县（市、区）主管部门管理所辖区域内的行政事务，根据政务管理需要而设计的。过去，县（市、区）直属部门驻乡镇机构一般有农技站、经管站、林业站、兽医站、水利站、农机站、文化站、广播站、派出所、税务所、工商行政管理所等。目前，由于经济社会发展和政务服务需求的变化，县（市、区）为了进一步推动资源、服务和平台下沉，通过明确乡镇职责，优化机构设置和编制配备，大力推动直属部门驻乡镇机构改革，大范围成立乡镇直属事业单位。

一是乡村建设综合服务中心（交通管理站、专职消防救援队）。负责宣传并贯彻执行自然资源、村镇规划建设、危房改造、农村宅基地管理、生态环境保护、环境卫生、应急管理、村寨防火以及交通等领域的方针、政策和法律法规。协助做好上述领域管理以及相关信访、纠纷、事故的调查处置工作。开展消防日常巡查、器材维护和应急救援工作，依法履行行政监督检查、行政处罚等职责，承办上级相关行政机关依法委托的业务。承担乡镇党委、政府交办的其他工作。

二是农业农村服务中心（乡村振兴综合服务中心）。负责农业、农机、水产畜牧等应用技术推广及试验示范。做好动植物疫病防治、良种繁殖、农产品质量检测、农业机械、土地承包经营、农村集体经济发展等事务性工作。负责安全饮水、水利水土保持等事务性工作。组织协调做好防汛抗旱等服务性工作。负责产业发展、企业服务、项目服务等相关事务性工作。开展巩固拓展脱贫攻坚成果，防止返贫和监测等工作。推进实施乡村振兴战略有关具体工作。承担乡镇党委、政府交办的其他工作。

三是行政审批和政务服务中心。负责办理行政审批事项，做好证照办理、信息咨询等便民服务工作。负责基层便民服务平台建设工作。承担乡镇党委、政府交办的其他工作。

四是就业社保服务中心。负责劳动就业、养老保险、医疗保障、民政、残联等事务性工作。承担乡镇党委、政府交办的其他工作。

五是公共文卫和旅游服务中心。负责科技、文化、广播、电视、体育和旅游等事务性工作。负责意识形态、精神文明、政策宣传、新闻宣传、网络舆情管理等事务性工作。负责公共卫生、人口和计划生育等事务性工作。承担乡镇党委、政府交办的其他工作。

六是林业站。负责辖区内林草资源、珍稀濒危动植物等森林资源的管护，负责森林病虫害防治。负责组织国土绿化任务。负责林业科学技术推广。开展林业技术培训、技术咨询和技术服务。落实涉及林业的国家支农惠农政策。协助做好森林防火宣传、基础设施建设工作。承担乡镇党委、政府交办的其他工作。

七是退役军人服务站。负责退役军人和其他优抚对象就业创业扶持、优抚帮扶、走访慰问、信访接待、权益保障等事务性工作。负责退役军人关系转接、信息采集统计等工作。负责搭建政策咨询、沟通联系、学习交流等活动平台等事务工作。承担乡镇党委、政府交办的其他工作。

除上述可整合、下放的机构外，财政所、派出所、税务所、工商行政管理所等部门仍然以上级业务部门管理为主。

二　乡镇政府的职能

乡镇政府是我国最基层的政权机关，其服务管理水平直接关系人民群众生产生活，关系国家治理能力和水平。乡镇人民政府是本级人民代表大会的执行机关，是基层国家行政机关。乡镇人民政府对本级人民代表大会和上一级人民政府负责并报告工作。

(一) 乡镇政府的基本职权

虽然不同乡镇之间具有较大差异，但是乡镇政府在国家行政组织体系中的法律地位却是一样的，拥有同样的职权。《宪法》规定，乡、民族乡、镇的人民政府执行本级人民代表大会的决议和上级国家行政机关的决定和命令，管理本行政区域内的行政工作。根据2022年3月第十三届全国人民代表大会第五次会议修正的《地方各级人民代表大会和地方各级人民政府组织法》，乡、民族乡、镇的人民政府行使下列职权。

（1）执行本级人民代表大会的决议和上级国家行政机关的决定和命令，发布决定和命令。

（2）执行本行政区域内的经济和社会发展计划、预算，管理本行政区域内的经济、教育、科学、文化、卫生、体育等事业和生态环境保护、财政、民政、社会保障、公安、司法行政、人口与计划生育等行政工作。

（3）保护社会主义的全民所有的财产和劳动群众集体所有的财产，保护公民私人所有的合法财产，维护社会秩序，保障公民的人身权利、民主权利和其他权利。

（4）保护各种经济组织的合法权益。

（5）铸牢中华民族共同体意识，促进各民族广泛交往交流交融，保障少数民族的合法权利和利益，保障少数民族保持或者改革自己的风俗习惯的自由。

（6）保障宪法和法律赋予妇女的男女平等、同工同酬和婚姻自由等各项权利。

（7）办理上级人民政府交办的其他事项。

总体来看，虽然乡镇人民政府拥有法定执行权、管理权和保护权，但乡镇政府的自主权比较小，县级人民政府通过自己所掌握的权力资源，在辖区内行使其对政治、经济、社会和文化等事务的组织和管理职能，对乡镇人民政府拥有绝对的领导权、支配权。

近年来，随着统筹城乡发展和新型城镇化的加快，乡镇人民政府管理的事务越来越多，面临的矛盾也越来越突出，特别是在一些经济发达、人口较多的中心镇，公共服务、市场监管、社会管理和环境保护等方面的任务重、要求高，而乡镇政府现有的法定权力已不能适应新的形势和需要。

在这一背景下，一些地方开展了"强镇扩权"的改革。围绕激发发展活力、方便群众办事、源头执法治理等三大重点，赋予一些实力强的乡镇相应的经济发展、便民服务、综合执法等方面的管理权限，增强其经济社会发展能力，推进管理和服务重心下移。

2017年中共中央办公厅、国务院办公厅印发的《关于加强乡镇政府服务能力建设的意见》规定，要扩大乡镇政府服务管理权限。按照权力下放、权责一致的原则，除法律法规规定必须由县级以上政府及其职能部门行使的行政强制和行政处罚措施，以及行政许可事项外，对直接面向人民群众、量大面广、由乡镇服务管理更方便有效的各类事项依法下放乡镇政府，重点扩大乡镇政府在农业发展、农村经营管理、安全生产、规划建设管理、环境保护、公共安全、防灾减灾、扶贫济困等方面的服务管理权限。强化乡镇政府对涉及本区域内人民群众利益的重大决策、重大项目和公共服务设施布局的参与权和建议权。县级职能部门不得随意将工作任务转嫁给乡镇政府。省级政府要依法制定扩大乡镇政府服务管理权限的具体办法，明确下放事项、下放程序和法律依据，确定下放后的运行程序、规则和权责关系，确保下放权力接得住、用得好。

（二）乡镇政府的基本职能

根据2009年发布的《中央机构编制委员会办公室关于深化乡镇机构改革的指导意见》以及2017年中共中央办公厅、国务院办公厅印发的《关于加强乡镇政府服务能力建设的意见》的有关规定，乡镇人民政府的职能主要有以下四个方面。

一是促进经济发展、增加农民收入。乡镇人民政府负责制定本行政区域内的经济和社会发展规划并组织实施；协调本行政区域内各村（社区）、各经济组织间的关系；维护各经济组织和个体户的合法经济权益，取缔违法经营，打击经济犯罪活动；管理乡级财政，做好财务会计、经济统计和其他经济管理工作；推广科学技术成果。同时，积极培育和发展市场体系，监督市场运行和维护平等竞争，调节社会分配和控制人口增长，保护自然资源和生态环境，搞好基础设施建设，努力创造良好的乡镇经济环境。

二是强化公共服务、着力改善民生。乡镇人民政府必须认真组织和管理好社会服务事业,为群众提供各种服务,做好社会保障工作。加强村庄(社区)规划和人居环境治理,改善农村生活环境和村容村貌。拓宽服务渠道,改进服务方式,通过"一站式"服务、办事代理制等多种形式,方便群众办事。巩固提高义务教育质量和水平,改善乡村教学环境,保障校园安全,做好控辍保学和家庭经济困难学生教育帮扶等基本公共教育服务。推动以新型职业农民为主体的农村实用人才队伍建设,加强社区教育、职业技能培训、就业指导、创业扶持等劳动就业服务。做好基本养老保险、基本医疗保险、工伤、失业和生育保险等社会保险服务。落实社会救助、社会福利制度和优抚安置政策,为保障对象提供基本养老服务、残疾人基本公共服务,维护农民工、困境儿童等特殊人群和困难群体权益等。做好公共卫生、基本医疗、计划生育等基本医疗卫生服务。健全公共文化设施网络,推动全民阅读、数字广播电视户户通、文化信息资源共享,组织开展群众文体活动等。

三是加强社会管理、维护农村稳定。乡镇人民政府应当加大资源整合力度,做好农村集体经济管理、人口与计划生育、妇女儿童合法权益保障、安全生产和公共安全管理以及重大社情、疫情、险情上报与处理等工作,保障人民群众的生命财产安全、保护农民利益,妥善处理各种突发性、群体性事件,解决好各种利益矛盾和纠纷,维护农村稳定。

四是推进基层民主、促进农村和谐。乡镇人民政府应当建立健全各种民主制度,完善民主监督的程序,提高政府活动的公开化、民主化水平,自觉把政府工作置于人民群众的监督之下,定期向乡镇人民代表大会报告工作,虚心听取人民群众对政府工作的批评和建议,切实改变各部门、各单位干部中存在的脱离群众的种种不正之风。同时,还应该提高公民的参政意识,保障人民群众的民主权利,完善公民参政议政的机制,保证人民群众的意志和利益在乡镇的政治生活、社会生活中得到充分的体现。抓好村委会班子建设,依法指导和帮助组织好乡村基层组织和社区自治,推动农村社区建设。

总体来看,乡镇人民政府的职能具有执行性、综合性、直接性和动态性的特征。

一是执行性。乡镇政府既是我国乡镇权力机关的执行机关,又是我国行政体系的最基层行政机关。它既要执行本级人民代表大会的决定，又要执行上级国家行政机关的决定和命令，还要执行乡镇党委的指示。党的路线、方针、政策以及上级行政机关的命令都要通过乡镇政府的工作具体落实到千家万户。

二是综合性。乡镇行政区域是我国最基本的独立行政单元。根据《地方各级人民代表大会和地方各级人民政府组织法》的规定，乡镇政府根据乡镇人大通过的本行政区域内的经济和社会发展计划，管理本行政区域的经济、教育、科学、文化、卫生、体育事业和财政、民政、公安、司法行政、计划生育等行政工作。

三是直接性。乡镇政府作为我国最基层的行政组织，其直接同人民群众发生关系，承担直接治理职责，管理方式具有明显的直接性。由于乡镇政府直接面向广大农户，管理工作事多、事小、事杂，而且许多工作必须和农民面对面，工作性质更加具有一线性、直接性。

四是动态性。乡镇政府的职能不是静止不变的，随着行政环境的变化，乡镇政治、经济、社会的发展，其职能的范围、内容、主次关系等也必然发生变化。因此，适应变化和发展的需要，及时地调整和转变乡镇政府的职能，是做好乡镇工作的重要前提。

第三节 乡镇人大的构成与职能

乡镇人民代表大会是我国人民代表大会制度的重要组成部分，是最基层的国家权力机关，关系到国家政权的巩固和发展，关系到国家的长治久安和繁荣发展。乡镇人大是地方国家权力机关，依照宪法和有关法律法规行使职权。

一 乡镇人大的构成

尽管我国乡镇之间的差异性巨大，不同乡镇在自然地理、人口规模、经济发展、文化传统等方面存在很大差别，但是乡镇人大的组织构成（人员安排、机构设置）基本保持一致，具有较强的统一性。

（一）乡镇人大的领导人员构成

一是人员设置。乡镇人大主席团负责乡镇人大工作，一般由5~11人组成；10万人以上的乡镇，主席团成员的名额可以适当增加，但不得超过15人。主席团成员的名额由县级人民代表大会常务委员会根据人口规模并结合结构需要确定，在本届人民代表大会的任期内不再变动。乡镇人民代表大会设主席1名，并设副主席1~2名。主席、副主席由本级人民代表大会从代表中选出，任期同本级人民代表大会每届任期相同。民族乡的人民代表大会中，应当由建立民族乡的少数民族公民担任主席或者副主席。乡镇人民代表大会主席、副主席不得担任国家行政机关的职务；担任国家行政机关职务的，必须向本级人民代表大会辞去主席、副主席的职务。主席团成员应当相对固定。乡镇人民代表大会主席、副主席为主席团的成员。乡、民族乡、镇人民代表大会主席团应当配备至少1名专职工作人员。

二是人员产生。根据《全国人民代表大会和地方各级人民代表大会选举法》《地方各级人民代表大会和地方各级人民政府组织法》，乡镇人民代表大会举行会议的时候，选举主席团。由主席团主持会议，并负责召集下一次的本级人民代表大会会议。在乡镇人大主席团换届时，主席团成员由乡镇人民代表大会选举产生；主席、副主席由本级人民代表大会主席团或者10人以上代表书面联合提名。不同选区选出的代表可以酝酿、联合提出候选人。主席团提名的候选人人数，每一代表与其他代表联合提名的候选人人数，均不得超过应选名额。主席、副主席和其他成员一般应当任满一届。

三是人员变动。乡、民族乡、镇人民代表大会副主席协助主席开展工作。当主席因故不能担任职务或者缺位时，由主席团在副主席中推选1人代理主席的职务，直到主席恢复工作或者本级人民代表大会选出新的主席为止。因调离本乡镇、辞去公职、退休等原因不适宜继续担任主席团成员的，应当辞去或者免去其职务。死亡、丧失国籍、被追究刑事责任、被停止党籍等以上党纪处分的，主席团成员职务自动终止。辞去、免去主席团成员职务的，应当由乡镇人大主席团报县级人大主席团审核后，按程序提交乡镇人民代表大会作出决定；自动终止主席团成员职务的，乡镇人大主席团应当报县级人大主席团备案，并提交乡镇人民代表大会追认。

（二）乡镇人大的组织机构构成

虽然我国不同乡镇差异巨大，但一般而言，乡镇人大按照精简、高效原则优化乡镇人大机构设置。现阶段乡镇人大的机构设置主要包括领导机构、职能部门两部分。

1. 领导机构

乡镇人大主席团构成乡镇人大的领导机构，其主要任务是对乡镇人大工作进行统一领导和决策，一般由5~11人组成。主席团会议每季度至少举行一次，有2/3以上的主席团成员出席，始得举行。乡镇人大主席团的决定，以主席团全体成员的过半数通过。乡镇人民代表大会主席团在本级人民代表大会会议期间、闭会期间履行相应职责。

主席团在本级人民代表大会闭会期间，每年选择若干关系本地区群众切身利益和社会普遍关注的问题，有计划地安排代表听取和讨论本级人民政府的专项工作报告，对法律法规实施情况进行检查，开展视察、调研等活动；听取和反映代表和群众对本级人民政府工作的建议、批评和意见。主席团在闭会期间的工作，向本级人民代表大会报告。

2. 职能部门

乡镇人大职能部门主要为人大办公室，其职能包括：负责组织召开乡镇人大会议及闭会期间的日常工作；承办乡镇人民代表大会及主席团决定事项的组织实施和督促、检查等工作；负责乡镇人民代表大会及主席团工作要点、总结、报告等材料；承办乡镇人民代表大会及主席团召开的各种会议；做好代表履职学习、联系代表和代表视察、调研、执法检查等履职服务保障工作；受理代表和人民群众的来信来访；做好人大宣传工作。

二　乡镇人大的职能

乡镇人大是地方国家权力机关，依照宪法和法律规定行使职权，保护人民合法权利。

（一）乡镇人大的基本职权

乡镇人民代表大会应当维护社会主义法治统一，保证中央政令畅通，保证宪法、法律法规在本行政区域的实施。乡镇人民代表大会实行民主集中制原则，应当充分发扬民主，集体行使职权。根据《地方各级人民代表大会和地方各级人民政府组织法》，乡、民族乡、镇的人民代表大会行使下列职权。

（1）在本行政区域内，保证宪法、法律、行政法规和上级人民代表大会及其常务委员会决议的遵守和执行。

（2）在职权范围内通过和发布决议。

（3）根据国家计划，决定本行政区域内的经济、文化事业和公共事业的建设计划和项目。

（4）审查和批准本行政区域内的预算和预算执行情况的报告，监督本级预算的执行，审查和批准本级预算的调整方案，审查和批准本级决算。

（5）决定本行政区域内的民政工作的实施计划。

（6）选举本级人民代表大会主席、副主席。

（7）选举乡长、副乡长，镇长、副镇长。

（8）听取和审议乡、民族乡、镇的人民政府的工作报告。

（9）听取和审议乡、民族乡、镇的人民代表大会主席团的工作报告。

（10）撤销乡、民族乡、镇的人民政府的不适当的决定和命令。

（11）保护社会主义的全民所有的财产和劳动群众集体所有的财产，保护公民私人所有的合法财产，维护社会秩序，保障公民的人身权利、民主权利和其他权利。

（12）保护各种经济组织的合法权益。

（13）铸牢中华民族共同体意识，促进各民族广泛交往交流交融，保障少数民族的合法权利和利益。

（14）保障宪法和法律赋予妇女的男女平等、同工同酬和婚姻自由等各项权利。

少数民族聚居的乡、民族乡、镇的人民代表大会在行使职权的时候，可以依照法律规定的权限采取适合民族特点的具体措施。

从实践来看，过去一个时期，乡镇人大工作和建设的实际状况与制度设计的本初要义和人民群众的殷切期望相比，还有不小差距，如乡镇人大职能虚弱、职权虚位、职责虚化等，突出表现在行使法定职权不充分不到位，存在"虚化"现象；人大会议质量不高，存在"走过场"现象；机构队伍建设滞后，存在"二线"现象。

在新的历史时期，加强县乡人大工作和建设是政治建设的必然要求和现实需要。2022年3月，第十三届全国人大第五次会议成功修改《地方各级人民代表大会和地方各级人民政府组织法》，预示着乡镇人大工作和建设面临难得的历史机遇。作为五级国家权力机关体系中最基层的一级，乡镇人大能否发挥作用，不仅影响人大整体效能的充分发挥，还会影响"四个全面""五位一体"的协调推进，是一块最需要补齐的"短板"。因此，必须把乡镇人大工作和建设作为推动人大工作创新发展的着力重点，摆在更加突出的位置。

（二）乡镇人大主席团的基本职责

乡镇人大主席团应当维护社会主义法治统一，保证中央政令畅通，保证宪法、法律法规在本行政区域的实施。乡镇人大主席团实行民主集中制原则，应当充分发扬民主，集体行使职权。一般而言，乡镇人大主席团在本级人大会议前、会议期间、闭会期间分别需要履行相应职责。

一是在乡镇人民代表大会会议举行前，乡镇人大主席团负责下列准备工作。

（1）提出会议议程草案。

（2）提出会议主席团名单草案。

（3）确定列席会议人员名单。

（4）听取代表资格审查委员会关于代表资格审查结果的报告，确认代表资格是否有效，并予以公告。

（5）必要时提出民生实事项目票决办法草案。

（6）会议的其他准备事项。

二是在乡镇人民代表大会会议期间，乡镇人大主席团履行下列职责。

（1）主持人民代表大会会议。

（2）提出会议议程草案、选举办法草案和代表议案及建议、批评和意见处理办法草案，提请人民代表大会审议通过。

（3）提出议案、罢免案。

（4）提名乡镇人民代表大会主席、副主席，乡长、副乡长，镇长、副镇长人选，向代表如实介绍候选人情况，并主持人民代表大会选举工作。

（5）提出各项决议、决定草案，提请人民代表大会审议和表决。

（6）处理代表提出的议案、质询案、罢免案等有关事项。

（7）将会议期间代表提出的建议、批评和意见转交有关机关和组织研究办理并答复代表。

（8）法律法规规定会议期间应当由主席团负责处理的其他事项。

三是在乡镇人民代表大会闭会期间，乡镇人大主席团的主要职责如下。

（1）组织代表参加履职学习，协助代表全面熟悉人民代表大会制度、掌握履行代表职务所需的法律知识和其他业务知识。

（2）每年选择若干关系本地区群众切身利益和社会普遍关注的问题，有计划地安排代表听取和讨论本级人民政府的专项工作报告，对法律法规实施情况进行检查，开展视察、调研等活动。

（3）听取代表和有关方面对本级预算草案、决算草案、预算执行情况和调整方案的意见建议。

（4）听取和反映代表和群众对本级人民政府工作的建议、批评和意见。

（5）将代表履职活动中的建议、批评和意见进行整理规范后交有关机关和组织研究办理，听取代表建议、批评和意见办理情况的报告。

（6）组织代表评议本级人民政府及其工作机构或者上一级国家机关派驻本行政区域工作机构的工作。

（7）建立和完善代表联系原选区选民和人民群众制度，协助代表及时答复选民来信、接待选民来访，依法组建代表小组，丰富代表小组活动形式和内容，建立代表履职档案。

（8）统筹组织代表履职活动中心、代表联络站、代表小组活动，建设和管理代表履职活动中心、代表联络站，确定代表履职活动中心主任、副主任和代表联络站站长、副站长，组织代表开展"混合编组、多级联动、履职为民"工作。

（9）定期组织本级人民代表大会代表向原选区选民报告履职情况，开展选民评议代表活动。

（10）指导选区依法罢免和补选本级人民代表大会代表。

（11）将本级人民代表大会制定的具有规范性文件性质的决议、决定，报所在行政区域的县级人民代表大会常务委员会备案审查。

（12）办理本级人民代表大会和上级人民代表大会常务委员会交办或者委托的工作。

主席团应当根据本级人民代表大会有关决议制定年度工作计划，对全面履行前款规定职责作出具体安排和部署。主席团年度工作计划应当明确开展相关活动的时间和次数，并报县级人民代表大会常务委员会备案。

从现实来看，过去一个时期，乡镇人大主席团在实践中面临职能弱化的困境。具体而言，作为乡镇人民代表大会会议的主持机构，在闭会期间常常处于尴尬的境地，从法律地位上讲，它不是闭会期间的常设机构，但是却履行着部分常设的职能；法律赋予的职能较少，却又承担着一些实实在在的职责；工作事务多、责任重、压力大，其职能作用难以充分发挥。

为此，2022年3月，第十三届全国人大第五次会议通过的《关于修改〈中华人民共和国地方各级人民代表大会和地方各级人民政府组织法〉的决定》尊重地方探索和实践，在法律修改中进行了针对性回应。虽然仍未明确乡镇人大主席团为常设机构的法律地位，但却对主席团的职能作出了更加清晰的界定。比如主席团在本级人民代表大会闭会期间，每年选择若干关系本地区群众切身利益和社会普遍关注的问题，有计划地安排代表听取和讨论本级人民政府的专项工作报告，对法律法规实施情况进行检查，开展视察、调研等活动；听取和反映代表和群众对本级人民政府工作的建议、批评和意见；等等。

可以肯定的是，《地方各级人民代表大会和地方各级人民政府组织法》的修改给乡镇人大工作的进一步完善带来了契机，使乡镇人大工作向"实起来"迈出了关键一步，对于推动乡镇人大工作的开展，发挥乡镇人大的作用，促进基层民主政治建设将产生积极而深远的意义。

（三）乡镇人大主席、副主席的基本职责

乡镇人大主席是一种法定职务，同时也是一个法定机构，其与副主席是由本级人民代表大会从代表中选出的，在本级人民代表大会闭会期间履行相应的职责。乡镇人大主席、副主席按照便于组织和开展活动的原则，指导有代表3人以上的居住地区或者单位组建代表小组。代表小组每3个月至少开展一次活动。[①] 乡镇人民代表大会主席、副主席的主要职责如下。

[①] 《湖北省乡镇人民代表大会工作条例》，国家法律法规数据库，https://flk.npc.gov.cn/detail2.html?NDAyOGFiY2M2MTI3Nzc5MzAxNjEyODA0ZGUzNzQ2ODM=。

（1）实施主席团年度工作计划。

（2）落实代表联络机制，联系本级人民代表大会代表，为代表履职提供服务保障。

（3）根据主席团的安排组织代表开展活动。

（4）召集并主持主席团会议，协调安排主席团成员做好主席团的各项工作。

（5）反映代表和群众对本级人民政府工作的建议、批评和意见，受理代表和人民群众的来信、来访，反映代表和人民群众对乡镇人民政府工作的建议、批评和意见。

（6）组织代表参加履职学习培训，指导代表履职活动中心和代表联络站的建设、管理。

（7）负责处理主席团的日常工作。

（8）受理代表在闭会期间提出的建议、批评和意见，督办代表建议办理工作，向主席团报告代表建议交办情况，并印发下一次人民代表大会会议。

（9）负责处理上级人民代表大会及其常务委员会委托的其他事项。

在现实中，关于乡镇人大主席、副主席的职责履行，这里需要明确的是，2022年修改后的《地方各级人民代表大会和地方各级人民政府组织法》第十九条规定，"主席团在本级人民代表大会闭会期间，每年选择若干关系本地区群众切身利益和社会普遍关注的问题，有计划地安排代表听取和讨论本级人民政府的专项工作报告，对法律、法规实施情况进行检查，开展视察、调研等活动；听取和反映代表和群众对本级人民政府工作的建议、批评和意见。主席团在闭会期间的工作，向本级人民代表大会报告"。这一款主要是为了通过进一步明确主席团在乡镇人民代表大会闭会期间的职责和活动方式，充分发挥乡镇人大在基层国家政权体制中的国家权力机关的作用，提高乡镇人大的工作水平，保证基层人大代表密切同人民群众的联系，更好地坚持和完善人民代表大会制度。

因而这里的"听取和讨论本级人民政府的专项工作报告，对法律、法规实施情况进行检查，开展视察、调研等活动"的主体是人大代表，而非主席团。必须明确主席团新增的工作职责均服务于人大代表更好履行职责、同级人民代表大会更好发挥作用，其并不同于县级以上人大所设立的作为常设机关的常务委员会。有的地方性法规规定，乡镇人大主席团可以接受乡、镇长和副乡、镇长的辞职，决定代理乡、镇长，听取乡、镇人民政府报告，监督乡、镇人民政府工作等，实际上等同于把主席团变成常委会，这与法律的规定是不一致的。

第三章 乡域治理关系

乡域治理关系，通常包括纵向和横向两个维度。纵向上，乡域治理主要涉及"县—乡镇—村—村民小组"四个层级，纵向治理关系也就体现为县乡关系、乡镇与村的关系和村与组的关系三个方面；横向上，乡域治理主要在乡镇和村两个层面展开，横向治理关系则体现为乡镇条块关系和村级组织间关系。在乡域治理场域中，处理好纵向和横向关系，在很大程度上决定着乡域治理的有效运转和功能发挥，也决定着乡域治理现代化的走向。

第一节 乡域纵向治理关系

所谓乡域纵向治理关系，指的是在乡域范围内，基于治理需要，在纵向上所形成的各种上下权力、职能关系。乡域纵向治理关系主要包括三种类型：一是县乡关系，主要指的是县、自治县与乡、民族乡、镇的关系；二是乡镇与村关系，即乡镇人民政府与村民委员会两种不同性质的组织之间的关系；三是村与组的关系，即村民委员会与分设的村民小组之间的关系。本节将分别从县乡关系、乡镇与村的关系和村与组关系的内涵、挑战和改革发展等方面进行展开，力图梳理乡域纵向治理关系的实践样态。

一　县乡关系

县乡关系是我国地方政府间纵向关系的重要组成部分。它的演变既有符合我国地方政府间纵向关系发展的一般规律，又有其独特性。这种独特性在于它是中央、省、市、县与基层社会联系的中间环节，贴近农村基层，与农民日常生活紧密相关。作为乡域治理纵向关系中唯一的层级隶属关系，县乡关系直接影响着党和国家决策部署在乡域社会的贯彻落实。

（一）县乡关系的主要内涵

县与乡镇都是我国农村基层政权组织层级。依据《宪法》第三十条的规定，"县、自治县分为乡、民族乡、镇"。这一规定确定了县与乡镇的层级关系，即乡镇政权是隶属于县级政权的，两者是体制内的上下级关系。

1. 领导与被领导

县对乡镇的领导主要体现为县级政权拥有命令、指挥乡级政权的权力，而乡级政权只能服从和执行。具体而言，县级人民政府直接领导乡镇人民政府的各项中心工作，乡级人民政府服从和执行县级人民政府的决定、命令。如果违背或拒绝服从和执行，就要承担相应的法律责任。同时，县级人大常委会有权撤销下属乡级人民代表大会及其常务委员会的不适当的决议，县级人民政府有权改变或者撤销所属乡级人民政府的不适当的决定、命令。2022年修正的《地方各级人民代表大会和地方各级人民政府组织法》对这种关系作出了明确规定。第五十条规定，县级以上的地方各级人民代表大会常务委员会能够"撤销下一级人民代表大会及其常务委员会的不适当的决议"；第七十三条进一步明确县级以上的地方各级人民政府"领导所属各工作部门和下级人民政府的工作"；第七十六条则明确乡镇人民政府承担着行使"执行本级人民代表大会的决议和上级国家行政机关的决定和命令，发布决定和命令"等相应职权。

2. 监督与被监督

县对乡镇的监督主要是指为了落实党和国家政策方针，县级政权在行政、财政和审计等方面对下辖乡镇人民政府进行的必要控制和监督。在行政监督上，根据《监察法》的规定，县设立监察委员会，负责本行政区域内的监察工作。在财政控制上，依据《预算法》，县级以上地方各级政府需"将下一级政府报送备案的预算汇总后报本级人民代表大会常务委员会备案"，"改变或者撤销本级各部门和下级政府关于预算、决算的不适当的决定、命令"。乡级政府财政部门需定期向县级政府财政部门报告本级总预算的执行情况。在审计监督上，2021年修正的《审计法》规定，县级审计机关可以对乡级政府预算的执行、决算和其他财政收支情况进行审计。

（二）县乡关系面临的现实挑战

改革开放之后，我国在农村地区恢复了县乡体制，县乡关系进入相对稳定阶段。尤其是20世纪90年代中期实行的分税制，强调要按照中央与地方政府的事权划分，合理确定各级财政的支出范围，也初步划定了县乡政府间的事权与财权分配关系。为减轻农民负担，21世纪初开始了农村税费改革和撤乡并镇改革，县乡财政由对下的资源汲取转向依靠上级的转移支付，乡镇对县级政权的依赖程度进一步增强，县乡权责不对等问题得以进一步凸显。

一是县对乡的单向支配。这体现在县乡两级政府间的职能差异未能充分厘清，乡镇人民政府被作为县级政府职能向基层社会的延伸。当县级政府利用优势地位扩大乡镇人民政府职能边界时，乡镇人民政府处在弱势权力地位。在人事权上，县级政府掌握乡镇人民政府的编制管理权，乡镇人民政府无法自主决定编制的使用；在财政权上，实行乡财县管，强化县级财政对乡镇预算编制、预算执行、国有资产管理等监督。由于权小、能弱、财少，乡镇人民政府存在接不住、接不好的现象。

二是县乡权责不对等。相比县级政府，乡镇人民政府承担事权责任重，但事项权力却有限。县级政府在向乡镇人民政府的赋权中，存在较为明显的事项与责任下放多、权力下放少的问题。乡镇人民政府由于没有任何讨价还价的余地，造成县乡权责的进一步不均衡。尤其是在一些人口集聚多、经济规模大的经济发达镇，由于经济发展水平快速提升，外来人口大量增加，管理与服务需求显著扩张。然而，由于乡镇的事权小、财权弱，呈现为"小马拉大车""大脚穿小鞋"问题，影响了乡镇的发展。

（三）县乡关系的优化方向

为应对县乡关系面临的现实挑战，浙江、广东等地相继开展了强镇扩权改革，内容包括下放县级事权、扩大乡镇财权、改革人事权等。浙江省于2007年率先在全省启动改革试点。2009年，广东省选择佛山市南海区狮山镇等4个镇率先推行简政强镇事权改革试点工作。2010年，针对一些经济发达镇承担着繁重的管理事务却没有相应的行政权力问题，中央机构编制委员会办公室等发布《关于开展经济发达镇行政管理体制改革试点工作的通知》,要求按照强镇扩权的原则,赋予部分县级经济社会管理权限。党的十八届三中全会进一步提出"对吸纳人口多、经济实力强的镇,可赋予同人口和经济规模相适应的管理权"。①

党的十八大以来,党中央高度重视县乡关系的调整优化,注重从制度上进行县乡权责的合理配置。2018年,党的十九届三中全会通过《中共中央关于深化党和国家机构改革的决定》,明确要"构建简约高效的基层管理体制"。② 2019年,中共中央办公厅、国务院办公厅印发《关于加强和改进乡村治理的指导意见》,进一步对县乡关系调整进行了具体部署,着力构建县乡联动、功能集成、反应灵敏、扁平高效的综合指挥体系,构建线上线下相结合的乡村便民服务体系。新时代以来,县乡关系的调整主要体现在如下几方面。

一是完善县乡的权责清单。完善乡镇权责清单内容,制定赋权清单,健全责任清单,避免追责不放权,推进权责有机统一。将直接面向人民群众、量大面广、由乡镇服务管理更方便有效的各类事项依法下放乡镇人民政府,重点扩大乡镇人民政府在农业发展、农村经营管理、安全生产、规划建设管理、环境保护、公共安全、防灾减灾、扶贫济困等方面的服务管理权限。省级政府要依法制定扩大乡镇人民政府服务管理权限的具体办法,明确下放事项、下放程序和法律依据,确定下放后的运行程序、规则和权责关系,确保下放权力接得住、用得好,防止层层向基层转嫁责任。

二是推进事权的保障匹配。加强下放给乡镇和街道事权的人才、技术、资金、网络端口等方面的保障,做到权随事转、人随事转、钱随事转,使基层有人有物有权,保证基层事情基层办、基层权力给基层、基层事情有人办。2016年国务院下发《关于推进中央与地方财政事权和支出责任划分改革的指导意见》指出,"推进各级政府事权规范化法律化","合理确定省以下各级政府的支出责任,避免将过多支出责任交给基层政府承担",明确划分好县乡两级政府之间的财政事权和支出责任。

---

① 中共中央党史和文献研究院编《全面建成小康社会重要文献选编》(下),人民出版社、新华出版社,2022,第731页。
② 中共中央党史和文献研究院编《全面建成小康社会重要文献选编》(下),人民出版社、新华出版社,2022,第1031页。

三是扎实推进基层减负。减少县级政府交派事务和临时事务，严格监督向下"甩锅"避责行为，控制"一票否决"事项和各类评比表彰活动，释放乡级政府治理行动空间。中共中央办公厅印发的《关于解决形式主义突出问题为基层减负的通知》《关于持续解决困扰基层的形式主义问题为决胜全面建成小康社会提供坚强作风保证的通知》，明确发给县级以下的文件、召开的会议减少30%~50%，经批准直接开到县级的会议，不再层层开会。上级部门不得以签订"责任状"、分解下达指标、考核验收等方式，将工作责任转嫁乡镇和街道承担。除中央和省级党委明确要求外，各部门不得以任何形式对乡镇和街道设置"一票否决"事项，不得要求乡镇和街道对口设立机构，严禁对基层机构编制事项进行干预。

二 乡镇与村的关系

乡镇与村的关系是指乡镇人民政府（包括乡镇党委、乡镇人大等）与村庄之间的关系。乡镇人民政府是中国最基层的政权组织，处在国家政权体系的"末梢"。村民委员会不是国家基层政权组织，也不是政府的派出机关，而是村民自我管理、自我教育、自我服务的基层群众性自治组织。乡镇与村的关系，不仅直接关系着党和国家的政策方针能否在农村基层得以有效落实，而且事关国家权力与乡村社会自治边界的大问题。

（一）乡镇与村的关系内涵

乡镇与村的关系不是简单的上下级隶属关系，而是与村民委员会性质相适应的领导与被领导、指导与协助的关系。《中国共产党农村基层组织工作条例》《地方各级人民代表大会和地方各级人民政府组织法》《村民委员会组织法》等相关法律对乡镇与村的关系进行了明确规定，主要体现为如下几方面。

1. 领导与被领导

在村一级，有两个主要组织结构，即村党组织和村委会。其中，乡镇与村的领导与被领导关系主要体现在乡镇党委与村党组织的关系。乡镇党委和村党组织都是党在农村的基层组织，"按照中国共产党章程进行工作，发挥领导核心作用，领导和支持村民委员会行使职权；依照宪法和法律，支持和保障村民开展自治活动、直接行使民主权利"。① 作为直接领导村民委员会的村党组织，按照中国共产党"下级组织服从上级组织"的原则，受乡镇党委领导，村党组织要"宣传和贯彻执行党的路线方针政策和党中央、上级党组织及本村党员大会（党员代表大会）的决议"。②

2. 指导与协助

乡镇人民政府是中国最基层政权组织，它承担着保证党和国家的方针政策在农村基层落实的责任。村民委员会是基层群众性自治组织，凡依法属于自治范围内的事项，都应当由村民在党组织的领导下进行讨论决定。乡镇人民政府与村民委员会的不同性质，决定了乡镇人民政府与村民委员会不是领导与被领导关系，但在实际工作中乡镇人民政府必须对村民委员会的工作给予指导、支持和帮助。

就指导关系来看，主要指乡镇人民政府对村民委员会如何依法开展自治活动给予引导。属于村民自治范围的事项，乡镇人民政府不能包办和强制，而是可以根据宪法和法律的规定，通过培训、宣传、说服、动员等方式引导村民委员会在法律的范围内积极开展自治活动。就支持和帮助来说，就是对村民委员会依法开展自治活动给予尊重和肯定，对其在工作中遇到的各种阻力和困难帮助协调解决，在物质等各方面提供援助，等等。对此，《地方各级人民代表大会和地方各级人民政府组织法》和《村民委员会组织法》作出了明确规定。《村民委员会组织法》第五条规定，"乡、民族乡、镇的人民政府对村民委员会的工作给予指导、支持和帮助，但是不得干预依法属于村民自治范围内的事项。村民委员会协助乡、民族乡、镇的人民政府开展工作"。换言之，凡依法属于自治范围内的事项，哪些要办、哪些不办，哪些先办、哪些后办，是这么办还是那么办，都应当由村民自己讨论决定，乡镇人民政府不得干预。同时，村民委员会协助乡镇人民政府开展工作，一般不直接办理。必要时，可以受乡镇人民政府的委托，代表乡镇人民政府办理有关政府事宜。协助的内容是与本村有关的、属于乡镇人民政府职责范围内的各项工作，包括环境与资源保护、土地管理、公共卫生、治安保卫、计划生育、优抚救济、税收、粮食收购等。

---

① 《中华人民共和国村民委员会组织法》第四条。
② 《中国共产党农村基层组织工作条例》第十条。

(二) 乡镇与村的关系面临的现实挑战

在乡域治理场域内,乡镇与村是紧密联系在一起的。乡镇人民政府与村民委员会之间在权力来源、性质等方面不相同,但在实践中必然产生行政意志与村民意志的冲突。这种冲突由于乡镇党委与村党组织之间的领导与被领导关系、乡镇人民政府与村民委员会的指导与协助关系而呈现出复杂性。

来自上级的政策举措、关于乡村发展的各项工作,乡镇党委政府需要通过村两委才能落到实处。从法律层面上,村党组织必须在乡镇党委领导下工作,而法律并没有规定乡镇人民政府对村民委员会指导的具体内容、权限和方式,也没有明确村民委员会协助乡镇人民政府开展工作的具体义务、条件和程序。这种清晰的领导与被领导关系和不明确的指导与协助关系的叠加,使得乡镇人民政府习惯于将村民委员会视为自己的下级机构。乡镇人民政府承担的硬性任务越多,就越倾向于采用行政命令的工作方式,这会强化村民委员会的"行政功能"而弱化其"自治功能",使乡镇政府与村民委员会的关系呈现为"领导—被领导"或"指挥—执行"关系。

(三) 乡镇与村的关系改革

2009年,《中央机构编制委员会办公室关于深化乡镇机构改革的指导意见》提出,要"推动乡镇行政管理与基层群众自治有效衔接和良性互动,建立精干高效的乡镇行政管理体制和运行机制"。党的十八大以来,中共中央办公厅、国务院办公厅先后印发《关于加强和改进乡村治理的指导意见》和《关于规范村级组织工作事务、机制牌子和证明事项的意见》,对村级组织承担的工作事务、设立的工作机制等都进行了明确规范,以为村级组织减负,提升乡村治理效能。

一是明确村级事务内容。依法依规明确党政群机构要求村级组织协助或者委托村级组织开展工作事务的制度依据、职责范围、运行流程,建立健全村级组织工作事务分流机制,分类办理政府基本公共服务事项、村级公共事务和公益服务事项,以及村民群众个人事项。未经县级党委和政府统一部署,党政群机构不得将自身权责事项派交村级组织承担,交由村级组织承接或协助政府完成的工作事项,要充分考虑村级组织承接能力,实行严格管理和总量控制。

二是精简村级工作机制。按照精简、统一、效能原则,规范并整合党政群机构设立的各类村级工作机制，统筹开展村级党的建设、治理服务和群众工作。党中央、国务院明确要求或者法律法规明确规定设立村级工作机制、专人专岗的，相应的党政群机构应协调提供人员、经费等必要工作条件。除此之外，未经省级党委和政府同意，党政群机构不得新设村级工作机制，不得要求专人专岗。

三是改进村级证明出具事项。持续开展"减证便民"行动，依法依规确定村级组织出具证明事项。属于职责范围内的事项，村级组织原则上应依法及时据实出具证明。列入《不应由基层群众性自治组织出具证明事项清单》和省级不应出具证明事项清单的，村级组织要做好解释说明工作；虽列入清单，但有关党政群机构确因形势变化需要仍要求出具证明的，应及时向乡镇党委和政府反映情况，乡镇党委和政府应联系有关党政群机构协调处理。完善部门政务信息系统基层治理领域数据资源共享交换机制，鼓励党政群机构采取网上核验、主动调查、告知承诺等方式，最大限度减少村级组织出具证明事项。

四是完善村级考评机制。建立以解决实际问题、让村民群众满意为导向的村级组织考核评价机制，坚决杜绝简单以设机制挂牌子安排村级组织任务、以填报表格或者提供材料调度村级组织工作、以"是否留痕"印证村级组织实绩等问题，不得简单以上传工作场景截图或者录制视频等作为评价村级组织是否落实工作的依据。

三 村与组关系

村与组关系指的是村民委员会与村民小组之间的关系。村民委员会和村民小组都是乡域社会的重要治理单元。《村民委员会组织法》第三条规定："村民委员会可以按照村民居住状况、集体土地所有权关系等分设若干村民小组。"村民小组是村民委员会根据需要设立的，是村民委员会联系村民的桥梁和纽带。村与组的关系既关系到党的路线、方针和国家的法律、政策能否"进村入户"和"落地生根"，又关系到农民自我教育、自我管理和自我服务的顺利实现。

（一）村与组关系的内涵

根据《村民委员会组织法》的规定，村民委员会与村民小组之间的关系主要体现在如下两个方面。

1. 组织隶属关系

村民小组是村民自治共同体内部的一种组织形式。从法律规定来看，村民小组的设立要经过村民委员会批准，由村民委员会决定是否设立村民小组，而其他任何组织和个人不得擅自设立村民小组。在组织意义上说，村民小组是村民委员会的组成部分，受村民委员会的领导和管理，村民小组应履行村民委员会通过的决议。村民小组是可以设立也可以不设立的，其作用也都是可以由其他组织或方式替代的。

从全国实践情况看，在原来人民公社体制下生产大队管辖范围内建立村民委员会的，一般都在原合作社或原生产队的管辖范围内建立村民小组，生产大队下辖几个生产队就设几个村民小组；如果不是在原生产大队管辖内设立的村民委员会，而是几个自然村联合设立村民委员会的，一般是有几个自然村就设几个村民小组，村民小组是以自然村为单位设立的。村民小组人口较少，居住集中，互相熟悉，有利于村民自我管理、自我教育和自我服务，也可以使村民委员会的自治任务和工作计划通过各小组得到落实，打通村与户之间的"断头路"。作为村民小组长，其主要职责是："（1）收集并向村委会反映本组村民的建议、意见；（2）向本组村民传达村委会作出的有关决定；（3）协助村委会办理本村的公共事务和公益事业。"[①] 从职责来看，村民小组是村民委员会的重要助力和延伸。

2. 交互合作关系

依据《村民委员会组织法》的规定，村民小组的设立由村民委员会决定，但村民小组长则由村民小组会议推选。村民小组会议作出村民小组的决议和决定是村民小组的村民开展自治活动的重要组织形式。村民小组会议的决议和决定，要及时向村民委员会报告。如果村民委员会认为村民小组所作的决议和决定，违反了有关政策法规，或者侵犯了大多数村民的合法权益，村民委员会应及时提请村民会议或村民代表会议讨论研究，如确认有不妥，村民委员会应及时通知村民小组组长，收回有关决议或决定。但在村民小组认为村民会议或村民代表会议的决议、决定侵犯了村民小组

---

① 全国人大常委会法制工作委员会国家法行政法室等编著《村民委员会组织法学习读本》，中国民主法制出版社，1998，第29页。

合法权益的情况下，可以向乡镇人民政府提出申诉意见，请求调处；或者直接向人民法院提起诉讼，请求裁决。

村民委员会和村民小组之间是一种相互影响、相互作用的关系。一方面，村民小组享有相对独立的自治空间。村民小组长，主持本组的日常工作，办好本组的事务，并管理好本组村民集体所有的土地、山林、水塘和其他集体资产。另一方面，村民委员会也能对村民小组产生影响。村民委员会对来自各村民小组的利益要求进行综合协调，对各小组之间的纠纷进行调节，并负责向村民小组传达相关法律法规和政策规定。

（二）村与组关系面临的现实挑战

村与组中的"村"通常指的是开展村民自治的行政村，村民在行政村直接享有民主选举、民主决策、民主管理和民主监督的权利。但是，行政村地域较广，人口较多，居住较分散，不便于村民直接参与村务管理。尤其是在21世纪初期的"合乡并村"浪潮后，行政村的地域范围和人口进一步增加，村民越来越难以直接参与村级事务的管理，村民自治成了少数村干部的"自治"。村民小组是由村民委员会决定设立的，基本是建立在原生产队基础上，村民的生产生活互助交流活动范围更多在村民小组内或相邻的村民小组内。由于地域相近、利益相关、文化相连，村民容易在村民小组内或相邻村民小组间形成共识和合力，也易于形成集体行动。但是，《村民委员会组织法》或其他相关法律中并没有明确村民小组的自治权利，再加上持续的进城务工潮的兴起，与村民更为接近的村民小组进一步虚化，大多数农村地区出现了"村实组虚"的问题。但在村民自治层面上，则有着典型的"村乏力而组有基础"的特点。

（三）村组关系的改革

村民委员会和村民小组均是农村基层群众自治单元，如何处理两者的关系是关系村民自治效能的重要问题。进入新时代以来，各地在处理村组关系上进行了一定程度的探索。如湖北秭归县以自然村落为单元，于2012年在全县启动"幸福村落"创建活动，以村落党小组、理事会为载体，以村落"两长八员"为骨干（"两长"为党小组长、村落理事长，"八员"为经济员、宣传员、帮扶员、调解员、监督员、管护员、环卫员、张罗员）组成村落理事会，实现了"村党组织—村落党小组—党员"和"村委会—村落理事会—农户"三级架构双线融合运行。

根据地方探索经验，2014年中央一号文件明确提出，"探索不同情况下村民自治的有效实现形式，农村社区建设试点单位和集体土地所有权在村民小组的地方，可开展以社区、村民小组为基本单元的村民自治试点"。[1] 2015年中央一号文件进一步提出，"在有实际需要的地方，扩大以村民小组为基本单元的村民自治试点，继续搞好以社区为基本单元的村民自治试点，探索符合各地实际的村民自治有效实现形式"。[2] 2016年中央一号文件强调，"在有实际需要的地方开展以村民小组或自然村为基本单元的村民自治试点"。[3] 为此，中共中央办公厅和国务院办公厅还专门联合发布了《〈关于以村民小组或自然村为基本单元的村民自治试点方案〉的通知》，广东、黑龙江、安徽等地相继开展了新一轮村民自治单元下沉的改革探索。如安徽"在保持现有村民委员会设置格局的前提下，对处于独立居民点且拥有集体土地所有权的若干村民小组或自然村，按照自治半径相对合理、公共利益联系紧密的原则，根据群众意愿建立村民理事会，代表村民对本集体组织范围内的公共事务开展议事协商，实行民主管理和监督"。[4] 广东清远将村委会和村支部直接下沉到村民小组或自然村，在原行政村一级则设立片区公共服务站和片区党总支。

第二节 乡域横向治理关系

所谓乡域横向治理关系，指的是在乡域范围内，不具有隶属关系的相对独立治理主体之间的关系。与一般地方政府间的横向关系不同，乡域处

---

[1] 中共中央文献研究室编《十八大以来重要文献选编》（上），中央文献出版社，2014，第715页。
[2] 中共中央文献研究室编《十八大以来重要文献选编》（中），中央文献出版社，2016，第288页。
[3] 中共中央文献研究室编《十八大以来重要文献选编》（下），中央文献出版社，2018，第122页。
[4] 《中共安徽省委办公厅安徽省人民政府办公厅印发〈关于以村民小组或自然村为基本单元的村民自治试点实施方案〉的通知》，安徽省民政厅网站，http://mz.ah.gov.cn/public/21761/113449601.html。

在国家、政府与社会的交界面上,是与广大基层农民群众直接接触的区域,它有着自身的特征,并呈现出相应的基本形式。乡域横向治理关系主要包括两种类型:一是乡镇条块关系;二是村级组织间的关系。本节将分别从乡镇条块关系和村级组织间关系的内涵、挑战和改革发展等方面展开,力图全面梳理乡域横向治理关系的实践样态。

一 乡镇条块关系

乡镇治理结构是"条"与"块"的结合。其中的"条"指的是各县(市、区)政府职能部门派驻乡镇的站、所和服务中心,它们在各自的管理领域内执行上级政府指令和指派任务;"块"即乡镇人民政府,它具有本行政区域内的管辖权,并承担属地管理责任。乡镇条块关系指的是上级各职能部门在乡镇的派出机构与乡镇人民政府之间的配置关系。

(一)乡镇条块关系的内涵

乡镇条块关系主要表现为驻乡镇派出机构与乡镇人民政府之间的分工负责与支持协助关系。

1. 分工负责关系

在一些专业性很强、需要全国统一安排管理的领域,上级部门会在乡镇建立相应的机构,如派出所、工商所、税务所、卫生院、司法所、法庭、信用社、邮政(电信)所等。这些专业性机构设在乡镇行政区域内,乡镇党政领导机关原则上对驻乡条条单位有协调管理的权力。但是,这些派出机构直接受上级对应职能部门的垂直领导,一方面在乡镇范围内自主行使由垂直领导部门授权的相应行政管理职权,另一方面工作人员的人事档案、工资关系和工作安排、职务晋升等也由垂直领导部门负责,乡镇人民政府对于上级职能部门派驻的人员没有直接任命权和工作管辖权。驻乡镇派出机构与乡镇人民政府之间互不统属,分工明确,保证了在乡镇基层专业性事务的有效办理。

2. 支持协助关系

乡镇人民政府是基层政府,它既处于国家行政体系的"末梢",又处于国家与社会关系之中。从行政体系来看,乡镇人民政府需要承接来自上级各部门的任务发包,接受上级相关部门的考核、问责和督查;从社会面向来看，根据《地方各级人民代表大会和地方各级人民政府组织法》，乡镇人民政府负责"管理本行政区域内的经济、教育、科学、文化、卫生、体育、城乡建设等事业和生态环境保护、自然资源、财政、民政、社会保障、公安、民族事务、司法行政、人口与计划生育等行政工作"。这些行政管理工作的开展与派驻乡镇的相关业务机构有交叉和重合之处，乡镇人民政府的工作开展离不开派驻乡镇业务机构的积极配合。同时，根据《地方各级人民代表大会和地方各级人民政府组织法》第八十四条的规定，"省、自治区、直辖市、自治州、县、自治县、市、市辖区的人民政府应当协助设立在本行政区域内不属于自己管理的国家机关、企业、事业单位进行工作，并且监督它们遵守和执行法律和政策"。当条条在乡镇范围内遇到困难时，乡镇人民政府要积极支持垂直管理部门的工作，承担协调管理责任。

（二）乡镇条块关系面临的主要挑战

乡镇条块间的结构性紧张关系主要体现为乡镇人民政府与驻乡镇派出机构及其所属职能部门之间的权责不对等，造成乡镇条块面临"条强块弱"和"条块分割"的治理困境。

一是"条强块弱"。驻乡镇派出机构与乡镇人民政府关系的实质是上级职能部门与乡镇人民政府之间的关系。作为上级职能部门，它们都是乡镇人民政府的上级政府的组成部门，掌握着较多乡镇人民政府所需的人、财、物资源，再加上有对乡镇人民政府的考核、督查和问责权限。在行政纵向体系中，这种资源和权限决定了乡镇条块关系间的不对等状态。各职能部门为完成自身的相应职责，往往通过资源和权限将事项与责任转移至乡镇人民政府，而乡镇人民政府又不得不耗费相当的时间和精力完成交办的任务。由此，乡镇条块关系在实践中很容易出现条条权大责小、块块权小责大的"条强块弱"问题。

二是"条块分割"。乡镇条块之间的理想形态是在乡镇地域范围内各有分工、相互支持。但是，由于"条"与"块"之间的工作指向不一致，再加上缺乏健全的协调机制，很容易导致"条"走"条"路、"块"念"块"经的各自为政局面。由于在地性，乡镇人民政府看似对驻乡镇派出机构有协调管理权力，但乡镇人民政府党政领导实际上难以协调各条条之间以及条块组织之间的职权关系。在一些乡镇人民政府掌握资源较少的地方,乡镇人民政府甚至不得不依赖部分掌握资源量大的条条机构。乡镇人民政府的弱势性,在一定程度上加剧了条块分割,使得基层治理权威碎片化,这不利于乡镇政权建设的现代化。

(三)乡镇条块关系的改革

自改革开放之后,乡镇条块关系的改革一直在进行。1986年,中共中央、国务院联合发布《关于加强农村基层政权建设工作的通知》,强调"这种条块分割的管理体制必须逐步改革","改革的基本原则,是简政放权。凡属可以下放的机构和职权,要下放给乡;少数必须由县集中统一领导的机构,仍要集中统一领导"。[①] 1988年,中央人民政府决定将乡镇的农技站、水利站、畜牧兽医站等直接为农业生产服务的机构的人、财、物管理权限由县级下放到乡镇一级,实行"条块结合、双重领导、以块为主"的管理体制。21世纪初,与全面取消农业税相配套,以乡镇机构改革为主要内容的农村综合改革在多地试点。2009年,中共中央办公厅、国务院办公厅转发《中央机构编制委员会办公室关于深化乡镇机构改革的指导意见》,强调以建立精干高效的乡镇行政管理体制和运行机制为目标,合理划分县乡权限职责,理顺县直部门派驻乡镇的事业站所管理体制。2017年中共中央办公厅、国务院办公厅印发《关于加强乡镇政府服务能力建设的意见》,强调"乡镇事业站所可以实行以乡镇管理为主、上级业务部门进行业务指导的管理体制;经省级政府批准,也可以实行以上级主管部门为主或按区域设置机构的体制"。

党中央高度重视基层基础工作,党的十八大以来着力对基层管理进行系统性调整,推进社会治理重心向基层下移,以构建简约高效的基层管理体制。2017年2月,中共中央办公厅、国务院办公厅印发《关于加强乡镇政府服务能力建设的意见》。该意见明确到2020年基本形成职能科学、运转有序、保障有力、服务高效、人民满意的乡镇人民政府服务管理体制机制。

一是优化乡镇综合服务能力。根据工作实际需要,整合基层的审批、

---

① 中共中央文献研究室编《十二大以来重要文献选编》(下),人民出版社,1988,第1164页。

服务、执法等方面力量，整合相关职能设立综合性机构，提升乡镇统筹协调能力，建立集综合治理、市场监管、综合执法、公共服务等于一体的统一平台，实行"一站式服务""一门式办理"，充分发挥综合便民服务作用。紧扣城乡基层治理，聚焦基层党的建设、乡村振兴、精准脱贫、新型城镇化等重点工作以及就业和社会保障、医疗保障、不动产登记、社会救助、户籍管理、乡村建设、危（旧）房改造、古村（屋）修缮、改水改厕等群众关心关注的重点事项，建立和完善适应基层实际的办事指南和工作规程，实行"马上办、网上办、就近办、一次办"。

二是优化乡镇行政执法改革。推动行政执法重心下移，强化乡镇和街道的统一指挥和统筹协调职责。整合现有站所、分局执法力量和资源，组建统一的综合行政执法机构，按照有关法律规定相对集中行使行政处罚权，以乡镇和街道名义开展执法工作，并接受有关县级主管部门的业务指导和监督，逐步实现基层一支队伍管执法。落实行政执法责任制，除党中央明确要求实行派驻体制的机构外，县直部门设在乡镇和街道的机构原则上实行属地管理。继续实行派驻体制的，要建立健全纳入乡镇和街道统一指挥协调的工作机制，工作考核和主要负责同志任免要听取所在乡镇和街道党（工）委意见。

三是优化基层领导体制机制。建立健全乡镇和街道机构"一对多""多对一"的制度机制。既允许"一对多"，由一个基层机构承接多个上级机构的任务，也允许"多对一"，由基层不同机构向同一个上级机构请示汇报，理顺与县直部门的工作对接、请示汇报和沟通衔接关系。乡镇事业站所可以实行以乡镇管理为主、上级业务部门进行业务指导的管理体制；经省级政府批准，也可以实行以上级主管部门为主或按区域设置机构的体制。同时，除机构编制专项法律法规外，上级业务部门不得以机构上下对口等手段要求增加乡镇站所设置和人力资源配置。

二 村级组织间关系

所谓村级组织间关系，指的是村党组织、村自治组织、村集体经济组织以及其他各类农民组织之间的关系。这些村级组织是党和政府联系群众的桥梁纽带，也是全面实施乡村振兴战略的重要力量。处理好这些组织之间的关系，将为乡村全面振兴提供坚强的政治和组织保证，也有助于巩固党在农村的执政基础。

（一）村级组织间关系的内涵

村庄是党执政的重要基础，也是乡域治理的重要单元，更是农民生产生活的主要场域。有着多样化的组织形态，如村级党组织、村民委员会、村级集体经济组织、村务监督委员会等。根据各类组织之间的关系类型，可以将村级组织间关系分为两类。

1. 领导与被领导关系

村级组织间的领导与被领导关系，指的是村级党组织与其他各类村级组织之间的关系。中共中央印发的《中国共产党农村基层组织工作条例》第十条规定，村级党组织"领导和推进村级民主选举、民主决策、民主管理、民主监督，推进农村基层协商，支持和保障村民依法开展自治活动。领导村民委员会以及村务监督委员会、村集体经济组织、群团组织和其他经济组织、社会组织，加强指导和规范，支持和保证这些组织依照国家法律法规以及各自章程履行职责"。从这一规定来看，村级党组织在农村各类组织和各项工作中居于领导核心地位，教育引导无论是行政组织、经济组织和群众自治组织，还是各类社会组织、服务组织，都能在党组织领导下，按照法律和各自章程开展工作。为了强化村级党组织的领导作用，《中共中央　国务院关于建立健全城乡融合发展体制机制和政策体系的意见》第十八条进一步提出，要"全面推行村党组织书记通过法定程序担任村委会主任和村级集体经济组织、合作经济组织负责人"。

2. 分工协作关系

除村级党组织的领导核心作用外，其他村级组织之间是分工协作关系。其中，村民委员会是村民自我管理、自我教育、自我服务的基层群众性自治组织；村务监督委员会是村民对村务进行民主监督的机构，其职责是对村务、财务管理等情况进行监督，受理和收集村民有关意见建议；村集体经济组织是以土地等集体所有财产为纽带，承担土地承包、资源开发、资本积累、资产增值等集体资产经营管理服务的基层经济性组织。这些组织的职责分工不同，相互之间也保持着紧密协助关系，不能相互替代。根据《村民委员会组织法》的规定，村民委员会依法管理本村属于村农民集体所有的土地和其他财产,也应当支持和组织村民依法发展各种形式的合作经济和其他经济,并尊重和支持集体经济组织依法独立进行经济活动的自主权。

(二)村级组织间关系面临的挑战

村级组织间关系面临的挑战集中体现为村两委之间的矛盾。自在农村基层实行村民自治以后,作为基层群众性自治组织的村民委员会出现,由此产生了村民自治实践中的村两委关系问题。从制度文本上看,村党支部在村民自治中处于领导地位,它与村民委员会的关系具体体现为"领导和支持"的关系。但在具体实践中,存在片面强调"自治",或片面强调"党的领导",以及互相竞争、各不相让的内耗的现象,这不仅制约了村民自治制度的规范化运作,也影响了党在农村的执政基础的稳固。

(三)村级组织间关系的改革与发展方向

为解决村两委的矛盾,各地探索出"一肩挑"、两票制等有效形式。其中"一肩挑"能够减少和避免村两委矛盾,提高村干部工作积极性,实现加强党的领导与推进村民自治的有机统一。在党中央的倡导下,"一肩挑"在全国范围内推广。除此之外,自党的十八大以来,党中央高度重视农村基层组织建设,印发了《中国共产党农村工作条例》,修改完善了《中国共产党农村基层组织工作条例》《村民委员会组织法》,还出台了《关于加强和改进乡村治理的指导意见》,该意见对完善村党组织领导的乡村治理体制机制进行了细致部署和谋划,明确提出要"建立以基层党组织为领导、村民自治组织和村务监督组织为基础、集体经济组织和农民合作组织为纽带、其他经济社会组织为补充的村级组织体系"。

首先,以基层党组织为领导,是指村党组织全面领导村民委员会及村务监督委员会、村集体经济组织、农民合作组织和其他经济社会组织。习近平总书记指出,"办好农村的事情,实现乡村振兴,关键在党。必须提高党把方向、谋大局、定政策、促改革的能力和定力,确保党始终总揽全局、协调各方,提高新时代党全面领导农村工作能力和水平"。[①] 农村基层党组织是农村各个组织和各项工作的领导核心。无论农村社会结构如何

---

① 习近平:《论"三农"工作》,中央文献出版社,2022,第 261 页。

变化，无论农村自治组织、经济组织、社会组织如何发展成长，农村基层党组织的核心地位不能动摇。

其次，以村民自治组织和村务监督组织为基础，是指村民委员会要履行基层群众性自治组织功能，增强村民自我管理、自我教育、自我服务能力；村务监督委员会要发挥在村务决策和公开、财产管理、工程项目建设、惠农政策措施落实等事项上的监督作用。强化村民自治组织和村务监督组织的基础地位，就要着力推进村民自治制度的深化，推动村民自治机制和村级工作运行机制的完善，使村民切实发挥好民主选举、民主决策、民主管理和民主监督的权利。

最后，以集体经济组织和农民合作组织为纽带，以其他经济社会组织为补充，指的是集体经济组织要发挥在管理集体资产、合理开发集体资源、服务集体成员等方面的作用；农民合作组织和其他经济社会组织要依照国家法律和各自章程充分行使职权。不论是集体经济组织还是农民合作组织，都是农民在乡村振兴中发挥主体作用的重要形式，是新时期农民实现联合的重要组织形式。农民通过集体或自愿合作，能够实现与广大市场的对接，从而带动其他各类乡村社会组织的建立与发展，使各类乡村组织焕发活力，协同服务于乡村振兴目标。

第四章 乡域治理体制

作为国家治理的重要组成部分,乡域治理是否有效,不仅关系到人民切身利益的实现,而且直接影响到党和政府的形象。乡域治理体制是党和政府、人民等各相关主体在乡域范围内参与治理的责、权、利及其相互关系的制度。它具体包括三个方面:一是乡域人事体制;二是乡域财政体制;三是乡域监督监察体制。

第一节 乡域人事体制

所谓乡域人事体制,指的是在乡域范围内进行人力资源配置和管理活动所形成的制度。习近平指出:"怎么用人?就是要坚持事业为上,以事择人、人岗相适。"① 深化乡域人事体制改革,推进"以事择人",是造就高素质农村基层干部队伍,为广大人民群众提供更加优质高效服务的制度保证。乡域人事体制主要包括四个方面内容:一是乡镇领导构成及其管理;二是乡镇编制人员及其管理;三是乡镇编外人员及其管理;四是村级组织人员及其管理。

(一)乡镇领导构成及其管理

乡镇政权是国家管理的最基层,处在农村工作第一线,直面广大农民群众。乡镇领导班子是推进基层工作、服务广大农民群众的重要力量。加强乡镇领导班子管理,对于夯实国家基层基础工作,提升为人民服务质量

---

① 中共中央党史和文献研究院编《十九大以来重要文献选编》(上),中央文献出版社,2019,第565页。

具有重要意义。乡镇领导按惯例设置乡镇党委、乡镇政府和乡镇人大三套班子，三套班子各司其职、各负其责。

1. 乡镇领导构成

（1）乡镇党委班子。乡镇党委全面领导乡镇的各类组织和各项工作。乡镇党委一般设委员7~9名，其中书记1名，全面领导乡镇工作；副书记2~3名，其中一名由乡镇长兼任，主抓政府工作，另一名专职副书记协助书记抓党务人事等工作。部分地区因工作需要也可以增设1名党委副书记。除书记、副书记外，各地可以根据自身实际在职数内设置党委委员，但有3名党委委员是必须设置的，即组织委员、宣传委员、纪委书记（由党委委员兼任）。配备的原则是"应当进行合理分工，保证各项工作有人负责"。[①]

（2）乡镇政府班子。乡镇政府是基层国家行政机关，行使本行政区的行政职能。《地方各级人民代表大会和地方各级人民政府组织法》第七十条规定，"乡、民族乡的人民政府设乡长、副乡长。民族乡的乡长由建立民族乡的少数民族公民担任。镇人民政府设镇长、副镇长"。乡镇人民政府实行乡长、镇长负责制，乡长、镇长主持乡镇人民政府工作。

（3）乡镇人大班子。乡镇人民代表的大会是我国最基层的地方国家权力机关。2015年颁布的《中共全国人大常委会党组关于加强县乡人大工作和建设的若干意见》明确，乡镇人大设专职主席1人，提名为县级人大代表人选；有条件的地方，可以配备专职副主席。乡镇人大主席、副主席应当把主要时间和精力放在人大工作上。明确人员协助乡镇人大主席开展工作。乡镇人民代表大会的主席、副主席不得担任国家行政机关的职务，如果担任国家行政机关的职务，必须向本级人民代表大会辞去主席、副主席的职务。

2. 乡镇领导的管理

乡镇领导的管理是指对乡镇领导的选拔、考核、晋升和处分。

（1）乡镇领导的选拔。乡镇领导每届任期5年，由党员大会或者党员代表大会选举产生。选拔担任乡镇党政正职的，一般应有2年以上乡镇领

[①] 《中国共产党农村基层组织工作条例》第八条。

导工作经历或3年以上乡镇工作经历。乡镇领导班子中，具有2年以上乡镇工作经历的人员应不少于2/3。

（2）乡镇领导的考核。为促进乡镇领导履职尽责，严格控制对乡镇领导班子和领导干部的"一票否决"事项，注重对乡镇干部德的考核，实行考核结果与乡镇干部的奖惩、职务调整等挂钩。

（3）乡镇领导的晋升。为保持乡镇干部队伍相对稳定，乡镇党政正职一般应任满一届，乡镇领导班子成员任期内一般不得调动或调整。《关于加强乡镇干部队伍建设的若干意见》中提出，县级机关提拔副科级以上领导干部，应优先考虑具有乡镇工作经历的干部。选拔县级党政领导班子成员，应优先考虑具有乡镇党政正职经历的干部。

（4）乡镇领导的处分。乡镇领导班子成员如有滥用职权，侵害群众合法权益、利用职务之便，谋取不正当利益、搞不正之风，损害党群干群关系等行为，视情节轻重，由有关机关、部门依照职责权限给予诫勉谈话、通报批评、调离岗位、责令辞职、免职、降职等处理。坚决制止损害群众利益的行为，对履行职责不到位、办事不公、群众意见较大的乡镇干部进行诫勉谈话，情节严重的要给予组织处理。对不胜任、不称职干部进行组织调整，对失职干部严肃问责。应当追究党纪政纪责任的，依照《中国共产党纪律处分条例》《行政机关公务员处分条例》等有关规定给予相应的党纪政纪处分。因工作失职，应当进行问责的，依照《关于实行党政领导干部问责的暂行规定》处理。涉嫌犯罪的，移送司法机关依法处理。

（二）**乡镇编制人员及其管理**

乡镇编制人员及其管理是加强乡镇政府服务能力建设的一项基础性工作。它是事关乡镇政府职能如何更好履行的大问题，也关系到为人民服务如何更好地实现。《地方各级人民政府机构设置和编制管理条例》第二十八条规定，"本条例所称编制，是指机构编制管理机关核定的行政机构和事业单位的人员数额和领导职数"。乡镇编制人员及其管理，从广义上指的是乡镇政府工作人员在数量上的定额、职位的配备等；从狭义上指的是为了顺利实现乡镇政府的职能而对工作人员进行的数量、岗位和能力等方面的配置与管理。

1. 乡镇编制人员概况

乡镇编制人员具体指的是乡镇在编在岗的行政编或事业编制人员。其中乡镇行政编制人员一般称为"公务员"，按照《公务员法》第二条的规定，"本法所称公务员，是指依法履行公职、纳入国家行政编制、由国家财政负担工资福利的工作人员"。乡镇行政编制人员，指的就是依法履行公职，由国家财政部门承担薪酬待遇，在乡镇级政府部门工作的政务类公务员和业务类公务员。从人员情况来看，乡镇行政编制一般包括：政务类公务员，即乡科级正职、乡科级副职、党委书记、人大主席、乡镇长、党委副书记、纪委书记（监察室主任）、组织委员、宣传委员、政法委员和副乡镇长等均在此列；业务类公务员，主要涵盖乡镇党委政府下设的党政综合办公室、党建工作办公室、社会事务服务管理办公室、基层综合治理办公室、经济发展办公室、城市管理办公室等内设机构的正式工作人员。乡镇事业编制人员包括在乡镇工作的各站所和县直机关派驻乡镇的事业编制人员，不含参公机构。事业编制人员根据身份可以细分为：干部身份、聘干身份、工人身份。干部身份是通过考录或者在公务员考试制度实行之前毕业后被直接分配进入机关的人；聘干身份是原来在乡镇机关工作通过聘用转为事业身份的人员；工人身份大部分是当兵退伍安置的人员，如原来的农村志愿兵、城镇户口兵、现在四期以上符合安置条件的士官。根据工作岗位又可分为：管理岗、专业技术岗、工勤岗。2007年国务院颁布的《地方各级人民政府机构设置和编制管理条例》第十五条规定，"机构编制管理机关应当按照编制的不同类别和使用范围审批编制。地方各级人民政府行政机构应当使用行政编制，事业单位应当使用事业编制，不得混用、挤占、挪用或者自行设定其他类别的编制"。也就是说，乡镇行政编和事业编虽然均属乡镇编制，但两者不可混用或挪用等。

2. 乡镇编制人员管理变迁

自1988年政府机构改革提出"三定"方案以来，"定职能、定机构、定人员"成为我国编制管理的基本策略。我国的各级政府机构和编制管理改革也遵循以政府职能的简化、优化为基础，进而确定机构、确定人员编制的基本方法。2007年，国务院出台《地方各级人民政府机构设置和编制管理条例》，该条例第十四条规定，"地方各级人民政府行政机构的编制，应当根据其所承担的职责，按照精简的原则核定"。2009年，中共中央办公厅、国务院办公厅转发《中央机构编制委员会办公室关于深化乡镇机构改革的指导意见》，进一步提出要严格控制人员编制，改革后各省（自治区、直辖市）乡镇人员编制不得突破上级核定的规模。省级政府应根据当地实际，综合考虑人口、面积、经济发展水平、财力保障状况等因素，制定乡镇行政和事业编制核编标准和办法，对行政编制实行动态管理。安徽省于2009年出台《关于深化乡镇机构改革的指导意见》，明确加强机构编制管理，严肃机构编制纪律，乡镇编制核定后，确保5年内只减不增，并全面实行乡镇人员编制实名制管理。该意见以乡镇所辖人口、区域面积、人均财政收入三项指标为依据，将乡镇分为大、中、小三类。其中，大乡镇可设4个综合性办公室，核定领导职数7~9名，行政编制35~40名；中等乡镇设3~4个综合性办公室，核定领导职数5~7名，行政编制30~35名；小乡镇可设3个综合性办公室，核定领导职数5名，行政编制25~30名。[①]

2019年新出台的《关于推进基层整合审批服务执法力量的实施意见》，明确编制管理的基本原则为"人随事转"，并将基层编制管理纳入体制改革的整体框架中。具体来说，一是在纵向上，推动编制资源下沉。鼓励从上往下跨层级调剂使用行政和事业编制，充实加强基层一线工作力量。完善机构编制实名制管理，根据基层对人才的需求，按编制员额及时补充人员，制定用编用人计划优先保障空编的乡镇和街道。二是在横向上，统筹编制资源使用。整合条线辅助人员，纳入基层统一管理体系，按照属地化管理原则，由乡镇和街道统筹指挥调配；改变不同编制不得混用的规定，创新基层人员编制管理，统筹使用各类编制资源，即将行政编制、事业编制及其他编制资源纳入统筹使用的体系，赋予乡镇和街道更加灵活的用人自主权。按照该意见，乡镇编制管理的目标是做到权随事转、人随事转、钱随事转，使基层有人有物有权，保证基层事情基层办、基层权力给基层、基层事情有人办。

---

① 《关于深化乡镇机构改革的指导意见》，中共安徽省委机构编制委员会办公室网站，http://www.ahjgbzw.gov.cn/content/detail/5a3def9519121b90b27ee95d.html。

（三）乡镇编外人员及其管理

1. 乡镇编外人员概况

所谓乡镇编外人员，指的是存在于乡镇政府部门中，承担部分行政管理工作职责并享受财政补贴，但却在正式工作人员编制之外的群体。一般来说，乡镇编外人员是指在乡镇行政事业编制人员以外，由财政予以保障的各类工作人员，他们主要由乡镇人民政府、乡镇直属事业单位、县直部门在乡镇的派出机构聘用，具体从事公益服务类、专业技术类和管理执法辅助类岗位。相比于乡镇编制人员来说，乡镇编外人员一般是"当地人"，他们熟悉当地的风土人情，在面对群众实际问题时，沟通方式更有针对性，处置举措适应性更强。

乡镇编外人员的产生，与国家严格实行编制管理有关。自政府机构改革确定"三定"方案以来，各级地方政府都尽力控制并减少编制人员，尤其是乡镇基层政府出现了明显的人手不足的境况。为了化解不断增多的事务与编制人员不足的矛盾，聘请编外人员成为乡镇政府普遍采取的手段。随着乡镇任务的日益繁杂，编外用工现象愈加普遍，甚至部分乡镇编外人数远远超过了编内人员数。

2. 乡镇编外人员管理

乡镇编外人员成为乡镇履行职能的重要补充力。对乡镇编外人员的管理与编制人员有很大区别，主要采用三种管理方式。

一是员额管理。机构编制机关根据乡镇实际工作内容和工作量，按照严格控制的原则核定的编外员额。实行员额管理的编外人员，按照有关规定与所属乡镇单位和劳务派遣公司签订劳动合同，薪酬由财政统筹发放，工作相对较为固定，雇佣期限也相对较长。

二是限额管理。实行限额管理的聘用人员不是机构编制部门核定的员额数，而是根据工作需要确需招聘的临时性、辅助性或替代性岗位编外人员。他们需要通过相应考试，由所属单位按照程序聘用后，可以通过地方财政经费发放薪酬待遇或提供相关补贴。

三是自行聘用管理。乡镇政府及其相关行政事业单位按照实际的工作需求编制招聘计划，人员聘用后并不由财政承担这些人的薪酬，需要由所属单位通过自筹经费来支付。然而，目前对乡镇编外人员的管理缺乏统一的规范,现有规定相对不够严谨,造成部分编外工作人员在工作上出现效率不足,不作为甚至乱作为的现象,进而影响了基层政府施政效能。

(四)村级组织人员及其管理

村级组织是贯彻落实党中央、国务院决策部署的"最后一米",是服务村民的重要力量。组织发挥作用的关键在人。选好配好村级组织人员,加强对村级组织人员的管理,有助于夯实党群、干群关系,不断提升为民服务能力和基层治理水平。

1. 村级组织人员概况

村级组织人员包括村级党组织组成人员和村民委员会组成人员。

(1)村级党组织组成人员。根据《中国共产党农村基层组织工作条例》,村级党组织通常有党的支部委员会、党的总支部委员会和村党的委员会三种情况,在组成人员数量上有差异。其中,村党的支部委员会一般设委员3~5名,其中书记1名,必要时可以设副书记1名;村党的总支部委员会一般设委员5~7名,其中书记1名、副书记1名、纪检委员1名;村党的委员会一般设委员5~7名,最多不超过9名,其中书记1名、副书记1~2名、纪委书记1名。

(2)村民委员会组成人员。村民委员会由主任、副主任和委员共3~7人组成。任何组织或者个人不得指定、委派或者撤换村民委员会成员。村民委员会成员中,不仅"党员应占一定比例",同时应当有妇女成员,多民族村民居住的村应当有人数较少的民族的成员。村民委员会根据需要设人民调解、治安保卫、公共卫生与计划生育等委员会。村民委员会成员可以兼任下属委员会的成员。人口少的村的村民委员会可以不设下属委员会,由村民委员会成员分工负责人民调解、治安保卫、公共卫生与计划生育等工作。

2. 村级组织人员的管理

村级组织人员的管理涉及村级组织人员的选拔、晋升、监督和处罚。

(1)村级组织人员的选拔。《中国共产党农村基层组织工作条例》第二十六条规定,"村党组织领导班子应当由思想政治素质好、道德品行好、带富能力强、协调能力强、公道正派、廉洁自律,热心为群众服务的党员组成"。村党组织书记全面主持村级党组织工作,一般从本村致富能手、外出务工经商返乡人员、本乡本土大学毕业生、退役军人中的党员培养选拔。《中国共产党农村基层组织工作条例》第十九条规定，"村党组织书记应当通过法定程序担任村民委员会主任和村级集体经济组织、合作经济组织负责人"。村民委员会组成人员由村民直接选举产生，每届任期5年，村两委班子成员实行交叉任职。

（2）村级组织人员的晋升。为了调动村党组织书记的工作积极性，一些地区已开始探索通过事业编制，对村党组织书记进行管理。《中国共产党农村基层组织工作条例》第二十五条还明确"从优秀村党组织书记中考录乡镇公务员、招聘乡镇事业编制人员"。

（3）村级组织人员的监督。村级组织人员应当将自身廉洁履职情况作为民主生活会对照检查、年度述职述廉和民主评议的重要内容，接受党员和村民的监督。村民委员会成员要接受村民会议或者村民代表会议对其履行职责情况的民主评议，民主评议每年至少进行1次。村民委员会成员连续2次被评议不称职的，其职务终止。

（4）村民联名罢免。按照《村民委员会组织法》的规定，村民委员会成员的罢免应由1/5以上有选举权的村民或者1/3以上的村民代表联名提出罢免理由，并须有登记参加选举的村民过半数投票，并须经投票的村民过半数通过。

（5）村级组织人员的处罚。对于村级组织人员的处罚涉及如下行为：在村级组织选举中拉票贿选、破坏选举；在村级事务决策中独断专行、以权谋私；在村级事务管理中滥用职权、损公肥私；在村级事务监督中弄虚作假、逃避监督；妨害和扰乱社会管理秩序。其中，村党组织领导班子成员存在上述行为的，视情节轻重，由有关机关、部门依照职责权限给予警示谈话、责令公开检讨、通报批评、停职检查、责令辞职、免职等处理。村民委员会成员存在上述行为的，视情节轻重，由有关机关、部门依照职责权限给予警示谈话、责令公开检讨、通报批评、取消当选资格等处理或者责令其辞职，拒不辞职的，依照《村民委员会组织法》的规定予以罢免。应当追究党纪责任的，依照《中国共产党纪律处分条例》给予相应的党纪处分。涉嫌犯罪的，移送司法机关依法处理。受到处理的村级组织人员由县级或者乡镇人民政府根据具体情况减发或者扣发补贴、奖金。获取的不正当经济利益,应当依法予以没收、追缴或者责令退赔。给国家、集体或者村民造成损失的,应当依照有关规定承担赔偿责任。

第二节 乡域财政体制

乡域财政是实现乡域治理的重要保障。乡域财政体制是在乡域范围内划分财政收支范围和财政管理职责、权限的一项制度。它主导着乡域范围内国民收入的分配与再分配,体现了国家、集体和农民之间的分配关系,对于县乡村三级职能的发挥起着重要作用。

一 乡镇财政的内涵

乡镇财政是根据国家政权机构的设置和行政区域的划分而建立的基层财政。改革开放后,中共中央、国务院发布《关于实行政社分开建立乡政府的通知》,提出"随着乡政府的建立,应当建立乡一级财政和相应的预决算制度,明确收入来源和开支范围"。1985 年,财政部颁布《乡(镇)财政管理试行办法》,该办法明确了乡(镇)财政要贯彻执行"统一领导、分级管理"的原则,还对乡镇的收入来源和开支范围进行了规定。1986年,中共中央、国务院发布的《关于加强农村基层政权建设工作的通知》进一步提出,"各地要尽快把乡一级财政建立起来"。

作为基层治理的基础和重要支柱,乡镇财政指的是以乡镇政府为主体参与国民收入分配的特定方式。作为我国地方财政的重要组成部分,乡镇财政的基本任务是管理乡财政收支,对行政单位、事业单位和企业单位进行财政管理和财政监督,为发展农业、农村经济和事业服务,为农村基层政权建设服务。一方面,乡镇财政的建立,具有保证乡镇政府职能的有效发挥。乡镇人民政府有了财政自主权,有助于规范和加强乡镇政府收支管理,充分调动乡镇政府的积极性和主动性,进一步完善乡镇政权职能。另一方面,乡镇财政是促进农村经济建设和社会事业和谐发展的重要保障。乡镇处在基层、面向广大人民群众。充足的财政分配自主权能够促使乡镇政府在增加组织收入、促产增收上下更多功夫,这也有助于推进农村各项社会和经济事业的发展。

（一）乡镇财政的特点

乡镇财政是我国地方政府财政的组成部分，又是国家财政的最基层单位。这导致乡镇财政既因从属于上级财政而具备一般地方政府财政的特点，又因与基层社会紧密接触而具有相对独立性特点。

一是单一性。目前，大多数乡镇的财政收入来源主要是上级转移支付补助收入和非税收入，本地税收收入相对较少，来源相对单一。

二是公共性。乡镇财政同广大农民的生产生活息息相关，它的主要目的是满足农村基础设施建设和农民基本公共服务需要。

三是差别性。我国地域辽阔，各地区乡镇的经济社会条件千差万别，经济发展快慢不一，发展的具体形式和方向及规模也各不相同，导致各地乡镇财政收支范围、规模和分成比例等不尽相同。

四是人民性。《地方各级人民代表大会和地方各级人民政府组织法》第十二条规定，乡、民族乡、镇的人民代表大会"审查和批准本行政区域内的预算和预算执行情况的报告，监督本级预算的执行，审查和批准本级预算的调整方案，审查和批准本级决算"。乡、民族乡、镇的人民代表由选民直接选举，由人民直接选举的代表审查、批准和监督乡镇财政预算和决算，充分体现了人民的意志。

五是综合性。乡镇财政涉及国家、集体、行政事业部门、企业、个体户等各方面的利益，不仅承担了上级财政部门分配的任务，还需要结合乡镇经济发展的实际情况，将财政资金投入一些地方性项目，因而在分配上具有较强的综合性。

（二）乡镇财政的职能

乡镇财政是乡镇人民政府运转的基础和重要支柱，在乡域治理中发挥着举足轻重的作用。它的职能具体如下。

一是公共服务职能。公共服务职能体现为乡镇人民政府通过财政活动提供符合当地实际和人民群众需求的农业农村经济发展、农民基本经济权益保护、环境卫生、环境保护、生态环境建设、食品安全、社会治安、矛盾纠纷化解、未成年人保护、消防安全、农村危房改造、国防动员等其他公共服务，努力为农民群众提供优质、便捷、高效的服务。

二是收入分配职能。乡镇财政具有贴近农村、直接服务农民的优势。乡镇人民政府可以充分发挥乡镇财政在落实涉农补贴政策和农民收入分配调节中的作用，让农民真正享受到强农支农惠农政策的实惠，切实保障农村特殊人群和困难群体权益，促进农民收入的稳步增加。

三是稳定经济职能。稳定经济职能体现为乡镇人民政府做好支农周转金、农业发展基金和财政扶贫专项资金等的发放回收工作，扶持乡镇全民、集体、个体等所有制经济成分和各项经济建设事业的发展，引导、支持农村产业结构调整，促进农业经营增效，实现农村经济均衡、协调和可持续发展。

二 乡镇财政收入与支出

乡镇财政收支是乡镇财政的主要内容，它不仅事关乡镇人民政府职能的实现，还关系到农村经济和各项事业的发展。

（一）乡镇财政收入

乡镇财政收入是支撑乡镇人民政府运转、推进农村经济社会事业发展和完善农民公共服务需要的前提和基础。从构成上看，乡镇财政收入由预算内资金收入、预算外资金收入和自筹资金收入构成。

首先，预算内资金收入。它是乡镇财政收入的主要部分，是在县财政局的监督和指导下通过正规的税收获得的资金，主要包括上级政府划归乡镇财政的乡镇企业所得税、屠宰税、城市维护建设税、集体交易税、牲畜交易税、车辆使用牌照税、契税和其他收入。除税收外，还包括上级转移支付和补助收入。

其次，预算外资金收入。其主要包括乡镇财政按国家规定管理的各项附加收入（如划归乡镇财政的农村教育经费附加等），事业、行政单位自收自支的不纳入预算的资金，国有企业及其主管部门管理的各种专项资金，以及其他按国家规定不纳入预算的各种收入。

最后，自筹资金收入。它是指乡镇政府本着统筹兼顾、量力而行、合理负担的原则，根据国家政策规定的范围和标准自行筹集的收入，主要包括按有关规定乡镇企业上缴乡财政的利润、事业单位上缴的收入以及乡镇人民代表大会通过的乡镇公共福利事业统筹费等，在税费改革前主要是乡镇公共福利事业统筹费，即乡村两级办学费用、计划生育工作费用、优抚费用、民兵训练费用、修建乡村道路等民办公助事业费用等五项，俗称"乡统筹"资金收入。为了减轻农民负担，国家在21世纪初进行了农业税费改革。2005年12月，十届全国人大常委会第十九次会议通过决定，自2006年1月1日起废止《农业税条例》，全面取消了农业税、牧业税、屠宰税，取消了乡统筹费、农村教育集资等专门面向农民征收的行政事业性收费和政府性基金、集资，这进一步压缩了乡镇财政收入，使得乡镇财政更加依赖上级政府的转移支付。

（二）乡镇财政支出

乡镇财政支出是指乡镇财政部门为行使乡镇一级政权职能，对乡镇财政收入进行有计划的分配以完成乡镇政府各项政治经济任务的开支。从构成上看，乡镇财政支出包括乡镇财政预算内支出、乡镇财政预算外支出。

首先，预算内支出。预算内支出是乡镇财政支出的主体，是乡镇党委政府履行其政权职能的财力保证条件。预算内支出，除县级必须集中的少量专项资金外，原则上都划归乡财政管理。支出项目主要有：农业生产性支出、农林水利气象等部门的事业费支出、教育事业费支出、卫生计划生育事业费支出、抚恤和社会福利救济支出、司法支出、行政管理费，以及其他支出等类项。

其次，预算外支出。预算外支出指的是乡镇财政等部门按国家有关规定提取的，用于乡镇生产建设、行政事业发展、乡镇集体福利事业等方面的支出，是乡镇预算内支出的必要补充。相比于预算内支出来说，预算外支出项目较多，方式也较为灵活。它既有固定的支出项目（如乡镇政府管理的不纳入国家预算开支单位的人员工资开支），也有临时性的支出项目（如行政事业单位的行政管理费用的预算外追加和办公交通通信等设备购置等）。它既可以用于农业及农村工商业的生产经营的补助或直接投资，也可以用于行政管理人员的福利费用。

三 乡镇财政困境与改革

乡镇财政是我国的基层财政，直接面向广大农村居民。伴随着农村经济社会发展和农民对公共服务需求的增加，乡镇财政困境愈益凸显。为此，党和政府着力推进乡镇财政改革，实行"乡财县管"，逐步建立财政事权和支出责任相适应的制度，提升乡镇财政管理效率和水平。

（一）乡镇财政困境

一是"层层挤占"，即预算内资金对预算外资金的挤占，工资支出对公共支出的挤占。在乡镇财政体制中，预算内支出大部分是乡镇行政事业部门（主要是中小学）的工资和公用经费，预算外支出主要涉及政府部门的办公用品、交通费用、招待费用以及公共建设和公共服务支出。乡镇财政的理想状况是，预算内的财政收入能够维持收支平衡，预算外的财政收入能够确保乡镇政府的日常运转和公共产品的提供。然而，实际的情况是，乡镇预算内财政收入难以维持乡镇正常的工资开支。在工资发放难以保证的情况下，财政挤占就成为乡镇政府不得已的选择。于是，相当一部分预算外收入就会被调入预算内进行工资发放。由此，乡镇财政也被俗称为"吃饭财政"。

二是乡镇负债。由于不得已的挤占，用于公共建设和公共服务的资金减少，部分地区农村公共产品供给缺失，而大部分地方则依靠负债来维持。数据显示，1998年以来，我国乡镇债务以每年至少200亿元的速度快速递增。全国80%以上的乡镇都有负债，中西部的一些农业大省情况更加严峻。2005年四川乡镇债务251.9亿元，相当于当年乡镇财政收入48.6亿元的5.2倍，平均每个乡镇535.4万元，其中债务超过亿元的乡镇达7个；河南2100个乡镇90%以上有负债，平均每个乡镇489万元，负债1000万元以上的有179个。[①] 巨大的债务负担增加了乡镇政府的运行压力。

（二）乡镇财政改革

乡镇政府的财政困境与债务危机，推动了乡镇财政改革。2002年，国务院批转了财政部《关于完善省以下财政管理体制有关问题的意见》，提出"要进一步加强对乡财政的管理、约束乡政府行为"，明确乡财政除接受中央转贷外，不得举债或为企业、建设项目出具担保。同时，该意见还对县乡财政分配关系进行了区别要求，体现在：对经济欠发达、财政收入规模较小的乡，其财政支出可由县财政统筹安排，以保障其合理的财政支

[①] 高宏德：《统筹城乡发展与化解我国乡镇债务问题研究——以成都市统筹城乡综合配套改革实验为例》，《四川行政学院学报》2009年第4期。

出需要；对经济较为发达、财政收入规模较大、财政收入增长能够满足自身支出需要的乡，可实行相对规范的财政管理体制，以调动其发展经济和增加收入的积极性。随后，部分省、自治区开展了"乡财县管"的试点工作。

2006年7月，财政部下发《关于进一步推进乡财县管工作的通知》，明确推进乡财县管改革，并要求2008年底全面实行"乡财县管"。所谓乡财县管，即在保持乡镇资金所有权和使用权不变的前提下，由县级财政主管部门直接管理并监督乡镇财政收支，实行"预算共编、账户统设、集中收付、采购统办、票据统管"的财政管理方式。通过乡财县管，乡镇所有收支都通过县级国库集中收付。2010年财政部发布《关于印发切实加强乡镇财政资金监管工作的指导意见的通知》，提出加强乡镇财政预算管理，强调要严格执行"收支两条线"的规定，进一步推进乡财县管改革，完善有关制度措施。2017年，中共中央办公厅、国务院办公厅印发《关于加强乡镇政府服务能力建设的意见》，强调要"实行差别化的乡镇财政管理体制"，并明确合理划分县乡财政事权和支出责任，建立财政事权和支出责任相适应的制度。2022年，国务院办公厅《关于进一步推进省以下财政体制改革工作的指导意见》进一步提出要推动乡财县管工作提质增效，强化县级财政对乡镇预算编制、预算执行、国有资产管理等监督，提升乡镇财政管理效率和水平。

四　村级财务及其管理

村级财务管理是管好用好农村集体资金资产资源，发展壮大集体经济，依法保障农民集体收益分配权的重要基础和保障。

《村民委员会组织法》规定，"村民委员会依照法律规定，管理本村属于村农民集体所有的土地和其他财产"。为了进一步加强对村级财务的管理，2010年财政部发布《关于印发切实加强乡镇财政资金监管工作的指导意见的通知》，明确要积极探索"村账乡代管"的管理方式。目前，"村财乡管"已经成为我国村级财务管理的重要方式。所谓"村财乡管"，指的是村集体财务在所有权、使用权和决策权三权不变的前提下，由乡镇财政所或乡镇设立的农村经营管理站管理各村财务，分村设账，统一账户，统一核算，统一审核，定期报账。就实施方式而言，各地不尽相同，但最基本做法是村里要支出费用，需要由村委会提出申请，由村务监督委员会审定签字同意，然后由报账员到乡镇财政结算中心报账。通过"村财乡管"，村级财务管理不断得到完善和加强，确保了农村集体资金与资产的安全，切实维护了农村集体经济组织与广大农民群众的利益，促进了农村经济发展与社会和谐稳定。

第三节　乡域监督监察体制

监察监督是治理的内在要素，在治国理政中处于重要地位。习近平总书记指出，"坚持完善党和国家监督制度，形成全面覆盖、常态长效的监督合力"。[①] 推进乡域治理体系和治理能力现代化，必须完善乡域监察监督体制。

一　乡域监督监察机构

乡域监督监察机构是在党的领导下，在乡域范围内，根据职责开展对相应级别党委政府或组织贯彻党和国家政策方针的监督检查，查处农村基层干部的相关违法违纪行为。它包括乡域党的纪律检查机构、乡镇监察机构和村务监督委员会。

（一）乡域党的纪律检查机构

乡镇纪委是党在最基层的一级纪检监察组织。《中国共产党章程》规定："党的基层委员会是设立纪律检查委员会，还是设立纪律检查委员，由它的上一级党组织根据具体情况决定。"作为党内监督专责机关，乡镇纪委的主要任务是维护党的章程和其他党内法规，检查党的路线、方针、政策和决议在乡镇的执行情况，协助乡镇党委推进全面从严治党、加强党风建设和组织协调反腐败工作。

乡镇纪委要履行监督、执纪、问责的职责，具体体现在：经常对党员

---

① 《习近平谈治国理政》（第四卷），外文出版社，2022，第550页。

进行遵守纪律的教育，作出关于维护党纪的决定；对党的组织和党员领导干部履行职责、行使权力进行监督，受理处置党员群众检举举报，开展谈话提醒、约谈函询；检查和处理党的组织和党员违反党的章程和其他党内法规的比较重要或复杂的案件，决定或取消对这些案件中的党员的处分；进行问责或提出责任追究的建议；受理党员的控告和申诉；保障党员的权利。遇到处理特别重要或复杂的案件，乡镇纪委要把其中的问题和处理的结果，向乡镇党委报告。如发现乡镇党委委员有违反党的纪律的行为，可以先进行初步核实，如果需要立案检查的，应当在向乡镇党委报告的同时向上一级纪律检查委员会报告；涉及常务委员的，报告上一级纪律检查委员会，由上一级纪律检查委员会进行初步核实，需要审查的，由上一级纪律检查委员会报它的同级党的委员会批准。

（二）乡镇监察机构

为了深化国家监察体制改革，加强对所有行使公权力的公职人员的监督，实现国家监察全面覆盖，国家于2018年颁布了《监察法》，明确各级监察委员会是行使国家监察职能的专责机关。但该法同时明确乡镇不再设立监察委员会，而是由县级监察委员会派驻或者派出监察机构、监察专员。县级监察委员会是设置派驻、派出监察机构还是监察专员，应遵循实际需要，根据监察对象的多少、任务轻重而定。[①] 作为派驻或派出的监察机构或监察专员，对派驻或派出它的监察机关负责，不受驻在部门的领导，具有开展工作的独立地位。其根据授权，按照管理权限依法对公职人员进行监督，提出监察建议，依法对公职人员进行调查、处置。

乡镇派出监察办公室（监察组）依法对下列公职人员和有关人员所涉监察事项进行监察：乡镇管理的行使公权力的公职人员；辖区内基层群众性组织中从事管理的人员；乡镇管理的其他依法履行公职的人员。

具体体现在如下几方面。一是根据授权进行监督，提出监察建议。派驻或者派出的监察机构、监察专员的设置、具体职责和可以行使的权限，

[①] 一般来说，地区、盟等地方的监察机构，可以采取派出监察机构的形式；对于街道、乡镇，可以采取派出监察专员的形式；而中国共产党机关、国家机关等的监察机构，可以采取派驻监察机构的形式。

包括监督对象有哪些人员、具体履行什么样的监督职责等,由相关法律文件做出明确授权,其根据授权开展相关工作。从实践情况看,派驻或者派出的乡镇监察机构、监察专员的监督对象是其驻在的中国共产党机关、国家机关、法律法规授权或者委托管理公共事务的组织和单位以及行政区域、国有企业内的所有公职人员,其中重点对象是领导人员。二是根据授权依法进行调查、处置。派驻或者派出的乡镇监察机构、监察专员可以根据授权,对有关公职人员涉嫌贪污贿赂、滥用职权、玩忽职守、权力寻租、利益输送、徇私舞弊以及浪费国家资财等职务违法进行调查,根据调查结果,对违法的公职人员依照法定程序作出警告、记过、记大过、降级、撤职、开除等政务处分决定。然而,在派出或者派驻监察机构的职责权限上,派出监察机构原则上既可以对公职人员涉嫌职务违法进行调查、处置,又可以对涉嫌职务犯罪进行调查、处置;而派驻监察机构的具体职责权限,则需要根据派出它的监察机关的授权来确定。[①]

(三)村务监督委员会

村务监督委员会是民主监督机构,依法履行监督职责。《村民委员会组织法》第三十二条规定,"村应当建立村务监督委员会或者其他形式的村务监督机构,负责村民民主理财,监督村务公开等制度的落实"。村务监督委员会的职责是对村务、财务管理等情况进行监督,受理和收集村民有关意见建议。它一般按照收集意见、提出意见、监督落实、通报反馈等方式实施监督,村务监督委员会一般应每季度召开一次例会,梳理总结、研究安排村务监督工作;每半年向村党组织汇报一次村务监督情况,村党组织要认真听取村务监督委员会的意见;每年向村民会议或村民代表会议报告一次工作,由村民会议或村民代表会议对村务监督委员会及其成员进行民主评议。根据《关于建立健全村务监督委员会的指导意见》的规定,村务监督委员会要重点加强对村务决策和公开情况、村级财产管理情况、村工程项目建设情况、惠农政策措施落实情况、农村精神文明建设情况以及其他应当监督的事项等的监督。

[①] 中共中央纪律检查委员会、中华人民共和国国家监察委员会法规室编写《〈中华人民共和国监察法〉释义》,中国方正出版社,2018。

二 乡域监督监察的人员构成

1. 乡镇监督监察机构人员

派驻或者派出在乡镇的监察机构一般与乡镇纪委合署办公，实行"一套人员、两块牌子"。乡镇纪委经同级党的代表大会或党员大会选举产生，由同级党的委员会通过，报上级党的委员会批准。乡镇纪委一般由1名纪委书记、1名纪委副书记和3~5名纪委委员组成。其中，乡镇纪委书记要求由同级党委副职一级的干部担任，由同级党委副书记兼任的，要求设专职纪委副书记；由同级党委委员担任的，其委员职务排序一般排在资历相同的委员前面。纪委委员一般由乡镇纪委工作人员和基层站所负责人担任。有的乡镇在纪委委员之外，还另有若干名纪委工作人员。乡镇纪委班子人员中应有人专职从事纪检工作。上级党的委员会可以根据工作需要，在下级党的代表大会闭会期间，调动、任免下级纪律检查委员会书记、副书记。

2. 村务监督委员会成员

村务监督委员会一般由3~5人组成，全部由村民会议或村民代表会议在村民中推选产生，任期与村民委员会的任期相同。其中，设主任1名，通常由非村民委员会成员的村党组织班子成员或党员担任主任，原则上不由村党组织书记兼任主任。作为村务监督委员会成员，要有较好的思想政治素质，遵纪守法、公道正派、坚持原则、敢于担当、群众公认，具有一定政策水平和依法办事能力，热心为村民服务，其中应有具备财会、管理知识的人员。村民委员会成员及其近亲属、村会计（村报账员）、村文书、村集体经济组织负责人不得担任村务监督委员会成员，任何组织和个人不得指定、委派村务监督委员会成员。村务监督机构成员向村民会议和村民代表会议负责，可以列席村民委员会会议。

三 乡域监督监察制度

制度带有全局性、根本性，能够管根本、管长远。健全和完善乡域监督监察制度，运用制度威力应对风险挑战的冲击，是推进乡域治理体系和治理能力现代化的必然要求。乡域监督监察制度建设是一个动态演进、发展完善的过程，必须毫不动摇坚持和巩固、与时俱进完善和发展、不折不扣遵守和执行。

1. "室组地"联合办案制度

根据《中国共产党纪律检查委员会工作条例》第四十五条，党的各级纪律检查委员会有"健全派驻监督工作机制，统筹协调派出机关内设监督检查室、派驻纪检监察组、地方纪检监察机关、巡视巡察机构等力量，通过'室组'联动监督、'室组地'联合办案等方式，提高派驻监督质量"的工作职责。所谓"室组地"联合办案制度，指的是派驻纪检监察组监督发现党员、干部以及监察对象涉嫌职务违法或职务犯罪问题时，在派出机关监督检查室统筹协调指导下，通过协商或者报请指定管辖等方式，由派驻纪检监察组与地方纪委监委联合办理案件的工作模式。在乡域范围内建立"室组地"联合办案制度，就是打破纪检监察室、派出纪检监察组、乡镇纪委"单兵作战"的工作方式，打造新的"纪检监察室+派出纪检监察组+乡镇纪委"办案协作区。2022年出台的《纪检监察机关派驻机构工作规则》规定了派出机关监督检查部门日常联系派驻机构的6项内容、"室组"联动监督的6个方面、"室组地"联合办案的5个事项以及"组组"协作的6项工作，对派出机关指导协调派驻机构与地方纪委监委协作开展联合监督检查、审查调查，提供了工作指引和具体规范。

2. "乡案县审"工作制度

为保障和提升案件质量，部分地方进行了"乡案县审"工作机制探索。所谓"乡案县审"工作制度是由乡镇纪委对违纪案件进行内部审理后、履行处分审批程序前，将案件报送县级纪委审理部门进行审核把关的制度。"乡案县审"的办理流程为，县级纪委审理部门审核后形成审核报告，经室务会讨论并报相关领导审批，以审理部门或办公室名义向乡镇纪委反馈。乡镇纪委在履行支部大会讨论程序后，对照处分权限分别报请乡镇纪委全体会议或乡镇党委会会议审议批准。依据《中国共产党处分违纪党员批准权限和程序规定》第三十八条的规定，"基层纪委可以批准给予其审查的案件中的被审查人警告、严重警告处分；如果涉及的问题比较重要或者复杂的，应当经同级党委审议同意后，按照程序报有处分批准权的县级以上纪委审查批准"。据此，"乡案县审"适用于乡镇纪委或党委有处分批准权的案件。

3. 小微权力监督制度

小微权力是指农村村级组织及村干部依法依规享有村级重大决策、重大活动、重大项目及资金、资产、资源管理等村务管理服务的权力。小微权力权小、责大，与农民的生产生活密切相关，事关群众的切身利益。中共中央办公厅、国务院办公厅印发的《关于加强和改进乡村治理的指导意见》提出，"规范乡村小微权力运行，明确每项权力行使的法规依据、运行范围、执行主体、程序步骤。建立健全小微权力监督制度，形成群众监督、村务监督委员会监督、上级部门监督和会计核算监督、审计监督等全程实时、多方联网的监督体系"。小微权力清单制度是村级权力监督制度的重要组成部分，它是通过梳理村级组织和村干部在村务管理中依法享有的权力及应承担的服务事项，编制权力清单目录，公开村务运行流程并配以相应监督保障举措的一套制度体系。它通过明示的清单方式，明确了村干部的权力和责任，实现了"小微权力"的具体化和运行流程的透明化，有效维护了村民的合法权利。

第五章 乡域政治建设

政治建设是乡域治理的核心内容。加强乡域政治建设，有助于将思想政治工作、群众工作、从严教育管理党员等工作落实到乡域地区，从而为巩固党的执政地位、推动党和国家各项事业发展提供坚实支撑。乡域政治建设主要包括乡域党的建设和乡域民主政治建设两部分内容。

第一节 乡域党的建设

一 乡镇党的建设

党的二十大报告指出，要"坚持大抓基层的鲜明导向，抓党建促乡村振兴，加强城市社区党建工作，推进以党建引领基层治理，持续整顿软弱涣散基层党组织，把基层党组织建设成为有效实现党的领导的坚强战斗堡垒"。[1] 乡镇党的建设是乡域党的建设的主体部分，对于乡域党的建设状况发挥着决定性的作用。乡镇党的建设包括乡镇党的政治建设、思想建设、作风建设、制度建设等四个方面的内容。

（一）乡镇党的建设的基本概述

党的建设回答的是"建设一个什么样的党，怎样建设党"的根本性问题，乡镇党的建设就是关于在乡镇场域内中国共产党建设的相关问题，即党的建设理论所要回答的问题在乡镇场域中如何更好实现的问题。新时代

---

[1] 习近平：《高举中国特色社会主义伟大旗帜 为全面建设社会主义现代化国家而团结奋斗——在中国共产党第二十次全国代表大会上的报告》，人民出版社，2022，第67页。

党的建设的目标是"把党建设成为始终走在时代前列、人民衷心拥护、勇于自我革命、经得起各种风浪考验、朝气蓬勃的马克思主义执政党",[①] 这是全体党员、各级党组织所追求的共同目标。

1. 乡镇党的建设要始终坚持党的全面领导根本原则

乡镇党的建设要贯彻落实习近平新时代中国特色社会主义思想,始终确保党总揽全局、协调各方的地位。

第一,推进乡镇党的建设,以党建引领乡镇治理,必须把党的全面领导贯穿乡镇治理全过程、各领域。推动乡镇党的建设与基层乡镇治理深度融合,发挥党的政治领导力、思想引领力、群众组织力、社会号召力,发挥党的政治优势、组织优势、密切联系群众优势,提升党对乡镇治理的组织领导能力。

第二,扩大党在乡镇地区的覆盖面和渗透力,不断把党的领导和中国特色社会主义制度优势转化为乡镇治理效能。充分发挥党的全面领导优势,提升乡镇党委的凝聚力和向心力,把乡镇党委建设成为宣传党的主张、贯彻党的决定、领导基层乡镇治理、团结动员群众、推动社会发展的坚强战斗堡垒。

2. 乡镇党的建设要始终坚持人民至上的宗旨立场

坚持全心全意为人民服务的根本宗旨,树牢群众观点,贯彻群众路线,是做好乡镇党的建设各项工作的基本要求。

第一,乡镇党委始终要将实现好、维护好、发展好最广大人民根本利益作为乡镇一切工作的出发点和落脚点,做到心中有群众,让群众享受到乡镇发展带来的真实红利。

第二,乡镇党委要尊重人民群众的首创精神,发挥带头作用,带领群众通过艰苦奋斗实现勤劳致富,时刻把群众安危冷暖放在心上,通过健全基本公共服务体系,在就业、教育、医疗、养老、住房等方面切实解决群众急难愁盼的问题,坚决杜绝形式主义、官僚主义的做法,赢得人民群众的衷心拥护。

第三,乡镇党委要积极动员人民群众进行政治参与,拓宽乡镇各类群

[①] 《习近平谈治国理政》(第三卷),外文出版社,2020,第71页。

体有序参与社会治理渠道，保障人民群众能依法依规表达自身诉求，逐渐形成和完善便民有效的服务体系。

3. 乡镇党的建设要始终坚持从严治党的指导方针

乡镇党的建设要以加强党的长期执政能力建设、先进性和纯洁性建设为主线，以党的政治建设为统领，以坚定理想信念宗旨为根基，以调动乡镇党员干部的积极性、主动性和创造性为着力点，以组织体系建设为重点。

一是坚持党要管党和全面从严治党，乡镇党委要肩负起主体责任，党委书记要把抓好党建当作分内之事和必须担当的责任。乡镇纪委要担负起监督的责任，敢于执纪问责。

二是乡镇党的建设要全面推进党的政治建设、思想建设、组织建设、作风建设、纪律建设，把制度建设贯穿其中，深入推进反腐败斗争，着力培养德才兼备、忠诚干净担当的高素质干部，着力集聚爱国奉献的各方面优秀人才。坚持抓思想从严、管党从严、执纪从严，坚持民主集中制，严肃党内政治生活，发展积极健康的党内政治文化，全面净化党内政治生态。

（二）乡镇党的政治建设

乡镇党的政治建设是乡镇党的根本性建设，决定着乡镇党的建设的方向和效果，决定着乡镇党的其他建设的标准和重点。乡镇党的建设以党的政治建设为统领，是对党的建设历史，特别是十八大以来党的建设宝贵经验的科学总结和理论升华，对乡镇党的建设起到纲举目张的作用。

1. 坚定正确的政治方向

乡镇党的政治建设的首要任务是坚持党中央权威和集中统一领导，保证乡镇党委、全体党员干部服从党中央，始终在政治立场、政治方向、政治原则、政治道路上同以习近平同志为核心的党中央保持高度一致。乡镇党的政治建设抓好了，乡镇党的建设就有了稳固坚实的根基。

2. 着力提高政治能力

把旗帜鲜明讲政治作为乡镇党的政治建设根本要求，持续加强政治忠诚教育、理想信念教育，强化政治能力训练和政治实践历练，不断提高乡镇党员干部政治判断力、政治领悟力、政治执行力。

（三）乡镇党的思想建设

思想建设是党的基础性建设，抓好思想建设这个党的基础性建设，对加强乡镇党的建设具有重要意义。

1. 坚定理想信念

党的十九大报告指出："要把坚定理想信念作为党的思想建设的首要任务，教育引导全党牢记党的宗旨，挺起共产党人的精神脊梁，解决好世界观、人生观、价值观这个'总开关'问题，自觉做共产主义远大理想和中国特色社会主义共同理想的坚定信仰者和忠实实践者。"① 乡镇党员干部必须信仰坚定、对党忠诚，任何时候任何情况下都不改其心、不移其志、不毁其节。

2. 坚持理论学习

深入学习习近平新时代中国特色社会主义思想，加强思想政治教育，推动学习教育往深里走、往心里走、往实里走，真正做到学深悟透、融会贯通、真信笃行，巩固全党全国人民团结奋斗的共同思想基础。

3. 坚守革命精神

革命精神作为共产党人独特精神标识，在党的思想建设中得到一次又一次的凝炼和升华，推动中国革命、建设、改革事业不断前进。乡镇领导干部要带头坚守革命精神，筑牢信仰之基，补足精神之钙，把稳思想之舵。

（四）乡镇党的作风建设

党的作风就是党的形象，关系人心向背。党的形象不是抽象空洞的，而是通过各级党组织、每一名党员干部的作风真实反映出来的。

1. 秉持务实担当精神

乡镇党员干部的一言一行都直接影响人民群众对党的评价。乡镇干部应当由信念坚定、为民服务、勤政务实、敢于担当、清正廉洁，善于结合实际开展工作的人员组成。

2. 保持政治思想清醒

乡镇党员干部要强化理论学习。乡镇党员干部应当具备一定的理论和政策水平，坚持依法办事，具有较强的组织协调能力、群众工作能力、处理农村复杂问题的能力。坚持学懂弄通，切忌形式主义、官僚主义等不良作风。习近平总书记多次强调"马克思主义政党的先进性，首先体现为思

---

① 习近平：《决胜全面建成小康社会　夺取新时代中国特色社会主义伟大胜利——在中国共产党第十九次全国代表大会上的报告》，人民出版社，2017，第63页。

想理论上的先进性",① 只有理论上清醒才能有政治上的清醒,只有理论上坚定才能有政治上的坚定,作风建设不可能一蹴而就,永远在路上。

(五)乡镇党的制度建设

制度治党的意义在于以制度化和程序化的方式治理党内政治生活,制度建设贯穿乡镇党的建设始终。

1. 乡镇党的建设强调制度治党

需要构建系统完备、科学规范、运行有效的制度体系。用制度治党、管权、治吏,坚持用制度保障乡镇党的建设顺利进行。确保乡镇工作在机构设置和人员配备上,始终坚持加强服务、密切联系群众、治理重心下移的原则,为构建权责相称、简约高效的基层管理体制提供制度支撑。

2. 制度建设助力乡镇党的建设

制度建设为乡镇党的建设提质增效。党的十八大以来,《关于加强乡镇干部队伍建设的若干意见》《关于党的基层组织任期的意见》《中共中央 国务院关于加强基层治理体系和治理能力现代化建设的意见》等中央政策文件印发实施,不断深化乡镇管理体制改革,持续推动确权定责,合理赋权、赋能。通过制度建设,支持乡镇党委履行好抓党建、抓治理、抓服务的主责主业,深化党建引领网格管理服务,调整优化网格布局,完善网格运行机制,增强乡镇统筹协调功能和管理服务效能。

二 村级党的建设

党的十八大以来,以习近平同志为核心的党中央高度重视村级党的建设工作,推动农村基层党组织认真落实党要管党、全面从严治党要求,大抓农村党支部、建强战斗堡垒。为推动新时代乡村全面振兴,不断满足农民群众日益增长的美好生活需要,必须把村级党的建设摆在更加突出的位置来抓,充分发挥农村基层党组织的战斗堡垒作用和党员先锋模范作用,为农村改革发展稳定提供坚强政治和组织保证。

(一)村级党的建设的基本概述

村级党的建设必须高举中国特色社会主义伟大旗帜,坚持以马克思列

---

① 《习近平谈治国理政》(第三卷),外文出版社,2020,第539页。

宁主义、毛泽东思想、邓小平理论、"三个代表"重要思想、科学发展观、习近平新时代中国特色社会主义思想为指导，深刻领悟"两个确立"的决定性意义，增强"四个意识"、坚定"四个自信"、做到"两个维护"，紧紧围绕统筹推进"五位一体"总体布局和协调推进"四个全面"战略布局，以实施乡村振兴战略为总抓手，健全党领导农村工作的组织体系、制度体系和工作机制，加快推进乡村治理体系和治理能力现代化，加快推进农业农村现代化，让广大农民过上更加美好的生活。

村级党的建设工作需要遵循六项原则，具体包括：坚持党对农村工作的全面领导，确保党在农村工作中总揽全局、协调各方，保证农村改革发展沿着正确的方向前进；坚持以人民为中心，尊重农民主体地位和首创精神，切实保障农民物质利益和民主权利，把农民拥护不拥护、支持不支持作为制定党的农村政策的依据；坚持巩固和完善农村基本经营制度，夯实党的农村政策基石；坚持走中国特色社会主义乡村振兴道路，推进乡村产业振兴、人才振兴、文化振兴、生态振兴、组织振兴；坚持教育引导农民听党话、感党恩、跟党走，把农民群众紧紧团结在党的周围，筑牢党在农村的执政基础；坚持一切从实际出发，分类指导、循序渐进，不搞强迫命令、不刮风、不"一刀切"。

（二）村级党的政治建设

政治建设是村级党的建设的根本问题，是村级党的全部建设的灵魂。必须以提升组织力为重点，突出政治功能，把农村基层党组织建设成为宣传党的主张、贯彻党的决定、领导基层治理、团结动员群众、推动改革发展的坚强战斗堡垒。

1. 坚持农村基层党组织的领导地位不动摇

党的农村基层组织要全面领导村的各类组织和各项工作。村党组织书记应当通过法定程序担任村民委员会主任和村级集体经济组织、合作经济组织负责人。

2. 坚定执行党的农村工作路线政策不偏航

党的农村基层组织要始终在政治立场、政治方向、政治原则、政治道路上同以习近平同志为核心的党中央保持高度一致。组织推进农村深化改革，促进各项事业发展，维护社会和谐稳定，不断增强群众获得感、幸福感、安全感。

3. 坚持农村社会主义民主政治建设的道路

完善基层民主制度，深化村民自治实践，健全村党组织领导的充满活力的村民自治机制，丰富基层民主协商形式，保证农民依法实行民主选举、民主协商、民主决策、民主管理、民主监督。

（三）村级党的思想建设

村级党的思想建设是党的农村基层组织的基础性建设。

1. 强化党的思想路线和道德建设

党的农村基层组织反映情况、安排工作、决定事项必须实事求是，一切从实际出发，说实话、办实事、求实效。加强党对农村社会主义精神文明建设的领导。传承发展农村优秀传统文化，推进移风易俗。深入开展农村群众性精神文明创建活动，丰富农民精神文化生活，提高农民科学文化素质和乡村社会文明程度。

2. 培育践行社会主义核心价值观

党的农村基层组织要在农民群众中深入开展中国特色社会主义、习近平新时代中国特色社会主义思想宣传教育，建好用好新时代文明实践中心。开展实现中华民族伟大复兴的中国梦宣传教育，党的路线方针政策教育，思想道德和民主法治教育，培养有理想、有道德、有文化、有纪律的新型农民。

3. 加强农村基层的宣传思想工作

党的农村基层组织要主动宣传党组织和党员先进事迹，宣传好人好事，弘扬真善美，传播正能量。了解群众思想状况，帮助解决实际困难，引导群众自觉听党话、感党恩、跟党走。

（四）村级党的作风建设

村级党的作风建设是党的性质、宗旨和世界观在党的农村基层组织工作中的体现。

1. 村级党组织领导班子建设

村级党组织必须由思想政治素质好、道德品行好、带富能力强、协调能力强，公道正派、廉洁自律，热心为群众服务的党员组成。村党组织书记还应当具备一定的政策水平，坚持依法办事，善于做群众工作，甘于奉献、敢闯敢拼。

2. 村级党组织干部队伍培养

要加强农村工作干部队伍的培养、配备、管理、使用，健全培养锻炼制度。党的农村基层组织干部应当增强做群众工作的本领，改进工作作风，深入基层，认真倾听农民群众呼声，不断增进与农民群众的感情，坚决反对"四风"特别是形式主义、官僚主义。

3. 村级党组织党风廉政建设

上级党委应当推动全面从严治党向基层延伸。深入推进农村党风廉政建设，持续推进农村纪检监察工作，把落实农村政策情况作为巡视巡察重要内容，建立健全农村权力运行监督制度，持续整治侵害农民利益的不正之风和群众身边的腐败问题。

（五）村级党的制度建设

制度问题具有全局性、稳定性和长期性，党的制度建设直接关系党的农村基层组织工作成效。

1. 党对农村各类组织的领导

通过制度建设，强化党的农村基层组织对各类组织的统一领导，打造充满活力、和谐有序的善治乡村，形成共建共治共享的乡村治理格局。

2. 党对农村社会建设的领导

村级党组织坚持保障和改善民生，大力发展教育、医疗卫生、养老、文化体育、社会保障等农村社会事业，加快改善农村公共基础设施和基本公共服务条件，提升农民生活质量。

3. 制度建设助力乡村的振兴

党的农村基层组织应当健全党组织领导的自治、法治、德治相结合的乡村治理体系。深化村民自治实践，制定完善村规民约，建立健全村务监督委员会，加强村级民主监督。推广新时代"枫桥经验"，推进乡村法治建设，提升乡村德治水平，将制度建设贯穿于村级党的建设的各个方面，建设充满活力、和谐有序的乡村社会，助力乡村振兴。

三　乡域党的组织体系建设

乡域党的组织是确保党的路线方针政策和决策部署贯彻落实的基础。

党的组织体系建设应强基固本,提高乡域党组织的战斗力。

(一)乡域党的组织体系的内涵及构成要素

党的二十大报告指出:"严密的组织体系是党的优势所在、力量所在。"[①] 中国共产党作为马克思主义政党,一贯重视党的组织体系建设。

1. 乡域党的组织体系的具体内涵

"党的组织体系"这一概念最早可以追溯到马克思恩格斯提出的建立"一个紧密团结的、准备战斗的和有组织的阶级"[②] 的政党。党的十二大通过的党章将党的组织体系概括为"党的中央组织""党的地方组织""党的基层组织",并将党的纪律检查机关单列为一章,较为详细地规定了党中央组织的机构设置,对党的地方组织、基层组织也作了更加科学的规定。

党的十八大以来,党中央更加聚焦基层党的组织建设,明确了基层党组织的范围、界限、标准等,丰富和发展了党的组织体系概念的内涵。乡域党的组织体系是指在乡域党组织的领导下,以科学理论为指导,以乡镇、行政村为组织架构,以严格的纪律规章约束和维系的高效严密的政治组织体系。乡域党的组织体系建设,就是按照党的建设总要求,以乡域领导班子和干部队伍建设、乡域党的组织建设以及党员队伍建设为主要内容的全部实践活动,是乡域党的建设的重要内容。

2. 乡域党的组织体系的构成要素

乡域党的组织体系是一个层级衔接、分工明确、有机协调的物质系统,包含具体人员、组织机构及其他资源要素。乡域党的组织体系建设是服务于乡域党的组织建设的组织保障体系,区别于乡域党的其他建设。

第一,在纵向层面。乡域党的组织体系直观上是静态的职能系统,由党的基层组织以及乡域党委领导下的党组等单位构成,层层衔接、管辖,形成纵向清晰的治理体系。

第二,在横向层面。这些隶属鲜明、不同层级的党组织结构复杂,内部设置有不同类型的分支部门与工作岗位,职责分工明确,有固定的决策、实施与监督部门。

[①] 习近平:《高举中国特色社会主义伟大旗帜 为全面建设社会主义现代化国家而团结奋斗——在中国共产党第二十次全国代表大会上的报告》,人民出版社,2022,第67页。

[②] 《马克思恩格斯文集》(第一卷),人民出版社,2009,第692页。

（二）乡域党的组织体系建设的要求和原则

党的十九大报告指出："党的基层组织是确保党的路线方针政策和决策部署贯彻落实的基础。"[①] 中国共产党的组织体系是由中央到地方不同层级的党组织科学有序构建形成的，乡域党组织的设置越广泛、越完善，对社会各领域的覆盖面越广，党的组织体系越坚实。

1. 乡域党的组织体系建设的基本要求

乡域党的组织是党的肌体的"神经末梢"，是贯彻落实党中央决策部署的"最后一公里"。习近平总书记强调："要加强党的基层组织建设，把资源、服务、管理下沉基层、做实基层，把每个基层党组织建设成为坚强战斗堡垒。"[②]

第一，乡域党的组织体系建设必须坚持以马克思列宁主义、毛泽东思想、邓小平理论、"三个代表"重要思想、科学发展观、习近平新时代中国特色社会主义思想为指导，坚决维护习近平总书记党中央的核心、全党的核心地位，坚决维护党中央权威和集中统一领导，牢固树立"四个意识"，坚定"四个自信"，做到"四个服从"。

第二，乡域党的组织体系建设要以加强党的长期执政能力建设、先进性和纯洁性建设为主线，坚持党要管党、全面从严治党，严明党的纪律，以政治纪律建设为统领推进乡域党的组织体系建设制度化。以党的政治建设为统领，以组织体系建设为重点，着力培养忠诚干净担当的高素质干部，着力集聚爱国奉献的各方面优秀人才，充分发挥乡域地区党组织的战斗堡垒作用和党员先锋模范作用，为坚持和加强党的全面领导、坚持和发展中国特色社会主义提供坚强组织保证。

2. 乡域党的组织体系建设的重要原则

大抓基层就要加强乡域党的组织体制机制、干部队伍、服务能力等方面建设，使党中央的大政方针和决策部署及时地、不折不扣地贯彻落实到基层乡域。《中国共产党组织工作条例》规定，党的组织工作是以党的组

[①] 习近平：《决胜全面建成小康社会 夺取新时代中国特色社会主义伟大胜利——在中国共产党第十九次全国代表大会上的报告》，人民出版社，2017，第65页。

[②] 中共中央党史和文献研究院编《习近平关于全面从严治党论述摘编》（2021年版），中央文献出版社，2021，第240~241页。

织体系建设、领导班子和干部队伍建设、人才队伍建设、党员队伍建设为主要内容的实践活动，是巩固党的执政基础、实现党的全面领导、完成党的全部工作的重要保证。

乡域党的组织体系建设需要遵循以下原则：坚持党的全面领导原则；坚持组织路线服务政治路线原则；坚持民主集中制原则；坚持党的群众路线原则；坚持党管干部、党管人才原则；坚持德才兼备、以德为先、任人唯贤原则；坚持党的组织和党的工作全覆盖原则；坚持实事求是、公道正派原则；坚持依法依规、科学规范原则。推动乡域党的组织体系建设，要将所辖地区的党员干部有机联结，形成坚强有力的队伍，在源头上赋予党的组织体系以基础性力量。

（三）乡域党的组织体系建设的主要特征

习近平总书记指出："党的力量来自组织。党的全面领导、党的全部工作要靠党的坚强组织体系去实现。"[①] 加强党的组织体系建设关系党的建设的成效高低，关键是必须加强基层乡域党的组织体系建设，充分发挥乡域党组织的重要功能。当前，各乡域按照党章规定建立健全党的各级各类组织，形成了纵向到底、横向到边的严密组织架构。乡域党的组织体系建设是乡域党的建设的重要内容，同时在乡域党的建设全局中具有基础性和保障性地位，其主要特征如下。

1. 政治统领性

《中国共产党农村基层组织工作条例》规定，乡镇党的委员会和村党组织（村指行政村）是党在农村的基层组织，是党在农村全部工作和战斗力的基础，全面领导乡镇、村的各类组织和各项工作。乡域党的组织体系作为中国共产党发挥政治效能的实体形态，秉持党的性质和宗旨，始终代表无产阶级、中华民族和最广大人民的根本利益，服务于党的政治领导、国家治理的正确方向。

2. 科学高效性

乡域党的组织体系是按照科学严密的规制、制度和原则形成和发展的，不仅在机构设置、人员配备、职能划归和功能划分上严密有序，而且

---

① 中共中央党史和文献研究院编《十九大以来重要文献选编》（上），中央文献出版社，2019，第560页。

始终坚持民主集中制原则。通过民主选举、民主决策、民主协商、民主监督和民主管理，实现上下有效沟通，在保持全党上下政治上高度统一的基础上，确保乡域党的组织体系规范、高效运转。

3. 人民至上性

乡域党的组织体系作为以马克思主义为主导的文化系统，始终秉持人民至上的政治立场，始终代表最广大人民的根本利益。中国共产党人的初心和使命，就是为中国人民谋幸福，为中华民族谋复兴。与人民同呼吸、共命运是维系乡域党组织机体的生命红线，必须始终坚持一切为了人民、一切依靠人民的群众路线，把民心当作最大的政治、把人民作为执政的最大底气，真正贯彻"人民为本"的价值理念。

（四）乡域党的组织体系建设的发展方向

在乡域党的组织体系中，重点工作是落实《中国共产党农村基层组织工作条例》，通过抓党建促乡村振兴，持续整顿乡域党组织软弱涣散等问题，推动乡镇发展、基层治理和民生改善。

第一，要强化乡域党组织在同级组织中的领导地位。实现和加强党的全面领导是强化乡域党的组织体系建设的根本原则。坚持马克思主义建党原则，健全维护党的集中统一的组织制度，完善上下贯通、执行有力的组织体系。不断强化乡镇党委的领导地位，加强对乡镇各类组织和各项工作的统一领导，实现乡域层面党的组织和党的工作全覆盖，不断增强乡域党组织的政治领导力、思想引领力、群众组织力、社会号召力。

第二，充分发挥乡域党组织的政治功能和组织功能，尤其突出政治功能。坚持以乡域党的政治建设为统领，坚持以马克思列宁主义、毛泽东思想、邓小平理论、"三个代表"重要思想、科学发展观、习近平新时代中国特色社会主义思想为指导，以增强"四个意识"、坚定"四个自信"、做到"两个维护"为着眼点，充分发挥乡域党组织的政治优势，切实提高乡域党组织的组织力和行动力，发挥党组织上下贯通联动的优势。

第三，加快乡域党员干部的队伍人才建设。坚持把政治标准放在首位，把提高乡域治理能力作为新时代乡域党员干部队伍建设的重大任务，通过加强思想淬炼、政治历练、实践锻炼、专业训练，推动广大干部把热情投入在基层乡域、把汗水挥洒在基层乡域、把价值体现在基层乡域。

第四，不断提高乡域党组织的群众组织力。坚持党的全面领导，同时也要尊重人民群众的意愿，充分调动群众的自觉性。坚持走从群众中来到群众中去的群众路线，发挥党员先锋模范带头作用。始终将人民群众对美好生活的向往看作党的奋斗目标，不能对群众的诉求意见搞"一刀切"，坚定不移纠治形式主义、官僚主义等不良作风，要善于同群众沟通交流，做好宣传解释工作，切实发挥乡域党组织的服务功能。

第二节 乡域民主政治建设

党的二十大报告提出要"积极发展基层民主"。[①] 乡域民主政治建设将民主选举、民主决策、民主监督和民主协商有机融合、相互贯通，涉及内容涵盖经济、政治、文化、社会、生态文明等各个方面，具有时间上的连续性、内容上的整体性、运行上的协同性、人民参与上的广泛性和持续性，体现了乡域社会的民主特性。

一 民主选举

中国的民主选举是符合中国国情的，是与中国的发展阶段相适应的，是随着经济社会发展与时俱进的。人民通过选举、投票行使权利，选出代表自己意愿的人来掌握并行使权力，是中国民主的一种重要形式，是人民实现当家作主的重要体现。

（一）乡域民主选举的基本内容

1. 乡域民主选举的内涵

乡域社会的民主选举是中国最广泛、最生动的民主政治实践，包括乡镇党委选举、村民委员会选举等。以村民委员会选举为例，乡域民主选举，就是由本村有选举权的村民依照法律法规规定的程序，直接选举村民委员会主任、副主任和委员。

[①] 习近平：《高举中国特色社会主义伟大旗帜　为全面建设社会主义现代化国家而团结奋斗——在中国共产党第二十次全国代表大会上的报告》，人民出版社，2022，第39页。

2. 乡域民主选举的对象

作为村民自治活动的常设管理机构，村民委员会由主任、副主任和委员组成，村民委员会行使管理本村事务的权力，村民委员会是否能通过民主选举产生，将直接决定村民自治权利的实现程度。根据《村民委员会组织法》，村民委员会主任、副主任和委员，由村民直接选举产生。任何组织或者个人不得指定、委派或者撤换村民委员会成员。年满十八周岁的村民，不分民族、种族、性别、职业、家庭出身、宗教信仰、教育程度、财产状况、居住期限，都有选举权和被选举权；但是，依照法律被剥夺政治权利的人除外。村民委员会每届任期五年，届满应当及时举行换届选举，村民委员会成员可以连选连任。

（二）乡域民主选举的主要过程

关于村民委员会的选举，大致分为以下四个程序。

1. 建立选举组织和机构

乡镇党委、政府建立村民委员会选举工作的领导机构，组织、安排和指导村民委员会选举的有序进行。在行政村建立村民选举委员会，直接承担选举的组织工作，村民选举委员会由主任和委员组成，由村民会议、村民代表会议或者各村民小组会议推选产生。村民选举委员会应当组织候选人与村民见面，由候选人介绍履行职责的设想，回答村民提出的问题。

2. 选举宣传和选民登记

一般在村民选举委员会成立后，便开始进行选举宣传和选民登记工作，村民委员会民主选举正式开始。选举宣传和动员是选举机构通过各种传播手段将村民委员会选举的目的、意义、时间、方式以及职责等事项告知人民群众。同时，根据《村民委员会组织法》，村民委员会选举前，应当对下列三类人员进行登记，并列入参加选举的村民名单：第一，户籍在本村并且在本村居住的村民；第二，户籍在本村，不在本村居住，本人表示参加选举的村民；第三，户籍不在本村，在本村居住一年以上，本人申请参加选举，并且经村民会议或者村民代表会议同意参加选举的公民。村民选举委员会成员被提名为村民委员会成员候选人的，应当退出村民选举委员会。

3. 产生候选人

村民委员会的候选人由登记参加选举的村民直接提名，候选人的名额应当多于应选名额。把候选人的提名权完全交给人民群众，可以从全体村民利益出发，推荐奉公守法、品行良好、公道正派、热心公益、具有一定文化水平和工作能力的村民为候选人，确保选举过程能广泛吸收各方意见，实现充分讨论、公开竞争、民主选举。

4. 正式投票选举

村民委员会候选人确立后，选民需要在规定的日期按照一定程序、方式，通过投票的方式决定村民委员会的组成人员。选举实行无记名投票、公开计票的方法，选举结果应当当场公布。选举时，应当设立秘密写票处。根据规定，选举村民委员会，有登记参加选举的村民过半数投票，选举有效；候选人获得参加投票的村民过半数的选票，始得当选。当选人数不足应选名额的，不足的名额另行选举。另行选举的，第一次投票未当选的人员得票多的为候选人，候选人以得票多的当选，但是所得票数不得少于已投选票总数的 1/3。另外，本村 1/5 以上有选举权的村民或者 1/3 以上的村民代表联名，可以提出罢免村民委员会成员的要求，并说明要求罢免的理由。被提出罢免的村民委员会成员有权提出申辩意见。通过民主选举，选出最能代表村民公共利益的候选人进入村民委员会。

二　民主决策

（一）乡域民主决策的基本内容

1. 乡域民主决策的内涵

民主决策是乡域民主政治实践的重要一环。一般而言，乡域民主决策，是指凡涉及全体村民利益的事项和村中的重大问题，都要提请村民会议或村民代表会议讨论决定，按多数人的意见办理，主要体现为科学立法、开门问政、政治参与等。好的决策，反映人民意愿，保障人民权益，增进人民福祉。

2. 乡域民主决策的必要性

乡域民主制度不健全和民主决策缺位可能导致的结果如下。一是造成乡域地区官僚主义盛行。个别乡域地区出现领导"说了算""一言堂"的情况，致使人民群众不愿说真话，不敢提反对意见，长此以往，乡域地区的干部群众中多数人会变成"好好先生"。二是侵害人民群众的合法权益。民主决策缺失将使人民群众的民主权利得不到制度化保障。在乡域社会的议事决策中，普通群众不敢"直言不讳"，说了实话和真话不管用。①

（二）乡域民主决策的实现途径

在乡域治理实践中，乡域干部必须将察民情、听民声、顺民意，群策群力、集思广益变为常态，让越来越多来自乡域社会的声音直达各级决策层，越来越多的群众意见转化为党和政府的重大决策。

第一，主动设立基层群众联系点。方便基层群众直接参与决策、立法调研、修改论证、立法后评估等多个环节。乡镇人民政府就即将实施的重大决策和各方提出的重大决策建议，充分听取各方面意见，保障人民群众通过多种途径和形式参与决策。

在决策启动环节，人民群众可以通过乡镇人民代表大会、村民会议、村民代表会议、村民小组会议等形式，就经济社会发展、基础设施建设、社会综合治理等基层治理中的重大问题提出意见建议，参与决策制定和实施。② 乡域地区的人大代表、政协委员一般通过建议、提案等方式提出建议，决策机关根据各方建议和意见启动决策程序。

在决策研究制定环节，通过座谈会、公开征求意见、听证会、问卷调查、实地走访等方式，广泛听取社会各界特别是直接关系人的意见和建议。

在决策草案公示环节，通过政府网站和各类媒体，公布决策草案及其说明材料。

在决策最终确定环节，按照民主集中制原则，在集体讨论的基础上作出决定。

在决策后评估阶段，听取社会公众意见，吸收人大代表、政协委员、人民团体、基层组织、社会组织和专家等参与评估。

第二，动员村民积极参与民主决策过程。在村一级，村民自治作为一种直接民主形式，凡是关系到村民公共利益的事情，由村民通过直接或间

---

① 周少来：《用全过程人民民主治理好人主义》，《人民论坛》2022 年第 10 期。
② 中华人民共和国国务院新闻办公室：《中国的民主》，《人民日报》2021 年 12 月 5 日。

接参与民主决策的方式,集体作出决定,表现为村民会议或村民代表会议的决策活动①。

在组成内容上。村民会议由本村18周岁以上的村民组成,人数较多或者居住分散的村,可以设立村民代表会议,讨论决定村民会议授权的事项。村民代表会议由村民委员会成员和村民代表组成,村民代表应当占村民代表会议组成人员的4/5以上,妇女村民代表应当占村民代表会议组成人员的1/3以上。同时,村民代表由村民按每5~15户推选1人,或者由各村民小组推选若干人,村民代表的任期与村民委员会的任期相同,村民代表可以连选连任。村民代表会议是为了克服村民会议不容易召开的现实困难,为村民参与本村重大事项的决策寻找到的一条切实可行的途径,是村民会议的重要补充。

在职责内容上。根据《村民委员会组织法》,村民会议或村民代表会议有权审议村民委员会的年度工作报告,评议村民委员会成员的工作,有权撤销或者变更村民委员会不适当的决定,有权撤销或者变更村民代表会议不适当的决定,可以制定和修改村民自治章程、村规民约,并报乡、民族乡、镇的人民政府备案。当涉及村民以下九项利益事项时,可由村民会议或村民代表会议讨论决定,具体包括:本村享受误工补贴的人员及补贴标准;从村集体经济所得收益的使用;本村公益事业的兴办和筹资筹劳方案及建设承包方案;土地承包经营方案;村集体经济项目的立项、承包方案;宅基地的使用方案;征地补偿费的使用、分配方案;以借贷、租赁或者其他方式处分村集体财产;村民会议认为应当由村民会议讨论决定的涉及村民利益的其他事项。

三 民主监督

在我国,解决权力滥用、以权谋私的问题,不能靠所谓的政党轮替和三权分立,要靠科学有效的民主监督。我国结合本国国情,探索构建起一套有机贯通、相互协调的监督体系,形成了配置科学、权责协同、运行高效的监督网,对权力的监督逐步延伸到每个领域、每个角落。

---

① 徐勇:《民主与治理:村民自治的伟大创造与深化探索》,《当代世界与社会主义》2018年第4期。

（一）乡域民主监督的基本内容

1. 乡域民主监督的内涵

乡域民主监督，就是指村里的重大事项和群众普遍关心的问题，都要向村民公开，由村民会议或村民代表会议评议村民委员会干部；村民委员会定期向村民会议或村民代表会议报告工作，接受村民的监督。全面有效的民主监督，能够保证人民的民主权利不因选举结束而中断，保证权力运用得到有效制约。在乡域治理实践中，解决权力滥用、以权谋私等问题，需要科学有效、运行高效的监督网。

2. 乡域民主监督的对象

乡域民主政治建设关键在于有效参与，民主监督重在全方位不留死角。在科层制的官僚体制下，不同层级的党员干部，其规范性和自由裁量权具有差异性。

一是乡镇书记和乡镇长，他们是主管一方的主要负责领导，也是乡镇地区大小事务的主要决策者和担当者，有相当大的自主权和自由裁量权，但也处于受县级及以上权力制约的科层体制中。

二是乡镇地区的一般干部，他们大多只是具体事项的执行者，只要依规办事，不出任何问题就是他们的最高要求。所以，必须开放乡域治理中的民主参与和民主监督，让人民群众参与管理和监督，提升乡域治理效能。

三是村一级干部，村民主要通过民主选举和委托村民委员会进行日常事务的管理，然而村民委员会运用村民集体赋予的自治权力也存在张力偏差，存在公权私用等现象。因此，村民自治的一项重要内容是民主监督。

3. 乡域民主监督的前提

乡域民主监督的重要前提是村务公开，即村民委员会实行村务公开制度。村民只有了解本村村务才能有效监督村务管理，防范和纠正村民委员会管理行为的偏差。《村民委员会组织法》规定，需要公开的内容如下。

第一，由村民会议、村民代表会议讨论决定的事项及其实施情况。

第二，国家计划生育政策的落实方案。

第三，政府拨付和接受社会捐赠的救灾救助、补贴补助等资金、物资的管理使用情况。

第四，村民委员会协助人民政府开展工作的情况。

第五，涉及本村村民利益，村民普遍关心的其他事项。其中，一般事项至少每季度公布一次；集体财务往来较多的，财务收支情况应当每月公布一次。涉及村民利益的重大事项应当随时公布。

村民委员会不及时公布应当公布的事项或者公布的事项不真实的，村民有权向乡、民族乡、镇的人民政府或者县级人民政府及其有关主管部门反映，有关人民政府或者主管部门应当负责调查核实，责令依法公布。经查证确有违法行为的，有关人员应当依法承担责任。村一级应当建立村务监督委员会或者其他形式的村务监督机构，负责村民民主理财，监督村务公开等制度的落实，其成员由村民会议或者村民代表会议在村民中推选产生，其中应有具备财会、管理知识的人员。村民委员会成员及其近亲属不得担任村务监督机构成员。村务监督机构成员向村民会议和村民代表会议负责，可以列席村民委员会会议。

（二）乡域民主监督的主要形式

在乡域民主政治建设实践中，监督形式多种多样，包括人大监督、民主监督、行政监督、监察监督、司法监督、审计和财会监督、社会舆论监督等多种形式，具体如下。

1. 人大监督

乡镇地区人民代表大会要充分发挥监督作用，对乡域地区政府的执法行为、重大决策部署的落实等开展监督，确保法律法规得到有效实施，确保公权力得到正确行使。人民群众可以通过人大代表座谈会、基层群众座谈会、问卷调查、网络调研等形式，积极参与乡镇人大的监督工作。

2. 民主监督

中国共产党支持民主党派和无党派人士在坚持四项基本原则基础上，在政治协商、调研考察，参与党和国家有关重大方针政策、决策部署执行和实施情况的监督检查，受党委委托就有关重大问题进行专项监督等工作中，通过提出意见、批评、建议等方式，进行民主监督。参加人民政协的各党派团体和各族各界人士在政协组织的各种活动中，可以依据政协章程、相关法律规定，就乡域地区的重点决策部署以及政策执行情况，提出合理的意见、批评及建议，实现协商式民主监督，协助乡域地区的党和政府解决问题、改进工作、增进团结、凝心聚力。

3. 行政监督

上级行政机关或乡域地区同级行政机关按照法定的权限、程序和方式,对乡域地区行政机关自身的行政行为、组织行为等进行监督。

4. 监察监督

监察机关依法履行监察监督职责,对乡域地区党员干部的政治品行、行使公权力和道德操守等情况进行监督检查,督促有关机关、单位加强对所属公职人员的教育、管理、监督。

5. 司法监督

审判机关和检察机关依照法定职权和程序对人民授权的国家公权力进行监督。司法监督是党和国家监督体系中强制性程度最高的一种监督机制,是党和国家利用监督手段、维护公权力正确行使的"最后一道防线"。

6. 审计和财会监督

审计机关和财政部门根据法律规章要求,依法对乡域地区政府及各职能部门预算的执行情况和决算以及其他财务、财政收支情况,进行监督。

7. 社会舆论监督

乡域地区的社会公众以及其他组织根据法律授权,可以对乡域地区党政机关及其组成人员的履职尽责情况进行全方位监督,也可以借助网络等平台,对乡域党委政府公职人员提出意见、建议和批评,充分发挥舆论监督作用,对滥用公权、失职渎职等行为及时揭露曝光。

四 民主协商

民主协商是中国共产党领导人民有效治理国家、保证人民当家作主的重要制度设计。在人民内部各方面广泛商量的过程,就是发扬民主、集思广益的过程,就是统一思想、凝聚共识的过程,就是科学决策、民主决策的过程,就是实现人民当家作主的过程。我国人民依法实行民主选举、民主协商、民主决策、民主监督,这些环节相互贯通、内在统一,保证人民群众在日常政治生活中有广泛持续深入参与的权利。

（一）乡域民主协商的基本内容

1. 乡域民主协商的内涵

乡域民主协商是我国民主协商的重要组成部分,是乡域地区党组织、政府、群众以及其他社会组织和团体等，就乡域社会发展及事关群众切身利益的问题开展的协商交流。涉及乡域群众利益的事情，人民群众就社会发展稳定的重大问题以及事关自身利益的问题，通过提案、会议、座谈、论证、听证、评估、咨询、网络、民意调查等多种途径和方式，在决策之前和决策实施之中开展广泛协商。有事好商量，众人的事情由众人商量，找到全社会意愿和要求的最大公约数，是乡域民主政治建设的重要内容。人民群众通过选举、投票行使权利的同时，在重大决策前和决策过程中进行充分协商，尽可能就共同性问题取得一致意见。

2. 乡域民主协商的价值

乡域民主协商是我国基层民主政治建设中独特的、独有的、独到的民主形式。它源自中华民族长期形成的天下为公、兼容并蓄、求同存异等优秀政治文化；源自近代以后中国政治发展的现实进程；源自中国共产党领导人民进行革命、建设、改革的长期实践；源自新中国成立后各党派、各团体、各民族、各阶层、各界人士在政治制度上共同实现的伟大创造；源自改革开放以来中国在政治体制上的不断创新，具有深厚的文化基础、理论基础、实践基础、制度基础，有根、有源、有生命力。

（二）乡域民主协商的主要方式

进入新时代，乡域地区民主协商进一步发展，探索形成了政党协商、人大协商、政府协商、政协协商、人民团体协商、基层协商、社会组织协商等协商渠道，构建了程序合理、环节完整的乡域民主协商体系，完善协商于决策之前和决策实施之中的落实机制，丰富有事好商量、众人的事情由众人商量的制度化实践。

民主协商已经深深嵌入乡域民主政治建设的全过程、各领域，在实践中充分彰显了独特优势、发挥了重要作用，推动了乡域治理体系和治理能力现代化。与此同时，乡域地区民主协商不断创新发展。

首先，建立健全党委统一领导、各方分工负责、公众积极参与的领导体制和工作机制。乡域地区的党委、政府按照民主集中制原则，坚持民主基础上的集中和集中指导下的民主相统一，确保民主协商依法开展、有序进行，防止议而不决、决而不行。

其次，建立健全各种制度化协商平台。丰富了民主协商的形式，畅通了社情民意表达和反映渠道，完善了发扬民主和增进团结相互贯通、建言资政和凝聚共识双向发力的程序机制，推进了乡域地区民主协商广泛多层制度化发展。

最后，通过广开言路实现集思广益。促进不同思想观点的充分表达和深入交流，做到相互尊重、平等协商而不强加于人。营造既畅所欲言、各抒己见，又理性有度、合法依章的良好协商氛围。从村民议事会、村民论坛、民主恳谈会、民主听证会到党代表、人大代表、政协委员联合进家庭，从"小院议事厅"到"板凳民主"，从线下"圆桌会"到线上"议事群"，① 乡域社会摸索创造了一个又一个充满烟火气的民主形式。人们通过这些接地气、聚人气的民主实践，围绕涉及自身利益的实际问题，发表意见建议，进行广泛协商，使利益得到协调，矛盾得到有效化解，促进乡域社会的稳定和谐。

---

① 俞海萍：《社会主义协商民主：彰显人类政治文明的中国智慧》，光明日报网，https://news.gmw.cn/2022-09/22/content_36040150.htm。

第六章　乡域经济建设

党的二十大报告提出，"全面建设社会主义现代化国家，最艰巨最繁重的任务仍然在农村"。[①] 经济发展是乡村振兴的重中之重。乡域经济建设是一个复杂的系统工程，涉及乡村产业发展、村级集体经济建设、圩镇开发与建设、县乡融合发展等诸多方面内容。只有坚持发挥农民主体作用，加快体制机制创新，优化发展政策环境，才能更充分转化乡域经济发展动能、增强乡村经济活力，进而为乡域经济建设和农业农村现代化发展赋能增效。

第一节　乡村产业发展

一　乡村产业发展概述

1. 乡村产业及乡村产业发展的内涵

乡村要振兴，产业是关键。乡村产业根植于县域，是以农业农村资源为依托，以农民为主体，以一、二、三产业融合发展为路径，地域特色鲜明、创新创业活跃、业态类型丰富、利益联结紧密的产业体系。乡村产业发展是指以自然资源为依托、以科学技术为引领、以市场为导向，立足要素禀赋，充分挖掘区位和资源优势，实现传统农业向现代农业的转变，促进一、二、三产业的有机融合，最终使得产业资源配置高效畅通，产业结

[①] 习近平：《高举中国特色社会主义伟大旗帜　为全面建设社会主义现代化国家而团结奋斗——在中国共产党第二十次全国代表大会上的报告》，人民出版社，2022，第30~31页。

构优化合理，产业发展绿色化、规模化、集约化的目标得以实现的过程。

2. 乡村产业发展的内容

从内容而言，乡村产业发展涵盖了农业产业、生产、经营体系以及乡村产业融合发展四个层面的内容。其中，农业产业体系的发展更多地体现为农业生产总量和质量的持续提升、农业生产效率的不断提高等。农业生产体系发展是指农业生产的现代化发展。此过程中，传统农业经过现代物质装备和技术的改造，其水利化、机械化以及信息化水平得到快速提升，农业生产效率和资源利用效率大大提高，大量劳动力从农业生产转向从事二、三产业。农业经营体系发展着重强调农业经营的区域化布局、一体化经营，农业生产的规模化和专业化、服务的社会化、管理的企业化等。乡村产业融合指在乡村范围内，通过衍生新业态以打破一、二、三产业的边界，实现产业各生产环节间的合作、联合与整合。具体而言，乡村产业融合强调以农业为导向的产业融合，即侧重二、三产业对第一产业的深度介入与融合，通过拉长农业产业链、提升农业价值链、健全农产品供应链等途径，力争提高农业经济价值，建设现代农业，实现我国农业从"糊口农业""生存农业"向"富民农业"的转变。①

3. 乡村产业发展的特征

一是要素配置合理性。资源要素的协同利用是乡村产业发展的关键。首先，促进资本城乡流动。劳动力、资金、技术等生产要素有序向农村延伸，城乡产业关系更加互补，资源配置效率大大提升，一、二、三产业实现深度融合。其次，激活人才要素。通过农村致富带头人、经营管理拔尖人才、党员示范先锋的带动，培育一批新型农民、职业农民，促进人才资本下沉农村，激发乡村人才潜力。最后，促进土地要素合理配置。以与生态环境容量相适应为原则，因地制宜构建合理化产业布局，实现土地要素的集约利用。

二是利益联结紧密性。在乡村产业发展进程中，一、二、三产业深度融合，参与农业经营的各个主体间利益关系随之改变，由原来单一的主导关系转变为协作共生的交融关系，风险共担、利益共享的利益共同体得以

---

① 黄振华：《县域、县城与乡村振兴》，《理论与改革》2022年第4期。

形成。

三是参与主体多元化。与产业扶贫时代扶贫产业严重依赖政府支持不同，乡村产业发展更强调充分发挥市场机制作用，有效调整政府与市场之间的关系，构建市场主导、政府指引、社会组织共同参与的新型产业发展格局，各经营主体参与乡村产业发展过程中，日益形成组织化、专业化、社会化相结合的新型农业经营主体体系。

二 乡村产业发展历程

我国乡村产业的发展历程大体可以分为四个阶段。

1. 乡村粮食产业主导期（1978~1991年）

改革开放初期，家庭联产承包责任制在全国推行，我国乡村产业发展进入改革破冰期，农户经济得以重塑。农户作为经营主体，生产积极性得到了充分调动，粮食产业实现大幅度增产，农业经济发展迅速。1979~1984年，我国粮食总产量连续6年超常规增长，农业年均增长7.6%。[①] 1984年，农业在乡村国内生产总值中的占比提升至83.6%。[②] 1985年，我国全面启动农产品统购统销制度改革，因农产品连续增收带来的粮食供给压力问题逐渐缓解。与此同时，这一阶段，中央逐步扭转对农业"多取少予"政策，积极采取"放活"措施，逐步打破城乡分割，协调工农城乡发展。这一时期，乡镇企业"异军突起"，其通过在农村整合各类资源推动工业化，为国民经济发展和创造就业作出巨大贡献，成为农村经济的重要支柱。

2. 乡村产业结构调整期（1992~2002年）

1992年，邓小平发表南方谈话，党的十四大召开，传统的农村经济向现代市场经济转型，我国农村产业进入发展的第二阶段。随着农产品统购统销政策的取消、农产品购销体制的改革，我国粮食商品化、经营市场化步伐加快，粮食流通体制由"双轨制"向单一的市场调控体制转变，除棉

[①] 房列曙、张神根：《新时期农村经济体制改革的历程及特点》，《中共党史研究》2008年第2期。

[②] 郭芸芸、杨久栋、曹斌：《新中国成立以来我国乡村产业结构演进历程、特点、问题与对策》，《农业经济问题》2019年第10期。

花外的其他农产品生产和流通基本实现了市场调节。市场经济体制的确立也为乡村产业商品化发展提供了有利条件，以粮食和经济作物为主的农业产业结构逐步得到调整。① 在此背景下，农副产品市场快速发展，城乡集市贸易逐渐兴旺，农副产品多渠道流通格局得以形成。同时，在此期间，中央对乡镇企业进行了有针对性的整顿，产业结构得到了调整，企业素质和经济效益得到有效提升。乡镇企业的发展为乡村劳动力从乡村第一产业向二、三产业的转移提供了条件，这一时期乡村二、三产业出现快速发展的势头。截至2002年，我国农业产值增加至16190.2亿元，占国内生产总值的比例下降到13.3%，占乡村国内生产总值比例降低到48.0%，非农产业迅速发展，在乡村国内生产总值中占比增长到52.0%。②

3. 乡村农业产业化发展期（2003~2012年）

进入21世纪，尤其是加入世界贸易组织以后，我国工业化和城镇化速度加快，农村大量剩余劳动力转移到城镇二、三产业；同时，在20世纪末我国经济社会快速发展的背景下，城乡发展不平衡问题日益凸显，对农业农村发展提出了新要求。推进乡村产业发展、促进农民增收成为该阶段农村经济发展中的核心问题。党的十六大提出"统筹城乡经济社会发展，建设现代农业，发展农村经济，增加农民收入，是全面建设小康社会的重大任务"。③ 2004~2012年的中央一号文件连续聚焦"三农"问题，围绕农业经济发展、农民增收、农业产业化、现代农业等主题出台系列支持政策，推进农村经济快速发展。如2004年中央一号文件提出挖掘农业内部增收潜力，"按照高产、优质、高效、生态、安全的要求，走精细化、集约化、产业化的道路，向农业发展的广度和深度进军，不断开拓农业增效增收的空间"。④ 2007年中央一号文件强调"要用现代物质条件装备农业，用现代科学技术改造农业，用现代产业体系提升农业，用现代

---

① 文琦、郑殿元、施琳娜：《1949—2019年中国乡村振兴主题演化过程与研究展望》，《地理科学进展》2019年第9期。
② 郭芸芸、杨久栋、曹斌：《新中国成立以来我国乡村产业结构演进历程、特点、问题与对策》，《农业经济问题》2019年第10期。
③ 中共中央党史和文献研究院编《全面建成小康社会重要文献选编》（上），人民出版社、新华出版社，2022，第470页。
④ 中共中央文献研究室编《十六大以来重要文献选编》（上），中央文献出版社，2005，第674页。

经营形式推进农业"。① 该阶段，乡村产业专业化分工进一步细化，社会化服务队伍逐渐显现，与市场对接的农产品加工、销售、生产服务等农业产业化经营格局逐步成熟。2012年，全国农林牧渔业总产值达89453亿元，是1978年的64倍。②

4. 乡村产业融合发展期（2013年以来）

党的十八大以来，国家宏观战略叠加，乡村产业政策逐渐向深度与广度进军，政府就延伸乡村产业价值链，推进乡村一、二、三产业融合问题作出大量有益探索。2015年国务院发布《关于推进农村一二三产业融合发展的指导意见》，首次全方位聚焦讨论农村产业融合发展问题。党的十九大提出乡村振兴战略，乡村产业发展不仅要强化产业、品种和质量结构，还需重视产业的组织化、产业融合、产业价值的延伸以及产业发展与贫困群众的利益联结机制。"十四五"规划提出，在持续强化农业基础地位的基础上，乡村地区要深化农业供给侧结构性改革，强化质量导向，同时着重发展县域经济，推进农村一、二、三产业融合发展。2023年中央一号文件明确提出推动乡村产业高质量发展。为适应农业主要矛盾变化，新时代乡村产业正处于立足乡村资源禀赋与发展基础，探索推进乡村一、二、三产业融合发展，延伸乡村产业价值链，培育乡村优势产业，促进农民持续增收，加快构建市场化、信息化、集约化、专业化的多元乡村产业形态和多功能乡村产业体系，逐步实现高质量发展的进程中。

三 乡村产业发展整体状况

（一）乡村产业发展取得明显成效，奠定了产业振兴的基础

1. 乡村产业结构

当前，我国乡村第一产业包括农、林、牧、渔业。乡村第二产业包括农产品加工业、建筑业和其他工业。乡村第三产业主要涵盖交通运输业、批发零售业、住宿餐饮业（旅游饮食服务业）、社会服务业以及其他产业。

---

① 中共中央文献研究室编《十六大以来重要文献选编》（下），中央文献出版社，2008，第836页。
② 郭修平、王云霞、曹建民：《中国共产党推进农业经济发展的百年历程及经验启示》，《农业经济与管理》2022年第1期。

《中国农村统计年鉴》数据显示，1978~2022年，我国乡村第一产业呈现出稳定增长态势，2022年乡村第一产业总产值达156065.94亿元，约为1978年的112倍。从乡村一、二、三产业的就业占比来看，2021年我国乡村二、三产业就业占比接近四成（38.76%），其中东部地区超过五成，尤其是东部地区的北京、上海及浙江，乡村二、三产业就业占比均超过80%。这意味着在我国乡村一、二、三产业中，第一产业仍然发挥着基础和主体作用，粮食保障能力较强；而东部地区乡村二、三产业发达，与第一产业相关联的农副食品加工业及服务业发展迅速，有利于乡村全产业链的拓展和延伸。从乡村第一产业的内部结构来看，农业在第一产业中占据主导地位，2021年农业在乡村第一产业中占比达56.25%。[1]

2. 乡村产业效率

第一产业的产出效率是乡村产业振兴的重要指标之一。从整体情况来看，近年来我国第一产业劳动生产率（劳均产值）不断提高。2021年，我国乡村第一产业的劳均产值达81600元，分地区而言，东部及东北地区劳均产值高于全国平均水平，尤其是江苏、浙江、福建、天津及黑龙江的劳均产值均超过120000元。从增速来看，2010~2021年，我国乡村第一产业劳均产值整体增长较快，增长率高达8.98%。中西部地区的贵州、广西、山西、重庆、青海、安徽等地，劳均产值增长势头良好，增长率均高于全国平均水平，尤其是贵州，其劳均产值增长率高达19.11%。相较而言，上海、北京等东部地区劳均产值增速相对较慢，尤其是上海，其年均增速为-0.42%，成为唯一一个劳均产值负增长的地区。由此可见，中西部地区的劳均产值增长迅速，劳均产值的地区间差异正逐步弱化。[2]

3. 乡村产业融合

乡村一、二、三产业融合发展，对提高乡村产业聚合力，提升乡村产业链附加值，实现乡村产业振兴具有重要意义。[3] 从乡村一、二产业融合

---

[1] 席强敏、张颖、张可云：《产业扶贫与乡村产业振兴的关系辨析与衔接路径》，《中共中央党校（国家行政学院）学报》2023年第2期。

[2] 席强敏、张颖、张可云：《产业扶贫与乡村产业振兴的关系辨析与衔接路径》，《中共中央党校（国家行政学院）学报》2023年第2期。

[3] 席强敏、张颖、张可云：《产业扶贫与乡村产业振兴的关系辨析与衔接路径》，《中共中央党校（国家行政学院）学报》2023年第2期。

情况来看，2019年，我国规模以上农产品加工企业达8.1万家，农产品加工业的营业收入达到22万亿元。在乡村一、三产业融合方面，2019年我国休闲农业接待游客达到32亿人次，营业收入超过8500亿元；农林牧渔专业级辅助性活动产值6500亿元。① 分地区而言，东部地区乡村一、二产业融合水平明显高于全国平均水平，说明其农产品附加值较高；而中部地区较为重视开发文旅康养等服务功能与农业生产的融合，因此中部地区第一产业与第三产业的融合水平相对更高。② 与此同时，近年来，数字经济兴起，为乡村产业的发展带来了新的机遇，数字经济与乡村产业的深度融合产生了智慧农业、农村电商等乡村产业的新业态，这也为乡村一、二、三产业融合提供了新的强大动力。

（二）乡村产业发展的有利条件

1. 拉动乡村产业发展的市场驱动力逐步增强

随着社会经济的发展，近年来，我国城乡居民消费结构逐渐升级，对消费产品的个性化、多元化与品质化的需求逐步提高，休闲旅游、健康养生等新兴业态"异军突起"，乡村产业发展空间进一步拓展。《全国乡村产业发展规划（2020—2025年）》指出，农产品加工业是提升农产品附加值的关键，也是构建农业产业链的核心。近年来，"直播助农"成为地方政府推动地方特色农产品销售的一种全新尝试，生鲜电商成为促进农产品加工行业发展的关键渠道。"十四五"期间，着力构建现代乡村产业体系成为必然趋势，重点发展农产品加工业，全力拓展休闲农业的农业全产业链将为农民带来更多共享增值收益，也将进一步推动"十四五"时期乡村特色产业、休闲旅游业及新型服务业的发展。

2. 引领乡村产业发展的政策推动力持续增强

综合世界发达农业国家产业发展的经验和我国乡村产业发展实践来看，产业政策的驱动力在乡村产业发展中占据核心位置。从我国乡村产业发展的政策演变历程来看，1928~2022年，我国乡村产业振兴政策经历了

---

① 《国务院新闻办发布会介绍"十三五"时期农业农村发展主要成就有关情况》，中国政府网，https://www.gov.cn/xinwen/2020-10/27/content_5555058.htm。

② 席强敏、张颖、张可云：《产业扶贫与乡村产业振兴的关系辨析与衔接路径》，《中共中央党校（国家行政学院）学报》2023年第2期。

以土地改革（1921~1950年）、农业集体化（1951~1977年）、农业市场化转型（1978~1992年）、乡村产业共同发展（1993~2016年）、产业融合（2017年至今）为主线的几个政策逐步强化的阶段。党的十九大报告强调了产业兴旺作为乡村振兴战略总要求的首要位置。2021年《乡村振兴促进法》的出台，标志着乡村产业政策体系迈上了新的台阶。引领乡村产业发展的政策红利正在持续增强，政府长期大力的扶持为乡村产业振兴提供了强有力的保障。

3. 促进乡村产业数字化转型的技术支撑力日益增强

近年来，大数据、云计算、人工智能等数字科技的发展，在重塑传统生产模式方面发挥着重要作用，农业农村也因此迎来了颠覆式变革发展。2018~2023年，中央一号文件均提出实施数字乡村发展行动，持续推进数字乡村建设，把数字技术全面融入农业农村发展全过程、各环节，让乡村产业发展的各个方面实现数字化转型，推动乡村振兴取得新进展、农业农村现代化迈出新步伐。随着数字技术的深度发展，其在乡村产业领域中的应用场景也将拓展，乡村产业链的数字化发展将成为乡村产业转型发展、带动农户增收的重要支撑力。

（三）乡村产业发展面临的困境

1. 乡村三产融合深度、衔接密度较低

一、二、三产业融合发展是实现乡村产业振兴的有效途径。目前大多数产业融合过程中，存在第一产业向后延伸不充分，供应原料居多，从产地到餐桌的链条不完善的问题。第二产业连接两端不密切，农产品精深加工不够，加工转化率不高，农副产品综合利用程度低。第三产业发育不够充分，产业融合层次较低，乡村价值开发不够充分，农户与企业间的利益联结还不密切。一、二、三产业融合程度不够，产业链条连接不充分，与发达国家相比还存在较大差距，乡村产业转型升级依然任务艰巨。

2. 资金投入与技术供给不足

乡村产业现代化过程中，资金保障是基础所在，也是产业融合发展的血液。从当前各级政府在乡村产业发展中的投入来看，资金缺口仍然较大，各部门间的政策措施有待进一步协调与整合。乡村产业发展的资金投入在很大程度上需要依赖财政专项资金，金融资本和社会资本进入农业农村的意愿不强，资金投入机制尚不健全，投入渠道亟须拓宽。近年来，随着乡村产业的技术化转型，数字化信息技术的供给逐渐成为基础和关键所在。目前我国乡村产业数字化信息技术的供给仍然存在不足，物联网、人工智能、大数据在精准生产、病虫害预警、农产品智慧物流等方面的应用仍停留在较低层次。

3. 产业发展的主体作用发挥不够

乡村产业发展过程中，传统农耕文化中易于满足、小富即安的思想仍然存在。农民在政府推动的农业产业创收知识科普、就业技能培训讲座中的参与度不高，在就业创业方面的意向与意识不够强，对推动产业发展缺乏足够的自主性和能动性。乡村产业发展缺乏充足的内生动力。同时，一些乡村存在生搬硬套其他村庄成功经验的做法，尚未形成符合本村产业发展实际的方法、模式。

4. 营商环境有待持续优化

一方面，缺乏长效利益分配机制和创业平台支撑机制。乡村产业发展相关政策的完全落地以及产业的持续发展，需要各方主体力量共同推动。目前乡村产业发展的基础不牢、机制不全等问题较为突出，产业链各方主体未能实现有效沟通，尚难形成完善长效的利益联结和利益分配机制。另一方面，乡村产业发展过程在党建引导上存在一定短板，各主体间协作难度较大，割裂化现象较为明显，此外，党建工作与产业融合上存在"如何结合"与"怎样结合"等亟待解决的关键问题，目前在方法运用、形式内容等方面还处于初步探索阶段。

四　乡村产业发展的未来走向

（一）加快推进农业现代化

充分运用现代科学技术，打造现代农业，实现农业生产高效、优质、低耗的现代集约技术发展。完善农村承包地"三权分置"制度，建立土地流转市场，在充分尊重和保护农户利益基础上，适当放宽土地流转的限制，推动土地适度规模化经营，从而为现代农业的机械化、智能化发展奠定基础。强调新型乡村人才的培育，尤其是重点培养志在乡村生活、生产的中青年骨干乡村人才。

（二）促进乡村产业升级

大力推动乡村产业从劳动密集型向技术密集型转化。乡村产业依赖自身资源优势形成产业集群布局特征，以错位竞争发挥产业比较优势，提高区域特色产业产品竞争力，带动周边经济发展。探索新型农业合作社方式，壮大村级集体经济，形成乡村产业种植规模化、集中化、品牌化的产业发展方向。充分利用主导优势产业链，实现乡村产品链延伸，促进乡村产业升级，发展乡村有效的循环经济模式。

（三）推动产业融合发展

进一步加快科学技术向农业渗透的步伐，加强对农业科研领域如耕地保育、设施农业工程、生态环境等学科的研发经费投入。优化科研管理体制，促进配套科研设施装备实现在区域、学科等方面的合理配置，提升资源共享效率以及科研资金利用效率，实现高水平、集中化的科研建设，推动农业内部或与其他产业的深度融合。放松政府在乡村产业融合层面的管制力度，激发乡村产业融合发展的活力。基于消费者需求变化，调整种植农产品供应结构，向绿色农业、有机农业转型。

（四）提升农业全要素生产率

充分利用劳动力价格比较优势，结合当地优势资源禀赋，优化乡村劳动力配置，降低因城乡劳动市场信息不对称造成的金融市场成本，打破乡村金融市场的管制约束，推动社会资本流向乡村资金匮乏的洼地，提高社会资本回报率，降低乡村金融市场的融资成本。推动土地流转进程，进一步健全乡村土地流转平台和流转机制；妥善解决农地纠纷问题，激发乡村产业经济活力，确保各种产权流转交易公开规范运行。

第二节 村级集体经济建设

一 村级集体经济的内涵

集体经济来源于合作经济，最早由马克思在 140 多年前与俄国革命家讨论俄国农业公社发展时提出。它不仅涵盖了"集体劳动""集体耕种""集体作业"等范畴，还包括"集体经营""集体占有""集体原则"等内容。近年来，发展农村集体经济是党和政府"三农"工作持续高度关注的政策议题。2016年12月，中共中央、国务院印发《关于稳步推进农村集体产权制度改革的意见》，提出"农村集体经济是集体成员利用集体所有的资源要素，通过合作与联合实现共同发展的一种经济形态，是社会主义公有制经济的重要形式"，并明确农村集体产权制度改革的目标。2021年中央一号文件指出已完成集体产权制度改革阶段性目标，并首次提出要发展壮大新型农村集体经济。党的二十大报告强调，"巩固和完善农村基本经营制度，发展新型农村集体经济"。[1] 学术界通常认为，"农村集体产权制度改革"是区分传统农村集体经济与新型农村集体经济的关键节点。

我国集体经济目前正处于由传统农村集体经济向新型农村集体经济转变的进程之中。传统集体经济通常是指农户的生产资料归集体所共有，劳动实行统分结合的双层体制，以按劳分配为主体，积累公共财富的过程。新型农村集体经济是在社会主义市场经济体制下，以充分尊重农民意愿为前提，形成产权清晰、成员明晰、收益分配制度化、参与主体多元化、发展环境开放化、发展经营方式多样化的社区性公有制经济。[2] 一是产权清晰。将发展资源确权到户，大大降低集体资源流失或被侵占风险，进一步明晰委托代理关系，提高主体参与积极性。二是成员明晰。参照特定标准使组织成员固定化。三是收益分配制度化。组织成员按既定的收益分配原则享有物质和公共服务权益，有效避免利益流失及权益外溢，实现集体收益分配的股份化。四是参与主体多元化。以农民参与为主，其他多元主体积极参与，严格遵循农民自愿参与、决策严格民主原则。五是发展环境开放化。组织参与发展的行为更具市场性和开放性，吸纳外来资本和要素的路径更为灵活多样。六是发展经营方式多样化。通过多元化的经营方式及多样化的发展方式，农村集体经济收益规模持续扩大，与乡村振兴有机结合推动乡村进入治理的良性轨道。

---

[1] 习近平：《高举中国特色社会主义伟大旗帜 为全面建设社会主义现代化国家而团结奋斗——在中国共产党第二十次全国代表大会上的报告》，人民出版社，2022，第31页。

[2] 张克俊、付宗平：《新型农村集体经济发展的理论阐释、实践模式与思考建议》，《东岳论丛》2022年第10期。

二 村级集体经济建设的意义

（一）推动乡村振兴和引领农民致富的重要保证

历经60多年的实践与发展，我国集体经济发展至今已为社会主义经济制度的建立、巩固作出巨大贡献。壮大村级集体经济是我国农村地区不能忽略也不可替代的一项重要工作，发展农村集体经济不仅是推进乡村振兴战略的重要抓手，也是带动农民致富的重要途径，更是促进经济可持续发展的重要保证。

（二）推进农业现代化进程的有效举措

发展完善新型农村集体经济，有利于将农业现代化进程中的不利因素转化为有利因素。例如，推进新型农村集体经济发展，一是可以运用村级"统"的职能，改善和优化农业生产结构。二是可以通过多样化的合作方式将农业经营的各个主体组织起来，发挥农业生产的规模效益。三是可以通过公共资源积累和集约化经营，引入并充分利用先进的农业科技，持续提升农业生产的技术水平。

（三）提供乡村多元化社会服务的前提条件

农村社会化服务体系的建设是保障农村地区和谐发展的前提条件。社会化服务体系能够为农业生产提供直接的服务，它也在构建和谐社会和统筹城乡发展方面发挥着重要作用。当前，农村地区的社会化服务体系相对不够完善，但农民对社会化服务的需求却随着农村生产力水平的不断提高而逐渐多元化、专业化。集体经济奠定了开展社会化服务的物质基础，因此，集体经济的实力也往往决定了其社会服务的能力。强化集体经济建设，完善乡村多元化社会服务供给，是促进乡村社会和谐稳定的重要方式。

三 村级集体经济的功能

（一）优化运用乡村资源，促进乡村经济发展

经济功能是村级集体经济的基础功能。村级集体经济可以通过调动村庄全部有利资源，实现资源的合理配置，促进农民增收，推动乡村工业化、城市化和农业现代化发展。首先，村级集体经济运用自身"统"的力量改善农业生产的基础和技术条件，通过发展农民专业合作组织，增加农

民从事乡村一、二、三产业的收入。其次，村级集体经济是农村工业化的基础力量。村级集体经济在组织农户发展二、三产业中的作用非常突出，村级集体企业相比于其他经营主体更易获得贷款和财政支持，同时吸收和应用先进非农技术的能力更强，承受市场风险的能力也普遍高于个体农户。最后，村级集体经济是农业现代化不可或缺的力量。村级集体经济在融资与风险分担、农业技术推广、农业基础设施建设等环节中具有自身优势。

（二）维护乡村社会稳定，提供公共服务

其一，村级集体经济组织可以承担提供农村公共产品的职能。受制于地方财政，很多村级集体经济较为发达的村庄，在改善农业生产基础条件、医疗条件，丰富文化生活，修建村内道路等方面发挥了重要作用。其二，村级集体经济具有社会稳定器的作用。村级集体经济通过对集体净收益的重新分配，能够进一步实现农民收入的相对再平衡，避免贫富差距过大引发的各种不稳定因素，对于稳定农村社区、构建和谐文明社区具有重要作用。

（三）以共同利益为纽带，联结农民，增进认同

一方面，新型农村集体经济使得农民可通过股份合作制参与到村集体经济建设中来，让农民在集体收益的股份红利中感受到集体的存在，从而提升集体意识；农民与集体的关系、干群关系也随着村级集体经济的壮大得以改善。在此过程中，新型农村集体经济组织将原子化的农民通过共同利益这一纽带联结起来，形成乡村发展共同体，强化农民对村集体的归属感和认同感，激发其参与村庄事务的主动性和积极性。另一方面，村级集体经济发挥着兜底保障作用。部分地方各级财政投入的一些项目资金通过折股量化方式转化为集体股权，使得贫困村村集体经济有项目作为支撑，在完善差距拉平机制、引领农民共同富裕、增进农民认同方面发挥着重要作用。

四 村级集体经济建设的路径

（一）深化农村集体产权制度改革

改革农村集体产权制度最终是为了发展新型农村集体经济。2023年中央一号文件强调，要探索资源发包、物业出租、居间服务、资产参股等多样化途径发展新型农村集体经济。这一切离不开归属清晰、权能完整、流

转顺畅、保护严格的集体产权基础。一是严格做好农村集体资源确权，充分落实农村集体股权证书发放，在部分地区积极探索集体成员退出与进入机制，探索集体资产股份有偿退出、抵押、担保和继承等权能的实现形式和实现路径。二是完善农村集体经济组织参与市场行为的政策，提升农村集体经济组织的市场地位，加强集体产权交易市场建设，健全交易规则、规范交易程序，拓展实际可交易资产的种类和规模。三是理顺农村集体经济组织与村两委的关系，因地制宜推进"政经分离"，使其各归其位，赋予集体经济组织独立的经营自主权，在公平使用生产要素，平等参与市场竞争和市场活动方面保障农村集体经济组织的相应权益。

（二）充分发挥农民主体性作用

一是探索利益联结多元化方式。建立起完善的利益分享机制是提升农民参与集体积极性的重要前提。要进一步完善集体经济收益分配机制，明确村级公积金、公益金、管理费的提取比例和按股分红的条件及程序。积极探索将村集体经济收益用于乡村自组织建设、公共服务提供、乡村文化品质提升等方面的机制。同时，参照村情特征、民众诉求，探索符合实际的利益联结方式，如提供技术服务、组织技能培训、增加就业岗位等；对区位优势不足、基础薄弱的村集体经济组织进行阶段性扶持，提高利益联结完善程度。二是培育农民自主治理意识和治理能力。新型农村集体经济组织可通过开办农民夜校，对村民进行行业市场前景、党政专题等内容的培训，提高农民获取市场信息的能力和思想认识水平，培育其独立的市场主体意识，使其更好地行使股东权利和履行股东义务，保障其权益。

（三）完善集体资产监督管理体系

其一，强化农村基层党组织在发展壮大村级集体经济中的关键引领作用，以发展壮大农村集体经济为抓手，激发和强化基层党组织和党员干部使命感和主动性。其二，建立完善的内部治理结构。完善村集体经济组织的内部治理结构，加强各个部门间的协作，实现各方利益相互制衡，避免由于权责不清产生互相推诿问题。其三，加强农村集体资产管理制度建设。建立健全资产资源清查登记备案、评估、处置、内部管理等制度，加强村集体资产财务管理，完善农村集体"三资"管理制度，积极推动农村集体资产财务管理制度化、规范化、信息化建设；完善"三会"民主治理机制，确保集体成员知情权、参与权、收益权、表达权、监督权。其四，强化农村监督机构的监督功能。厘清监督机构的监督职责，增强其监督力度，避免合作组织与村干部之间出现矛盾或形成利益同盟；高度重视建立农村集体经济数字化监管体系，以数字乡村建设赋能农村集体经济发展。

（四）优化集体经济发展政策环境

第一，完善法律保障。尽快出台和实施《农村集体经济组织法》，以法律的形式明确农村集体经济组织"特别法人"地位和法律赋予的权利义务，为新型农村集体经济发展提供方向性指导，打破其高效对接市场的制度障碍，为实现开放性发展提供法律支撑。第二，创新集体经济金融支持和税收优惠政策。进一步强化农村集体资产抵押融资的政策支持，建立促进农村集体经济发展的专项资金和专项信贷制度，通过完善的资金支撑体系促进农村集体经济的深化发展；结合农村集体产权制度改革需要，在村级集体经济税收优惠方面制定相应政策方案，防止因改革前后政策难以衔接而导致的工作热情减退问题；强化社会资本参与村集体经济建设的政策支持，鼓励社会资本积极参与村集体经济项目建设，改善村级集体经济项目融资环境。第三，创新农村集体经济人才支持政策。鼓励、支持有条件的村探索建立村集体经济发展人才引进机制，探索建立集体经济专员制度，选配各领域专业人才组成"智囊团"提供技能培训、产业发展等指导性服务。

第三节 圩镇开发与建设

圩镇的产生与人类社会分工和生产力发展水平密切相关，是人类历史发展到一定阶段的产物。马克思曾指出："如果没有分工，不论这种分工是自然发生的或者本身已经是历史的结果，也就没有交换；……交换的深度、广度和方式都是由生产的发展和结构决定的。"[①] 生产力的发展以及社会分工的出现使得交换得以产生，商品和市场应运而生，定期圩市因此成为较为早期的市场形式。随着乡村振兴战略的稳步推进，实现产业兴旺和

---

① 《马克思恩格斯选集》（第二卷），人民出版社，2012，第699页。

第六章　乡域经济建设

农村发展，需要明晰村庄与市场的关系。圩镇承载着农民日常生活的经济交往活动，编织成基层市场网络，是乡镇基层经济交换的中心地带。

一　圩镇概述

圩镇又称圩市、集镇、集市，是指乡、民族乡人民政府所在地和经县级人民政府确认由集市发展而成的作为农村一定区域经济、文化和生活服务中心的非建制镇，是介于乡村与城市之间的过渡型居民点。因圩镇所在地一般也是乡镇政府的驻地所在，所以圩镇与集市、集镇、场镇、场市、场街这几个概念经常通用。[①] 圩镇既无行政上的含义，也无确定的人口标准。按照中国的情况，除市、县人民政府所在地以及其他设镇的地点之外，县以下的区、乡行政中心，多数具有一定的商业服务和文教卫生等公共设施，并有相应的腹地支持。习惯上将人口相对密集的乡村聚集点称为圩镇。农村圩镇作为大中城市和农村要素扩散的产物，承接城市转移的产业、资金、劳动、信息等要素，承担着联系周围乡村的纽带作用。[②]

二　圩镇的功能

（一）经济功能

圩市历史悠久，据史料记载黄帝时代已有"日中为市"[③] 的说法。人类早期市场交易最初并没有固定的时间和地点，随着社会分工的深化，剩余产品增多，交换变得更为频繁后，交换的时间和场所才得以固定。[④] 施坚雅指出："在传统农耕社会中，市场的周期性起到了补充相对原始状态交通条件的作用。"[⑤] 施坚雅的基层市场理论认为以集市为中心的农村经济社会网络，才是打开理解中国社会结构之门的钥匙，才是乡土中国的基本

[①] 吴晓燕：《集市政治：交换中的权力与整合——川东圆通场的个案研究》，博士学位论文，华中师范大学，2008，第26页。
[②] 周正祥：《美国城市化经验对我国农村中心集镇发展的启示》，《中国软科学》2015年第4期。
[③] 徐勇：《非均衡的中国政治：城市与乡村比较》，中国广播电视出版社，1992，第21页。
[④] 吴晓燕：《集市政治：交换中的权力与整合——川东圆通场的个案研究》，博士学位论文，华中师范大学，2008，第6页。
[⑤] 〔美〕施坚雅：《中国农村的市场和社会结构》，史建云、徐秀丽译，中国社会科学出版社，1998，第13页。

研究单位。① 乡村集市承担的乡村社会经济交换和生活需求满足功能，是既有乡村集市研究已取得的基础性共识。基层市场中的经纪人利用自身熟人社会关系网络，建立小农户与中间商之间的联系，打通农产品的流通环节，形成嵌入村庄社会的地方市场秩序。因而，基层集市成为连接小农户与市场的中介。② 乡村集市为农村生产的农产品和手工业品出售提供了交易场所，也为农民提供了生活和生产所需。

（二）社会功能

乡村圩市兼具经济和社会的双重功能。施坚雅将基层市场体系称为"基层市场社区"，③ 这一社区概念的界定是基于集市嵌入乡土社会这一事实。波兰尼认为，传统社会的各种经济活动都嵌入在社会关系之中。④ 这种嵌入性使圩市依靠亲属、邻里等熟人关系来组织、协调和建构。圩镇的社会功能具体表现在促进交往、信仰、娱乐、文化认同等方面。传统圩市不仅仅是消费空间，更为重要的是，其满足相对封闭状态下乡村社会公共生活的公共空间。人们去赶集除了进行商贸活动外，还可以在赶集的过程中通过亲戚熟人间的相互寒暄和问候，获得情感交流。除了社交功能之外，乡村集市还有休闲娱乐功能。许多村民赶集并非纯粹为了交易，即使并无交易事项，往往也要在集市"看看热闹"。这些公共性活动，有效增强了农村社区的凝聚力和文化认同，从而使圩镇在地域共同体的形成中发挥着认同建构与巩固的作用。

（三）文化功能

随着集市的发展，集市的文化功能逐渐凸显并得到拓展。集镇是酝酿地域性农村文化形态的重要平台。通过赶集，农民可以进行物资交换，获取自己生活所需；同时农民可以利用赶集进行信息交流和情感交流，满足自己的精神需求。集镇是农村文化融合平台，农村地域文化经过一定程度

---

① 〔美〕施坚雅：《中国农村的市场和社会结构》，史建云、徐秀丽译，中国社会科学出版社，1998，第8页。
② 石伟、董国礼：《集市村庄：基层市场与村庄的互嵌逻辑与发生机制》，《青海民族研究》2021年第4期。
③ 〔美〕施坚雅：《中国农村的市场和社会结构》，史建云、徐秀丽译，中国社会科学出版社，1998，第12页。
④ 〔英〕卡尔·波兰尼：《大转型：我们时代的政治与经济起源》，冯钢、刘阳译，浙江人民出版社，2007，第38页。

的酝酿后可以形成某种特定的文化形式,通过在当地集镇这一合适场所的呈现,逐步得到认同和发展,形成独具特色的本土文化,并向周边延伸。除此之外,集镇还具有重要的文化拓展功能。农村文化建设中,可以依托集镇这个平台,打造具有地方特色的、先进的农村文化形式,来推进地方精神文明建设和物质文明建设。

三 圩镇开发与建设的挑战

(一)圩镇发展规划前瞻性不够

2021年国务院出台《国家新型城镇化规划(2021—2035年)》,我国圩镇的发展须以该规划为依据。但部分地区由于规划实施滞后及没有专门针对农村圩镇发展的政府文件,农村圩镇区域总体布局缺乏科学合理的规划。同时,部分地方领导规划意识淡薄,农村圩镇土地规划、建筑布局混乱。

(二)圩镇发展资金支持不足

在圩镇的开发与建设中,资金的支持至关重要。从我国圩镇的发展历程来看,农村圩镇大多是利用其交通和区位上的优势自发而成,与之相应的政策支持相对较少。当地方圩镇初具规模后,市场配置资源的决定性作用并未得到充分发挥,政策支持的缺乏加上融资主体能力不足,导致圩镇建设资金不足。同时,圩镇的基础设施不完善,功能不够健全,阻碍了农村圩镇的进一步发展壮大。

(三)圩镇发展缺乏主导产业

农村圩镇的发展与产业发展有着直接的关系,因地制宜地培育有竞争优势的主导产业是推动圩镇发展的重要前提。如果没有产业的支撑,圩镇的发展将失去基础,无法达到预期效果。在我国农村圩镇开发与建设中,小镇结构雷同普遍存在,特色产业较为缺乏。

(四)圩镇生态环境建设需进一步强化

一些圩镇片面追求经济增长和规模扩大,不考虑当地的资源和环境负荷,破坏自然生态,采取加速扩张的粗放型土地利用模式,没有合理的土地使用规划,出现"摊大饼"现象,导致土地紧张、交通拥堵、环境遭到破坏。

四　圩镇开发与建设的发展方向

（一）重视市场机制作用

圩镇建设应在加强宏观调控的基础上充分发挥市场机制作用，激发市场活力，培育农业新型经济体。党的十八届三中全会明确提出要发挥市场在资源配置中的决定性作用。这就需要政府制定和完善让市场发挥作用的机制，引导农村经济市场化发展，进而促进圩镇的发展。培育农业新型经济体和完善市场机制的过程中，会产生大量的市场机会，这将吸引外来资本的加入，进而增加圩镇的经济活力。

（二）创新资金保障机制

资金不足是制约圩镇发展的突出问题。由于圩镇基础设施具有前期投资大、周期长等特征，单方面调动企业、个人投资积极性的难度较大。因此，创新资金保障机制非常必要。在统一经营管理的前提下，探索圩镇发展投融资多元化机制，可在有条件的地方放开圩镇公用事业经营，允许村民公平竞争，使外在收益内在化，充分调动企业和居民投资积极性。

（三）重点培育主导产业

我国农村圩镇的发展与产业发展有着直接的关系。在圩镇的发展过程中可以通过重点发展中心集镇的主导产业，结合产业结构的战略性调整，积极培育具有本地特色、竞争优势明显的主导产业，形成有竞争力的特色经济，创新小镇结构，推动我国农村圩镇的发展。同时，强化圩镇主导产业的政策扶持，给予主导产业经营主体在金融和税收方面的政策优惠。

（四）加强生态环境保护

要完善推动圩镇绿色循环低碳发展的体制机制，形成节约资源和保护环境的空间格局和生活生产方式，实行严格的生态环境保护制度。比如，要推行严格的环境监管制度，建立和完善污染物排放环境保护管理制度，加强污染物排放许可证管理，加大环境保护执法力度。要推行生态补偿制度及资源有偿使用制度，加快资源和资源价格方面的改革，提高生态补偿的标准。要建立生态文明考评机制，对限制开发区和生态脆弱的圩镇取消地区生产总值考核，建立资源环境产权交易机制等。

第四节　县乡融合与发展

一　县乡融合发展的概念

"城乡融合"最早由恩格斯在《共产主义原理》中提出，"在国有土地上建设大厦，作为公民公社的公共住宅。公民公社将从事工业生产和农业生产，将把城市和农村生活方式的优点结合起来，避免二者的片面性和缺点"。[①] 党的十九大报告指出，要实施乡村振兴战略，建立健全城乡融合发展体制机制和政策体系，这是"城乡融合发展"的概念第一次出现在中央文件中。随后，中央农村工作会议进一步指出，走中国特色社会主义乡村振兴道路，必须要重塑城乡关系，走城乡融合发展之路。

城乡融合中，县城是关键载体。县乡融合发展是指在尊重发展差异的基础上，将县与乡作为一个整体来统筹规划、综合布局，以促进其生产发展有机互补，生活水平大体相当，现代文明广泛扩展，城乡居民共享现代文明生活方式，城乡经济社会共同发展的过程。通过县乡融合发展，广大农民能够享受到与城镇居民同样的文明和实惠，城乡居民整体幸福指数能进一步提升，城乡经济社会实现全面、协调、可持续发展。对县乡融合发展的内涵，可从以下几个层面认识。

一是县乡融合发展强调县乡的有机统一。长期以来，我国实行的都是城市（工业）偏向的发展战略，尽管强调城乡统筹和城乡发展一体化，但"反哺"效应并不明显，这是造成城乡发展不平衡、农业发展不充分的重要原因。县乡融合发展就是要彻底打破县城和农村的割裂状态，扭转城乡发展中的主次格局，强调把两者视作一个有机统一的整体来谋划布局，推动"以县带乡"向"县乡互补"转变，实现县城和农村的融合发展。

二是县乡融合发展的核心是县乡生产要素的自由流动和平等交换。县乡融合意味着县乡要素流动性和再配置功能的增强。从新时代的发展目标来看，中国城乡融合发展需要通过经济制度和政策调整，建立健全城乡融

---

① 《马克思恩格斯选集》（第一卷），人民出版社，2012，第305页。

合发展的体制机制和政策体系。这就要求在市场机制的作用下激发农业农村现代化的内在活力，推动农村劳动力的就地非农化，同时通过必要的制度安排和政策引导，促使资本、土地、知识、技术、信息等各类要素在县与乡之间进行双向流动，在县乡内部的不同领域之间进行重新配置。

三是县乡融合发展的重要特征是县乡产业融合。随着社会主要矛盾的转化，人民日益增长的美好生活需要对城乡产业的多样化、层次化、差别化、动态化提出更高的要求。为了实现农业农村现代化，农村除了应具备提供农副产品等的基础功能外，还应具备提供生态、休闲、体验、创意等服务的功能，这就对农村第二、三产业的发展提出了新要求，也带来了新机遇。因此，县乡融合中的产业融合本质是通过技术和组织变迁实现农业产业链延伸、价值链提升和功能范围拓展，从而满足县乡居民不断增长的产品和服务需求。

二 县乡融合发展的现实基础

（一）县乡融合发展的紧迫性突出

城乡融合发展是一个自然发展的历史过程。我国生产力的不断发展、工业化进程的不断加快、市场经济的快速发展客观上要求各类要素的自由流动，破除城乡二元结构，走向城乡互动的融合发展之路成为一种迫切要求。根据世界经济发展的经验，目前我国已到了推进城乡互动融合发展的关键历史阶段。尤其是当前我国城乡二元结构以及存在的制度壁垒还没有完全破除，因此，顺势大力推进城乡尤其是县乡融合发展，不仅具有历史必然性，也具有现实紧迫性。

（二）县乡融合发展的基础扎实

县乡融合发展是一个复杂的系统工程，需要由区域内外部的诸多现实条件和因素共同驱动，包括农业现代化、农村城镇化、城市现代化、城乡要素流动和融合，以及城乡融合发展积累的经验和市场不同利益主体的利益诉求助推等。从目前我国城乡发展的状况来看，城乡融合发展已具备上述所说的内外部驱动条件。具体体现为：我国农业现代化和农村城镇化发展加速，城乡基础坚实；城市现代化水平得到迅速提高，反哺有余；城乡要素流动更加自由，助推有力；市场不同主体的利益诉求呼唤城乡融合。

（三）县乡融合发展的宏观环境逐步优化

县乡融合发展的外部驱动条件主要包括改革开放和城乡统筹等宏观政策、公共财政的实力与能力、产业转移与转型升级、交通通信等基础设施的快速发展、科技水平的提升等。从县乡融合的宏观环境来看，我国城乡统筹发展战略实施较为顺利，为我国城乡融合发展提供了强大的政策支持与精神动力。近年来，我国公共财政对"三农"的支持力度不断加大，产业转移带来了我国产业转型升级，带动了区域经济发展和城乡发展一体化。改革开放以来我国实施的区域协调发展战略，推动了城乡基础设施跨越式发展。这些共同营造了城乡融合发展的有利宏观环境。

三　县乡融合发展的实践路径

（一）加快制度创新，构建县乡要素合理配置的体制机制

一是加快户籍制度改革，推进城乡居民基本权益平等化。加强户籍制度改革的顶层设计，完善相关法律法规，建立健全城镇的基本公共服务供给机制，进一步优化居民居住证制度等。二是推进农村土地制度改革，保障农民土地财产权益。改革完善农村承包地制度以及农村土地确权登记，明确农村集体土地的所有权，构建完善的农村土地承包关系，切实保障农民的土地财产权益。三是完善乡村金融服务体系，加快资金向农村流动。构建多层次、多元化和规范合理的农村金融服务体系，为实现城乡融合发展提供金融支持；健全和完善农村金融组织体系，推动金融服务体系朝着投资多元、治理灵活、服务高效转变。

（二）推进农业农村现代化，夯实县乡融合发展的经济基础

首先，推动农村一、二、三产业融合发展。一方面，延伸农业产业链，提高农业附加值；发展多种形式农业适度规模经营，健全现代农业产业体系、生产体系和经营体系。另一方面，培育新产业新业态。要深入挖掘农业的休闲、教育等隐性功能，推动基础性农业生产向旅游、文化、健康等产业延展。其次，加快"三农"人才队伍建设。人才振兴是乡村振兴战略实施的关键所在。要创新乡村人才管理体制机制，拓宽人才引进渠道，促进农村人才回流；建立城市人才入乡激励机制，多举措吸引城市专业人才下乡创业；大力培育新型职业农民。

（三）协同建设新型城镇化和新农村，推动县乡社会事业全面发展

第一，加强城乡规划管理，优化城乡空间布局。坚持城乡有别的规划理念，加快推进特色小镇建设，突出地方特色，找准产业定位，做强主导特色产业；充分发挥中心镇规划的作用，有效促进城乡联动的产业组织形式，推动农业产业化发展，吸纳转移的农村人口。第二，推动农业转移人口融入县城。改善城市居住环境，保障农业转移人口住有所居、住有所安；推动基本公共服务城乡一体化发展，推进城乡教育、医疗、社会保障等社会事业的一体化建设。第三，强化基层党组织建设，提升乡村治理能力。推进组织革新，加快基层党组织的现代化转型；建构和完善基层党群沟通的联动机制；充分保障和扩大党员权利，增强基层党组织活力。

（四）塑造核心文化，重塑县乡融合发展的精神动力

培育社区自治组织，促进城乡居民融合。城乡融合不仅体现在经济层面，更体现为城乡居民的相互融合。一方面，为促进当地居民经济生活的整合融入，可通过建立自治组织，如农民专业合作社，为现代高效农业的发展和规模化提供必要的信息和技术指导。另一方面，创新居民集居方式，探索新集居模式，打造生产—居住型社区，培育居民归属感和认同感，有意识地挖掘和弘扬本土文化，增强当地居民的自豪感和凝聚力，为县乡融合发展提供有力保障。

（五）完善社区综合治理，提升自我发展能力

社区自治与融合，最核心的还是"人"的问题。在组织建设方面，可从优化干部队伍、密切党群干群关系着手，确保城乡一体化工作顺利推进。在基础建设方面，加大对基础设施、公共产品和服务等的投入力度，夯实发展基础。在生态环境建设层面，维护好可持续发展的生态基础。大力整治内部生态环境，开展环境综合整治工程，推广农业绿色技术，倡导农民使用绿色产品。同时，抵制外来的生态破坏因素，在招商引资中强调外来企业对当地生态环境的保护等。

第七章 乡域社会建设

乡域社会既是我国社会建设的基础环节和关键场域，也是乡域治理的重要内容。加强和创新乡域社会建设是新时代社会建设的重要课题，不仅关系到国家现代化建设的水平，也是推进基层治理体系和基层治理能力现代化的应有之义。本章主要围绕公共服务建设、社会组织建设和平安稳定建设等三个方面的内容展开介绍。

第一节 乡域公共服务建设

公共服务建设是社会建设的重要内容。习近平总书记指出，"要着力补齐民生短板，破解民生难题，兜牢民生底线，办好就业、教育、社保、医疗、养老、托幼、住房等民生实事，提高公共服务可及性和均等化水平"。[①] 本节主要包含四个方面的内容：一是乡域基本公共服务概述；二是乡域基本公共服务建设的重要价值；三是乡域基本公共服务建设的现实挑战；四是加强乡域基本公共服务建设的优化路径。

（一）乡域公共服务概述

1. 公共服务的内涵界定

公共服务的概念最初由法国学者莱昂·狄骥于1912年提出，他认为，任何因其与社会团结的现实与促进不可分割，而必须由政府来加以规范和控制的活动，都是公共服务，它具有除非通过政府干预，否则便不能得到

---

① 习近平：《论把握新发展阶段、贯彻新发展理念、构建新发展格局》，中央文献出版社，2021，第535页。

保障的特征。① 由此可见,公共服务一词的诞生与政府职能密切相关,对公共服务的认知可从两个视角出发:一是公共物品视角,二是公共利益视角。从公共物品视角切入,可将公共服务定义为"由法律授权的政府和非政府公共组织以及有关工商企业在纯粹公共物品、混合性公共物品以及特殊私人物品的生产和供给中所承担的职责"。② 从公共利益视角来看,公共服务指的是"政府及其公共行政人员以实现社会公共利益为根本目标而从事的一系列行为和活动"。③

2. 公共服务的主要类型

依据政府、社会、个人的权责关系以及公民个人的生存发展需要层次两个标准进行划分,公共服务可分为基本公共服务、非基本公共服务和生活服务。具体而言,基本公共服务由政府承担保障服务供给的主要责任,是为了满足全体人民生存和发展的基本需要。非基本公共服务的供给主体主要是市场,是为了满足公民更高层次的需求和保障社会整体福利水平。生活服务则完全由市场供给,政府主要负责为公平竞争的市场环境提供保障,引导产业健康有序发展。基本公共服务包括基本公共教育服务、劳动就业服务、社会保险服务、基本医疗卫生服务、公共文化体育服务及治安、环境保护等其他人民群众需要的公共服务,可划分为物质形态公共服务,如道路、水电管网等基础设施建设和政策、信息等非物质形态的公共服务。非基本公共服务包含准基本公共服务和经营性基本公共服务。生活服务包括居民和家庭服务、健康服务、养老服务等类型。

3. 乡域基本公共服务的内涵和特征

乡域公共服务建设的重点在基本公共服务领域。2017 年,国务院正式印发《"十三五"推进基本公共服务均等化规划》,提出统筹协调城乡基本公共服务均等化水平,其核心是促进机会均等,要重点保障农村人民群众得到基本公共服务的机会。习近平总书记曾指出,要在推进城乡基本公共服务均等化上持续发力,注重加强普惠性、兜底性、基础性民生建设;要

---

① 〔法〕莱昂·狄骥:《法律与国家:公法的变迁》,郑戈、冷静译,辽海出版社、春风文艺出版社,1999,第 55 页。
② 马庆钰:《公共服务的几个基本理论问题》,《中共中央党校学报》2005 年第 1 期。
③ 王琳、漆国生:《提升地方政府公共服务能力思考》,《理论探索》2008 年第 4 期。

建立健全城乡基本公共服务均等化的体制机制，推动公共服务向农村延伸、社会事业向农村覆盖。[①] 由此来看，义务教育、公共卫生和基本医疗、基本社会保障等基本公共服务类型是农村群众最为关心和最迫切需要的公共服务类型，是保障农村居民基本生存权和发展权所必须要提供的公共服务，是现阶段我国乡域层面公共服务的主要类型。

乡域基本公共服务指的是为满足乡域范围内农村社会成员基本生存和发展需求，乡镇政府、村集体、社会组织等主体运用掌握的资源为农村社会提供公共产品，满足公共利益。乡域基本公共服务也可理解为农村基本公共服务。乡域基本公共服务具有三大特征。

一是公共性。公共性指的是乡域基本公共服务的供给数量、供给内容和供给形式等面向每一个乡村社会成员。公共性的核心价值在于公平正义，意指乡域范围内的所有群众均有享受基本公共服务的权利。亚当·斯密曾言，"正义是撑起整座社会建筑的主要栋梁，如果它被移走了，则人类社会这个伟大的结构……一定会在顷刻间土崩瓦解、化成灰烬"。[②] 因此，公共性是乡域基本公共服务的根本特征。

二是基础性。基本公共服务的社会福利性质决定它是保障人民群众基本的、最低层次公共需要的一种公共产品。基本公共服务的基础性并不指向供给内容的固定不变，其范围、水平和质量随着我国经济社会发展水平的提升而发生变化。

三是均等化。基本公共服务的均等化指的是政府为其社会成员提供基本没有效用差异性的公共产品或公共服务，包括机会均等化、过程均等化和结果均等化。

（二）乡域基本公共服务建设的重要价值

1. 全面推进乡村振兴战略的内在要求

一方面，加强乡域基本公共服务建设是实施乡村振兴战略的重要内容。国家强调要推动加强农村防疫、教育、医疗、社会保障、养老托育等公共服务体系建设，尤其强调在农村公共文化建设、农村教育事业和农村基础设施建设中提档升级，并将其纳入落实乡村振兴战略的指导意见中。

---

① 习近平：《论"三农"工作》，中央文献出版社，2022，第15、280页。
② 〔英〕亚当·斯密：《道德情操论》，谢宗林译，中央编译出版社，2008，第83页。

乡村振兴战略的全面推进，必然伴随着国家社会事业的发展重点向农村地区倾斜，要提高农村公共服务的供给质量，促进乡村社会道路交通、邮电通信等各类基础设施和医疗、教育等公共服务体系的建设完善，进一步推进实现城乡基本公共服务均等化。另一方面，加强乡域基本公共服务建设是实现乡村振兴战略的重要抓手。乡村社会基本公共服务建设的缺失会严重影响乡村社会人民群众的发展机会、发展能力和发展意愿，进一步拉大城乡差距，不利于农村社会的发展。要通过加强乡域基本公共服务建设，逐渐弱化城乡公共服务界限，减少城乡居民享受公共服务的差别，实现城乡发展的取长补短和要素流动，进而推动实现农业农村社会的现代化建设目标。

2. 满足人民美好生活需要的有效路径

党的十九大报告指出，新时代我国社会主要矛盾已经转化为人民日益增长的美好生活需要和不平衡不充分的发展之间的矛盾。农村地区人民群众同样期盼更好的教育条件、更高水平的医疗服务和更满意的收入等。如何有效满足农村群众的公共服务需求，提高公共服务的均等化水平，实现农民群众对美好生活的愿景已经成为当前我国社会治理的新目标和新要求。比如在乡村教育领域，部分农村地区依然存在教育条件差、教师队伍结构性匮乏、学校布局不合理等问题，要通过推进城乡教育事业的均衡发展，切实改善农村教育的薄弱环节，以此激发农村地区的办学活力。对于乡村医疗卫生领域而言，农村地区的医疗卫生体系较为脆弱，医疗基础设施建设、医疗服务人员、现代化和信息化的医疗手段、医药储备等方面的问题突出。要通过提升乡域范围内医疗服务能力、加强医疗设施标准化建设等，提高乡村医疗卫生水平。老有所养是基本的民生需求。我国养老问题的痛点在农村，是亟待解决的不平衡不充分发展的问题之一。近年来，农村地区老人数量呈现上升趋势，但当前农村地区仍存在养老服务质量不高、养老资源不足、社会保障不充分等问题。为此，可以以乡域为单位建设养老服务机构，加强乡域养老服务供给，对上链接县级养老资源平台，对下服务乡村养老服务群体，提高农村老人的养老保障水平。

3. 实现共同富裕的必然举措

消除贫困、改善民生、实现共同富裕，是社会主义的本质要求。在高质量发展阶段，共同富裕指向一种共享型富裕，不是部分人的富裕，也不是实现整齐划一、劫富济贫的平均主义，而是要让基本公共服务普及共惠、发展成果同全体人民共享的一种富裕形式。一方面，农村基本公共服务建设是实现共同富裕的重要前提。农村基本公共服务是民生的基准线，只有在补齐农村基本公共服务供给短板和弱项的基础上，才能在全体中国人民民生富裕的基础上带动共同富裕。另一方面，农村基本公共服务建设是实现共同富裕的关键环节。从共同富裕的内容来看，共同富裕包括生活富足、精神自强、环境宜居、社会和谐、公共服务普惠等方面。基本公共服务包含的教育、医疗、社会保障、文化体育等内容是共同富裕的基本构成要素，农村基本公共服务当然也包含其中。从实现共同富裕的制度构成来看，共同富裕是在坚持和完善中国特色社会主义基本经济制度的前提下，构建初次分配、再分配和三次分配协调配套的基础性制度安排，基本公共服务建设是财富再分配的重要手段。

（三）乡域基本公共服务建设的现实挑战

1. 对农村基本公共服务建设的认识偏差

认识是行动的先导，当前对农村基本公共服务供给的认知匮乏、定位不清制约了农村基本公共服务建设。其一，表现为依赖政府单一主体投入而忽视了多元主体投入的惯性思维。农村基本公共服务的供给总量大、难度大、资金需求量大，政府无疑在基本公共服务的建设上承担主要责任，财政资金也成为农村基本公共服务建设资金的主要来源。但是虽然财政资金投入力度加大，却仍难以满足所有村庄的需求且难以进行精准匹配。这是因为仅依靠政府财政资金投入是难以完全满足农村基本公共服务建设的需求的，需要适时发挥其他主体的供给作用。其二，表现为忽视农民需求的惰性思维。地方政府在农村基本公共服务的供给方式上常表现为"向上服务"的特点，部分地方政府在本地区实行"一刀切"的供给方案，设立不切实际的建设指标，以完成上级考核，但却忽视了农民实际需求。缺乏适应性调试的供给方式会造成大量无效供给，不仅会浪费大量人力、物力、财力资源，而且会导致基本公共服务供给效率低下。

2. 农村基本公共服务建设面临农民参与难题

农村设施建设管护机制不健全，农民参与建设的主动性不强。农村地区基础设施建设和管护是一体两面的关系。目前，乡村地区建成了各类基础设施，但"重建轻管、建管脱节"现象突出，管护责任更多由政府和市场等主体承担，部分农民群体中存在一定的"等靠要"思维。另外，农民参与管护是一个系统工程，但当前农民参与管护的组织机制、保障机制、参与机制等仍不健全，农民参与的利益联结较弱。

（四）加强乡域基本公共服务建设的优化路径

1. 增权赋能，提升乡镇政府基本公共服务能力

乡镇政府是我国行政体系中的最低层级政府，具有承上启下的关键枢纽性作用。随着我国基层治理体系和治理能力现代化的稳步推进，乡镇政府公共服务能力得到大幅提升。但是相对于基层社会治理结构的复杂化和利益格局多元化而言，当前乡镇政府公共服务能力仍不能满足现实治理需求，特别是在公共服务供给上，乡镇政府仍面临着结构失衡、供需脱节、效率低下等问题。因此，乡镇政府必须切实加强公共服务能力建设。其一，转变政府职能，建设以公共服务为导向的政府。乡镇政府在职能定位转变过程中，需要全面强化社会治理和社会服务职能。其二，明确各级政府权责关系，适当赋权乡镇政府社会服务权限。科学划分各级政府公共服务供给的责任和权力，适度重新调整市、县与乡镇之间的财政分配关系，健全乡镇政府财权与事权的匹配机制。其三，进一步完善乡镇政府财政管理体制。乡镇政府要调整财政收支结构，扩大公共服务覆盖范围，将财政资金倾斜至公共服务领域，特别是退出与民争利的项目建设，加强薄弱地区的基本公共服务建设。

2. 城乡融合，促进城乡基本公共服务均等化建设

在中国城乡分割的二元化发展体制下，政府更偏向于将各项资源投入城市建设中，农村地区建设未受到重视，尤其是在基本公共服务领域，农村地区与城市建设差距增大，推进城乡基本公共服务均等化建设是必要举措。其一，重视经济发展的同时秉持公平正义的分配观念。政府不仅要做大"蛋糕"，同时要分好蛋糕，让发展成果更多、更公平地普惠农村地区和农民群众。其二，优化城乡公共资源布局和畅通要素流通渠道。注重从公共教育、基本医疗、文化体育等方面制定基本公共服务建设清单，严格把控基本公共服务的落实程序。提升农村地区基本公共服务资源的质量，制定合理有效的优惠政策吸引高质量人才回到农村，统筹协调城乡一体化发展。

3. 以民为本,健全农民参与公共服务建设机制

政府虽然是公共服务建设主体,但是仅依靠政府单一主体力量难以建立起完全适合不同农村地区经济发展的公共服务体系,应该完善以政府为组织者和协调者、市场主体参与投资、农民群体参与建设的农村公共服务供给体系,充分发挥政府、市场和农民等多元主体的力量,形成农村公共服务建设多元化参与格局。更为重要的是,农民是农村公共服务的受益群体,要充分发挥农民参与的积极性和主动性,建立健全农民参与公共服务建设的组织机制、行动机制和保障机制,形成有序、合理和科学的参与格局,有效降低国家对公共服务建设投资的成本,保障农民群体真正获得与自身生产生活密切相关的公共服务。

第二节 乡域社会组织建设

社会组织作为社会建设的载体,在基层社会现代化建设和发展中发挥着重要作用。在全面推进乡村振兴战略实施过程中,社会建设不仅需要政府自上而下的推动,更需要社会力量的广泛参与。因此,提升乡域治理水平,要充分发挥社会组织作用,实现政府治理、社会调节和村民自治良性互动。本节主要包含以下四个方面的内容:一是乡域社会组织概述;二是我国乡域社会组织的演变与发展;三是乡域社会组织建设的价值意蕴;四是推进乡域社会组织参与乡村社会建设的现实路径。

(一)乡域社会组织概述

亨廷顿曾说,"组织是通往政治权力之路,也是政治稳定的基础,因而也是政治自由的前提……当今世界,谁能组织政治,谁就能掌握未来"。[1] 作为社会领域公共利益的重要载体,社会组织在弥补政府与市场职能、协调不同利益主体间关系以及维护社会稳定有序等方面扮演重要角色。

社会组织在不同国家和地区由于不同的文化传统和语言习惯有不同的称谓。国外通常称之为非政府组织、非营利组织、第三部门或独立部门

---

[1] 塞缪尔·P.亨廷顿:《变化社会中的政治秩序》,王冠华等译,上海人民出版社,2015,第382页。

等。2002年党的十六届六中全会提出"健全社会组织，增强服务社会功能"。① 2007年，党的十七大报告中四次提及社会组织，提出将社会组织纳入社会建设与管理、构建和谐社会的工作大局中。自此，我国正式使用"社会组织"一词代替"民间组织"。社会组织有广义和狭义的划分。广义上的社会组织是与政府、企业并列的同位概念，指的是除了政府和企业外，在社会中共同活动的群体。从狭义来看，社会组织指的是自然人、法人或其他群体为实现共同目标，基于一定原则，依照法定程序建立的具有明确的组织章程、治理结构和规章制度的人和行动的集合体，主要包括社会团体、基金会和民办非企业单位三种类型。

乡域范围内也存在多种形式的社会组织。所谓乡域社会组织，指的是在乡域空间范围内，为实现一定的社会目标、执行一定的社会职能，按照一定形式和相应程序成立的追求共同活动的社会群体。乡域社会组织的活动范围在乡村社会，农民是乡域社会组织的主要参与主体和活动对象，以维护、发展和实现农民利益为目的，具有志愿性、公益性、公共性、专业性、自治性、服务性等特点。

按照不同的划分标准，可将乡域社会组织分为不同类型。从乡域社会组织的性质和功能角度来看，可将其分为三类：一是经济类农村社会组织，包括村社性合作经济组织、农民互助性经济组织等；二是社会性农村社会组织，包括各类农村服务组织、志愿组织等；三是政治性的农村社会组织。② 从乡域社会组织的职能来看，可将其划分为四种类型：一是矛盾纠纷调解类，如红白理事会、调解委员会等；二是公共事务协商类，如村民理事会等；三是公益服务类，如公益性质的卫生服务队等；四是权益维护类，如老年协会、留守妇女儿童协会等。从政府与社会组织的关系角度来看，可将其分为三种类型：一是政府主导型，社会组织活动受制于政府命令和行政规划，具有强烈的行政色彩；二是社会主导型，社会组织由农民自发组织成立，自治性色彩强烈；三是政府与社会双重主导型，政府和

---

① 中共中央文献研究室编《十六大以来重要文献选编》（下），中央文献出版社，2008，第663页。
② 俞可平：《新移民运动、公民身份与制度变迁——对改革开放以来大规模农民工进城的一种政治学解释》，《经济社会体制比较》2010年第1期。

社会在社会组织的成立、运营和发展中所发挥的力量大致相当。

（二）我国乡域社会组织的演变与发展

在传统时期，以宗族组织为代表的乡村社会组织大量存在。新中国成立前，在乡域社会中，存在宗族组织、乡村宗教组织、乡村民俗文化组织等社会组织类型，其中具有广泛影响力的社会组织是宗族组织。宗族组织以宗族制度为依托，以血缘关系为纽带结合形成的一种特殊的社会组织形式。[①] 传统宗族组织具有凝聚、教化、扶助、管理等多重作用。

新中国成立后，宗族组织等传统乡村社会组织逐步被互助组、初级社、高级社、人民公社等国家基层政权组织取代。1950 颁布的《社会团体登记暂行办法》，对乡村社会组织进行了彻底的清理，乡村互助组织、慈善组织、宗族组织、宗教社团等悉数被取缔。当时，中国乡村社会呈现"总体性社会"的特征，农民群众被基层政权组织统一组织。在这个时期，乡村基层社会组织几乎全部消失。

改革开放后，现代性乡村社会组织逐渐发展起来。党的十一届三中全会以后，"乡政村治"取代了人民公社体制成为农村社会新的政治社会格局。随着国家政权对乡村社会的行政控制力减弱，以及家庭联产承包责任制的实施，农户间的互助协作关系需求更甚，为乡村社会组织的恢复提供了制度空间。此时，乡村宗族组织等逐渐开始复苏，但是其已不同于传统时期的组织形态。现代宗族组织主要由村庄精英而非族长领导，主要在祭祀祖先和调节内在矛盾等方面发挥功能，组织规约较为松散，成员受约束力较小。随着中国经济的发展，农民对公共服务的需求量增加，这个阶段的乡村社会组织发展主要呈现以下三个特点。一是类型多样，有乡村理事会、老年协会、红白理事会等不同类型的组织；二是活动丰富，寻宗拜祖活动、地方民俗活动和村庄文娱活动随着各类组织的建立也开始丰富起来；三是效果显著，乡域范围内的各类型组织对基层治理的补充作用显著，如路会、桥会等组织在乡村建设中起到组织农民、筹集资金等作用。

（三）乡域社会组织建设的价值意蕴

随着经济社会的发展和农村社会的转型，乡域各类社会组织在推动基

[①] 钱杭、谢维扬：《宗族问题：当代中国农村研究的一个视角》，《社会科学》1990 年第 5 期。

层治理体系和治理能力现代化进程中扮演着越来越重要的角色,能通过自身影响力和专业优势为建设乡村社会汇聚能量,对基层社会治理、乡村社会建设和乡村文化建设等具有重要价值。

一是治理价值。一方面,乡域社会组织参与乡村治理符合中国历史乡村社会传统。在传统中国,乡村社会中的大部分事务在乡村共同体中消化解决。乡域社会组织的建设从乡村治理的历史传统中汲取治理资源,充分发挥乡村精英的组织力、领导力和影响力,利于将原子化乡村个体组织起来,增强其乡村共同体意识,提升乡村自治能力。另一方面,乡域社会组织参与乡村治理是搭建国家和社会的桥梁。乡域社会组织在政府与乡村社会间搭建起沟通的桥梁,克服技术治理简单化约复杂乡村社会和人情味不足的弊病,提高了农民群众的组织化程度,提供了政府和乡村社会间制度化的利益表达渠道。同时也能为政府政策供给提供纠偏支持,在一定程度上监督公共权力的行使。由此可见,乡域社会组织在基层治理中发挥着重要作用。

二是社会价值。乡域社会组织因其独特优势能将乡村社会和政府连接起来,帮助建立二者的互信关系和搭建稳定的利益沟通渠道。在此过程中,乡域社会组织发挥着维护乡村社会和谐稳定的枢纽作用。一方面,乡域社会组织帮助维护乡村社会弱势群体的利益。弱势群体对乡村社会治理而言具有"木桶效应",如若满足不了他们的利益需求,他们可能会使用斯科特所谓的"弱者的武器"进行抵抗。另一方面,社会组织是化解村社矛盾纠纷的重要主体。社会组织领导者通常是新乡贤等,具有村两委所不具有的权威,可以解决其无法解决的问题,发挥辅助村两委的作用。

三是文化价值。乡域社会组织在乡风文明建设中具有内生引领能力,参与乡村文化建设极具必要性。其一,丰富了乡村文化建设的供给主体。乡域社会组织的参与改变了以往政府单一供给文化产品的模式,能够结合乡村民众实际需求和文化偏好提供更加多元化的文化产品和服务。其二,夯实了乡村文化建设的物质基础。自发形成的组织中不免有乡村经济精英,这些精英群体多有反哺家乡的愿望,提供的资金能够用于村庄文化活动的开展,为村民提供物美价廉的文化产品和服务。另外他们也能通过自己的影响力让有志于振兴乡村文化的人放心地通过制度化捐助渠道进行捐助。其三，营造了乡村文化建设的良好氛围。乡村文化需要通过基层党组织、基层政府、市场、社会组织、村民等多元主体共同合作建设。社会组织的培育和发展意味着形成了一种在政府、市场和村民间的中介载体，利于提高各主体的沟通效率、完善乡村文化体系建设，提升多元主体参与乡村文化建设热情和积极性，形成一种良好的乡村文化氛围。

（四）推进乡域社会组织参与乡村社会建设的现实路径

乡域社会组织是乡村社会建设的重要主体，推进乡域社会组织参与乡村社会建设受到组织自身专业化和制度化等内部因素的影响，也会受到村庄权力结构、村社伦理等外部因素的影响，为此要做好如下几方面工作。

1. 强化乡域社会组织内部建设

一是提升乡域社会组织参与乡村社会建设的专业化水平。在乡村社会建设的过程中，社会组织首先应找准自身定位，发挥专业优势推动乡村高效发展；其次要注重吸纳和培养专业化人才进入社会组织内部，积极联络乡贤群体，防止组织内部人才断层；最后在组织的运营中要提高专业化、组织化水平，逐渐形成专业有效的运营体系。二是实现乡域社会组织参与乡村社会建设的制度化。首先，明确社会组织参与乡村社会建设的角色定位。在乡村社会建设中，任何主体的加入都会改变乡村社会的利益格局，需要对社会组织的嵌入进行制度化引导，明确其应该承担的责任、行为边界和组织定位，防止其对农民利益的侵蚀。其次，建立社会组织参与乡村社会建设的激励制度。社会组织参与乡村社会建设的经济回报比较低，且投入大周期长，其参与乡村社会建设的动力面临持续性和稳定性危机。从经济支持的角度来看，政府可以适当为其提供税收优惠、资金补贴等经济支持。从精神支持来看，加强对社会组织的荣誉奖励、表彰，增强其获得感、荣誉感和社会影响力。最后，建立相关规范约束组织行为。利用法律法规等正式规范和乡规民约等非正式规范约束社会组织在乡村社会建设中的组织行为，以此保障其合理规范运行。

2. 优化乡域社会组织参与乡村社会建设的外部条件

一是坚持党建引领社会组织参与乡村社会建设。村庄中会存在多种建设主体，如村委会、经济合作社、村民理事会等。乡村场域不是虚拟空间，而是现实的被争夺的空间，场域中的各种位置的占据者使用种种策略来保证或改善他们在场域中的位置。要实现乡域社会组织有效参与乡村社会建设，必须发挥党建引领作用，确保不同主体坚持正确的发展方向，发挥党组织的政治引领、思想引领和价值引领功能，使得多元主体在乡村社会建设中形成合力。二是注重融入乡村社会关系网络。现代乡村社会虽然随着经济社会的发展发生了一定的变迁，但是仍具有熟人社会的差序特征，讲究血缘、亲缘等价值观念，维持一定的传统思维方式和行为习惯，这也意味着乡域社会组织在参与乡村社会建设中不能忽视乡村社会关系网络的影响。因此，乡域社会组织在参与乡村社会建设的过程中要将自己放置在农民的信任结构之内，充分利用农村社区的社会资本、文化资本和经济资本获得更多资源，实现自身在乡村社会建设中的良性、可持续发展。

第三节 乡域平安稳定建设

乡域平安建设是维护农村基层社会平安稳定、提升基层社会治理现代化的重要保障。习近平总书记强调，"平安是老百姓解决温饱后的第一需求，是极重要的民生，也是最基本的发展环境"。[1] 本节主要围绕以下三个方面的内容展开：一是乡域平安建设概述；二是乡域平安建设的重要意义；三是推进乡域平安建设的实践路径。

（一）乡域平安建设概述

2003年，中央综治委提出平安建设意见，全国各地纷纷开展平安城市、平安乡村、平安校园、平安家庭等一系列平安建设活动。2013年，平安建设上升到国家层面，《中共中央关于全面深化改革若干重大问题的决定》提出全面推进平安中国建设。党的二十大报告指出，"国家安全是民族复兴的根基，社会稳定是国家强盛的前提"。[2] 乡域社会是国家治理的重要基石，加强乡域平安建设是建设更高水平平安中国的重要保障。2006

---

[1] 中共中央文献研究室编《习近平关于社会主义社会建设论述摘编》，中央文献出版社，2017，第148页。

[2] 习近平：《高举中国特色社会主义伟大旗帜 为全面建设社会主义现代化国家而团结奋斗——在中国共产党第二十次全国代表大会上的报告》，人民出版社，2022，第52页。

年，中央综治委颁布《关于深入开展农村平安建设的若干意见》，充分阐述"平安乡村建设"是维护社会稳定的重要工作。2021年，《中共中央 国务院关于加强基层治理体系和治理能力现代化建设的意见》对增强乡镇（街道）平安建设能力提出多方面要求。

所谓乡域平安建设，指的是在乡域范围内，在推进乡域社会建设的过程中，秉持安全、稳定、和谐、有序的建设理念，聚焦于乡域治安综合治理、农村地区各类违法犯罪活动，争取构建乡域范围内公共安全体系，实现乡域范围内农村社会和谐稳定发展、农村居民生活安定有序的目标，旨在建立一个安定有序、和谐稳定、人人遵纪守法的乡域社会。

乡域平安建设不仅涉及人身财产安全，而且涉及公共、社会、心理等多个方面的内容。乡域平安建设基本内容主要包含以下五个方面：一是加强基层社会矛盾纠纷调解，防范重大群体性事件发生；二是加强乡村社会治安防范和综合治理，防范危害农民群众、社会公共利益的事件；三是加强农村法治宣传教育，防范农村社会违法犯罪活动发生；四是加强农村公共安全体系和机制建设，健全平安乡村的体制机制保障；五是加强农村地区安全类基础设施建设，夯实农村平安社会的物质基础。

（二）乡域平安建设的重要意义

全面推进乡村振兴战略，推动乡村经济社会全面协调发展和谐稳定的前提是拥有一个安全稳定的乡村社会环境。强化乡域平安建设在化解基层治理风险和满足人民安全需求方面具有重要意义。

其一，乡域平安建设是化解基层治理风险的重要路径。首先，从乡村平安建设的客观环境来看，乡村社会农村空心化现象凸显，农村地区人口密集度低、村庄开放分散，治安防范难度较大。在治安基础设施建设方面，乡村社会人力、物力、财力投入有限，水平较低，网络化、信息化、现代化监控覆盖率较低，存在较多治安真空区域，为各类不法犯罪行为留下了空间。其次，农村地区存在的风险隐患类型较多。在矛盾纠纷方面，在土地承包、婚姻财产、赡养老人、征地拆迁等方面都存在不同程度的矛盾，且此类矛盾易发难解，容易诱发个人极端行为和群体性事件。在违法犯罪方面，留守儿童由于缺乏管束容易形成错误的世界观、人生观和价值观，容易受到不法分子的蛊惑走上违法犯罪道路；电信诈骗、网络涉黄和涉毒等新型犯罪形态叠加，对乡村公共安全和治安防控提出挑战。最后，乡域平安建设能力有限。乡镇各类治安机构和村两委成员人数有限，执法力量不足，乡镇和村级工作人员难以精准防控所辖村庄的所有风险隐患。因此，加强乡域平安建设是面对乡村平安建设现实情况的必然选择。

其二，乡域平安建设是回应人民平安需求的历史必然。安全是社会发展与人民幸福的价值性标尺之一，中国的时代观从"战争与和平"转向"和平与发展"后，在新时代，又已然转向"安全与发展"。[①] 现阶段，农民群众对美好生活的向往中包含着日益广泛的需求。各类需求的满足需要以安全稳定的社会环境、安宁和谐的生活环境和安稳放心的心理环境为基础。简单来讲，安全感是农民群众的基础性需求。乡域平安建设的出发点就是以保障农民群众的安全感为前提基础，营造良好的乡村公共秩序、安全的乡村环境和有序的乡村社会状态。安全稳定的乡村社会环境是平安的外在表现，平安建设仅仅停留在维持安全稳定的外在环境方面还是不能从根本上满足人民群众对美好生活的向往。从更深层次的角度来看，形成持续稳定的平安建设制度、理念和方式，将乡村社会环境中出现的矛盾纠纷等问题的解决方案有效转化为可复制、可推广的制度供给，才能从源头上化解影响群众安全感的担忧。

（三）推进乡域平安建设的实践路径

为更好地推进乡村社会的和谐稳定，可以从建构乡域平安治理体系、加强基层平安建设能力和营造乡村社会平安环境三个方面着手推进。

一是建构乡域平安治理体系。平安建设内含预防治理、系统治理、综合治理、规则治理、契约治理、智能治理的理念，包括维护政治安全体系、社会治安防控体系、社会纠纷解决体系、社会公平保障体系、社会德治德育体系、社会应急管理体系等。因此，平安建设需要理顺基层社会的平安治理关系。通过整合平安治理主体、完善平安治理制度，将乡村社会多重价值取向统合在同一治理体系下，为平安建设奠定治理基础。其一，整合平安治理主体。以村社为主要场域，搭建党委牵头，派出所、司法所等政府部门依法行政，村委会和各类乡村社会组织充分履责和群众广泛参

[①] 余潇枫：《中国社会安全理想的三重解读》，《新疆师范大学学报》（哲学社会科学版）2013年第5期。

与的多方联动治理体系。派出所负责村社日常治安管理和安全防范建设，预防各类违法犯罪行为和治安灾害事故的发生。村委会负责调解民间纠纷、协助维护村社治安。司法所负责村社的法律服务和法律观念的普及。各主体分工明确、责任清晰，通过协同配合推进乡村社会平安治理。其二，完善平安治理制度。通过梳理不同主体在村社平安治理中的责任和义务，明确各方职责范围，由村委会牵头搭建适合村庄的平安治理制度体系。"制度先行"，"乡约补充"，通过制度的制定为治理活动提供标准化依据，另外以乡土规范为补充来适应千差万别的村庄社会。在平安治理流程上，完善平安治理的日常事件处理程序，完善考核评价流程，建立通报督办考察机制及平安治理共创共治的有效处置流程。

　　二是加强基层平安建设能力。《中共中央　国务院关于加强基层治理体系和治理能力现代化建设的意见》提出，"增强乡镇（街道）平安建设能力……完善基层社会治安防控体系……加强乡镇（街道）综治中心规范化建设，发挥其整合社会治理资源、创新社会治理方式的平台作用"。这对增强基层政权和村社自治组织的平安建设能力提出了更高的要求。首先，从基层平安建设的规范化着手，如搭建具有风险防范能力的队伍、建设乡与村联动的平安建设治理机制。其次，搭建多元化、一站式的矛盾纠纷解决机制。矛盾纠纷是乡村社会中易发、频发和难解的平安难题。可以充分发挥乡村社会组织的作用，如利用村庄中的老年协会、村民理事会、五老会等组织，调动村中品行道德高尚老年群体的积极性，将矛盾纠纷化解在村中；可以充分发挥协商议事机制的作用，以乡镇为单位主导建立村社间联合议事机制，化解不同村庄间因土地边界、风俗习惯而产生的矛盾纠纷；可以充分发挥村社党建的作用，以党建统合村社多元主体，将矛盾纠纷调解化约分散至每一位基层党员干部，充分利用基层力量，做到"小事不出组，大事不出村"。最后，重视专业化的心理疏导服务机制的建设。对于普通老百姓来讲，平安意味着内心充足的安全感。平安建设不仅要关注物质建设层面，同样需要注重健全心理疏导服务的建设。可以通过建立"幸福驿站"，引进专业心理服务团队，通过培训宣讲、心理咨询、心理辅导等手段，及时开展对人民群众的心理疏导，帮助群众形成积极良好的生活心态。

三是营造乡村社会平安环境。一方面,加强乡村社会平安"硬环境"建设。结合数字技术和新媒体技术,加强新技术与乡村平安建设的结合。通过加强乡村数字基础设施建设、提高农民数字素养、不断弥合数字鸿沟,以此推动数字下乡,为乡村平安建设搭建有效的技术环境。持续推进"雪亮工程"等治安防控基础设施建设,发挥视频监控信息在乡村治安综合治理、乡村社会平安建设中的作用,实现"全域覆盖、全网共享、全时可用、全程可控"。另一方面,加强乡村社会平安"软环境"建设。发挥农民日常生活与乡村平安建设的软联结作用,将农民群众对美好生活的需要融入平安建设过程中,以"生态宜居、和谐有序、美好幸福"为基本原则,创新乡村社会平安建设活动形式,动员农村居民积极加入平安建设志愿队伍,积极维护乡村公共安全,积极参加公共安全防控、矛盾调解、关爱老弱病残等活动,推进"人人负责、人人尽责""秩序井然、幸福美好、充满活力"的平安乡村建设。

第八章 乡域文化建设

文化是一个民族存在的历史象征，也是支撑国家发展进步的精神力量。习近平总书记就曾指出："培育和弘扬社会主义核心价值观必须立足中华优秀传统文化。牢固的核心价值观，都有其固有的根本。抛弃传统、丢掉根本，就等于割断了自己的精神命脉。"[1] 乡域文化是中华文化的重要组成部分，也是乡域治理的重要内容。推动乡域文化建设不仅是乡域治理的内在要求，也是推动国家发展的重要支撑。

第一节 乡域文化概述

一 文化与乡域文化

文化的概念可以从狭义和广义两个维度认识。狭义的"文化"主要指代人们的思想观念和道德精神，如费孝通就曾提出，"文化是一个民族或群体共有生活方式与观念体系的总称"。[2] 广义的"文化"主要指人类在社会实践中所创造的物质文化和精神文化的总和，如梁漱溟就曾强调，"文化之本义应在经济、政治，乃至一切无所不包"。[3] 也有学者认为文化是包括知识、信仰、艺术、道德、法律、习俗和个人作为社会成员所必需的其

---

[1] 中共中央党史和文献研究院编《习近平关于社会主义精神文明建设论述摘编》，中央文献出版社，2022，第211~212页。
[2] 《费孝通九十新语》，重庆出版社，2005，第164页。
[3] 梁漱溟：《中国文化要义》，学林出版社，1987，第2页。

他能力及习惯的复杂整体。① 不管是狭义，还是广义，都强调了文化对于人的重要影响。

乡域文化是"文化"的一种具体表现形式，是人们在长期的社会历史实践中探索和形成的。乡域文化包含乡域传统文化与现代文化两个部分，乡域一词本身就明确了乡域文化的地域界限和创造主体。我们可以将其与"乡土文化""乡村文化"等联系起来。因为在一定程度上而言，三者都记录和传承着乡土社会的历史和文明。例如，梁漱溟就曾提出，"乡村是我国社会的基础与主体，我们所有的文化大部分都源于乡村"。② 费孝通也曾指出，"乡土文化以村落为单位，礼治为核心，血缘为纽带，小农经济为基础而发展起来"。③ 当然，还有一些学者从乡土习俗、乡村建筑以及文字传承等角度对乡村文化进行了解释和说明。总之，我们所说的"乡域文化"就是在历史惯性的影响下，广大劳动人民在长期的农业生产劳动和社会实践过程中创造出来并延续至今的乡村物质和非物质文化的统称，它凝聚着乡村群体生活的历史印记，也是乡村群众繁衍生息的精神寄托。

二 乡域文化的基本构成

其一，物质文化。乡域物质文化是指人们在长期的农业生产生活中，为满足自己的劳动实践需要和人的生存发展而创造的一系列物质产品及与之相关的文化形态。它表现为一种固态的文化形式，同时凝结着人们的精神文化情感寄托，充分反映了乡村民众的生活状态和思想价值归依。物质文化，也是乡域文化存在的基本条件。"乡域文化"的起点在于"乡"这个空间概念。而"乡"对于中国人来说，即是乡土、家园，是实实在在的物质环境。这种物质环境即为乡域文化存在所需的物质要素。乡域物质文化既包括传统的民居建筑、文物古迹、祖屋祠堂、桥路井塘等，也包括现代的房屋建筑、道路管道等。此外，还有部分物质文化记录着人们生产生活的历史痕迹，比如生活生产用具等。在这些痕迹当中，凝结着人们与生

---

① 〔英〕爱德华·泰勒：《原始文化：神话、哲学、宗教、语言、艺术和习俗发展之研究》，连树声译，上海文艺出版社，1992，第1页。
② 梁漱溟：《乡村建设理论》，上海人民出版社，2006，第10页。
③ 费孝通：《乡土中国》，生活·读书·新知三联书店，1985，第51~52页。

第八章　乡域文化建设

存场所的亲密关系，也体现了传统与现代的灵魂契合。

其二，规则文化。从历史上看，乡域规则文化主要包括家规家训、族规等。这类规则文化在某种程度上可被视为古代社会中的民间法，也是传统中国维护乡土社会运行秩序的重要依据。家规家训主要支持家庭自我治理，是乡村治理的基础规则。族规是在家规基础上的进一步强化，而且因为家族关系的特殊性，其与家规类似，同是建立在血缘基础之上。因此家规与族规皆是基于父系血缘生成的一种尊老、敬长的行为规范，并将这种规范通过家长、族长及其代表的权威表现出来。①进入现代社会之后，乡域规则文化仍然发挥着重要作用，其具体形式包括村规民约、村民自治章程等。村规民约一般是指广大村民依据党的方针政策和法律法规，结合本村实际，所制定的用于维护本村社会秩序、社会道德等的一系列行为规范。村民自治章程主要是指广大农民群众依据法律法规所制定的一系列用于自我管理、自我服务的规范制度。村民自治章程主要在民主选举、民主决策、民主管理、民主监督等方面作出规定。村规民约与村民自治章程都属于村民自治制度，也是村民自愿达成的一种契约。②

其三，习俗文化。在传统中国，社会治理很大程度上是依靠乡域传统习俗来进行的。乡域传统习俗是人们经过长期实践形成的惯习或规则，并以此形成礼俗社会。礼俗社会是一种"熟悉的社会"，在这种"熟悉的社会"当中，人们会得到从心所欲而不逾规矩的自由。在此，规矩不是法律，而是"习"出来的礼俗。③因此，费孝通先生认为传统乡土社会是"无讼"的社会。但是，乡土社会中的这种"无讼"状态并不会影响乡土社会的运行秩序。因为乡土社会是"熟人社会"，在"熟人社会"当中，习俗已经内化为人们普遍遵循的行为规范，并由此形成相应的礼治秩序。④伴随着现代社会的快速发展，乡域传统习俗正在悄然发生变化。以春节习俗为例，传统的庆祝方式是贴春联、放鞭炮、上门拜年等，现代习惯则是通过手机等移动设备进行拜年，以电子鞭炮代替传统鞭炮等。再比如，传统的丧葬习俗

---

① 白雪娇：《规则自觉：探索村民自治基本单元的制度基础》，《山东社会科学》2016年第7期。
② 刘津：《从"乡约"到村规民约：比较与反思》，《长白学刊》2022年第1期。
③ 费孝通：《乡土中国》，生活·读书·新知三联书店，1985，第5页。
④ 费孝通：《乡土中国》，生活·读书·新知三联书店，1985，第51~52页。

步骤程序较为复杂烦琐，而现代的丧葬习惯则相对简化。在婚姻习俗上，传统时期讲究"父母之命，媒妁之言"，现代习惯则是"自由恋爱，婚姻自主"。

三 乡域文化的基本特征

一是传承性。传承性是乡域文化的基本特性。中国作为四大文明古国之一，其重要标志就在于拥有5000多年的中华文明史。中华文明之所以能够在数千年朝代更迭之下传承不辍，显示出极强的生命力，就在于中华文化具有极强的传承性。对此，英国历史学家汤因比就曾指出，中国传统文化是人类历史上26种文化形态中唯一一种长期延续而从未中断的文化体系。[①] 从历史变迁中，中华传统文化的积极因子被留存下来，成为滋养中华优秀传统文化的根基和血脉。乡域文化作为中华文化的重要组成部分，其传承性主要体现在传承方式、传承主体和传承内容三个方面。从传承方式看有口口相传、文字摘录等，从传承主体看有家庭传承、宗族传承、师徒传承等，从传承内容看有习俗传承、技艺传承等。这种传承性有着较为稳定的表达方式，比如家族文化的传承往往以祠堂、家谱等形式体现，习俗传承往往以具体的节庆仪式来体现，如中华传统节日、各民族特定节日等。

二是时代性。乡域文化的时代性是与其传承性相对应的。乡域文化是一种拥有历史记忆的文化，带有特定的历史传承性。但是如果将其置于自工业文明诞生以来的现代社会，它就拥有了时代的特征。这是因为乡域文化是一种时空重合的特定产物，其不仅可以寄托历史情怀，也可以抽象化地体现时代面向。因此，乡域文化既属于历史，也属于现代。而且在差异化的社会历史背景之下，乡域文化也有着特定的时代指向性。马克思从社会经济发展的角度把人类历史划分为自然经济、商品经济和产品经济三个大时代，每一时代的文化必然带有特定时代的风采，体现出大致相同的文化特征。[②] 同样，以生产力水平或者技术进步为标准，可以将人类社会历史划分为石器时代、铁器时代、工业时代、电子信息时代等，每一时代都

---

① 辛杰：《乡村振兴战略下农村优秀传统文化传承发展路径研究》，硕士学位论文，中南财经政法大学，2021，第21页。
② 许苏民：《论文化的民族性与时代性》，《福建学刊》1989年第2期。

必然生成特定时代的文化。而且，即使同一种文化在不同的历史时期也会发生变化。以婚姻中的陪嫁文化为例，传统时期陪嫁以衣被、桌椅等生活用品为主，工业时代增添了自行车、缝纫机等交通、生产用具，在电子信息时代又增添了手机、家电等电子设备，这些都凸显了文化的时代特征。这些变化不仅意味着时代的变迁，而且也反映了不同时代的文明程度。但不管处于什么年代，这一时期的时代文化普遍反映了人们对于美好生活的向往，也凸显了人们对于未来发展的思考。

三是多样性。乡域文化的多样性主要体现在两个方面。其一，乡域文化的民族差异。我国是一个拥有56个民族的多民族国家，每一个民族都有自己特有的文化。以节庆文化为例，傣族有泼水节，苗族有火把节等。生活在同一民族中的每一个个体"都无不受该民族的文化流风之浸染，都无不具有共同的民族文化心理的特征"。[1] 这种共同的心理特征，成为联系特定民族成员的心灵纽带。每个成员对于本民族的文化都有一种天然的认同感，都可以从本民族文化中获得精神的慰藉和心灵的共鸣。[2] 其二，乡域文化的地域差异。"十里不同乡，百里不同俗"，即使距离很近的地方，由于地缘关系和血缘关系的叠加影响，人们的生活方式和风俗习惯也可能存在较大差异。无论是民族差别还是地域差别，都体现出乡域文化的多样性。我们需要尊重乡域文化的这种多样性，在差异中求发展。

第二节 乡域传统文化的保护与传承

从历史上看，"乡土中国"构成中国社会的传统底色，孕育在乡土社会中的乡域传统文化规范并维系着中国社会的长期延续和发展。然而，近代以来，尤其是改革开放以来，中国的现代化进程急速推进，"乡土中国"的社会结构被打破，乡域传统文化面临"褪色"的潜在危机。对此，我们应当厘定传统文化与现代文化的逻辑关系，挖掘传统文化的内生动力，推进传统文化价值观念的现代重构，进而有效推进乡域传统文化的保护与

---

[1] 许苏民：《论文化的民族性与时代性》，《福建学刊》1989年第2期。
[2] 许苏民：《论文化的民族性与时代性》，《福建学刊》1989年第2期。

传承。

一 乡域传统文化的日益式微

其一，城镇化改变乡域文化的传统底色。在"城市中心主义"的发展逻辑下，城镇化成为当前中国现代化的重要抓手。相较于乡村，城市有着特殊的区位优势，由此形成城乡之间的强烈"位差"，对乡村人口产生"虹吸效应"。在马克思看来："城市已经表明了人口、生产工具、资本、享受和需求的集中这个事实；而在乡村则是完全相反的情况：隔绝和分散。"[1] 这种城乡位差，决定了财富和人口愈来愈向城市集中，城市加速发展；乡村则是相反的情况。另外，现代性生产和生活方式日益渗透并影响乡村，使得乡村社会已经成为从传统农业社会向现代社会转变的半工半耕、亦工亦农、城乡流动的"过渡型社会"。[2]

在"城市让生活更美好"的理念感召下，乡村人口持续向城市转移。传统社会是以土地要素为核心的社会，因此人们"守土为本"；而现代社会则是一个以市场和资本为核心的社会，[3] 因而人们"离土求生"。这种"离土"是人们主动选择的结果。一方面是现代农业生产技术（如机械化）的发展提升了农业生产效率，人们已经告别了过密化农业，因而产生了大量的乡村剩余劳动力。另一方面是务工、经商等多种经济形态的崛起，使得人们拥有了相较于农业生产更为高效的生存选择。因此，尽管国家价值仍然强调"无农不稳"，但社会驱动则是"无工不富"，并使得越来越多的农民涌入城市，由此也为乡域传统文化的衰退埋下了隐患。

其二，工业化冲击乡域传统文化。在急剧发展的工业化潮流之下，乡村社会经历了一场被理论所预见，同时又不断被实践所证实的发展过程——乡域传统文化式微，农业文明生存空间被挤压。这首先表现为承载乡域传统文化的实体结构逐渐消逝。一方面，中国传统乡村数量在大幅减少。1985年，全国行政村数量为94.1万个，到2016年时减少到52.6万

---

[1] 《马克思恩格斯选集》（第一卷），人民出版社，2012，第184页。
[2] 罗兴佐：《过渡型社会与乡村治理现代化》，《华南农业大学学报》（社会科学版）2021年第2期。
[3] 徐勇：《"根"与"飘"：城乡中国的失衡与均衡》，《武汉大学学报》（人文科学版）2016年第4期。

个,减少了 44%;全国自然村数量从 1990 年的 377 万个降到 2016 年的 261 万个;1997 年,全国村庄村民小组共 535.8 万个,到 2016 年时减少到 447.8 万个,不到 20 年的时间里,村民小组减少了 88 万个。① 相应的,存在于村落的院落、胡同、田地、祠堂等承载乡土记忆的生活空间和依附于这些实体结构的节庆仪式、风俗习惯等也随之消失。此外,一些地方在不了解乡土文化与村落周边自然环境、历史背景、文化传统等的天然联系和不可分割性的情况下实施了一系列不合时宜的乡村发展策略或举措,使得具有历史传承意义的乡域传统景观在资本的驱动下,变得更趋同质化,造成传统乡域文化趋于式微。

乡域传统文化主要由"人"来传承,但乡土文化人才流失却在持续加剧。当下,越来越多的年轻人通过读书、务工、经商、入仕等途径脱离乡村社会。这些年轻人与其父辈不同,他们的父辈虽也会外出打工,但其"根"仍在乡村,他们外出更多的是出于改善家庭生活的考量。而当代乡村社会中的青年群体的迁移是一种永久性的外流,即离开乡村融入城市,虽然偶尔回到故土,但也只是短暂停留。这一点在 80、90 后的农二代身上体现得最为明显,他们出村后不回村,资本也留在城市,他们进城买房,家庭未来的落脚地也不再是乡村。在此背景下,乡村民间习俗、技艺等乡域传统文化财富面临后继无人的窘境。因为相较于城市文化的先进和文明,乡村中的传统文化、风俗习惯等常被赋予负面的价值判断,② 青年一代对乡域传统文化表现出一定排斥态度。这实际上使乡村社会正在逐渐失去文化培育的独立性和自主性,失去自身的话语表达和文化认同基础。③

其三,市场化解构乡域传统文化价值。改革开放以来,我国经济发展十分迅速,人们的物质生活不断改善。但伴随着市场经济的全面渗透,传统的农耕经济逐渐瓦解。与此同时,裹挟在市场经济当中的消费主义、功利主义思潮等涌入乡村,解构了乡域传统文化中的价值观念。功利主义的盛行源自资本的渗透,而资本正是现代性的一种重要维度。在马克思看来,资本把

---

① 刘守英、王一鸽:《从乡土中国到城乡中国——中国转型的乡村变迁视角》,《管理世界》2018 年第 10 期。
② 赵旭东、孙笑非:《中国乡村文化的再生产——基于一种文化转型观念的再思考》,《南京农业大学学报》(社会科学版) 2017 年第 1 期。
③ 赵霞:《传统乡村文化的秩序危机与价值重建》,《中国农村观察》2011 年第 3 期。

"一切固定的僵化的关系以及与之相适应的素被尊崇的观念和见解都被消除了,一切新形成的关系等不到固定下来就陈旧了。一切等级的和固定的东西都烟消云散了,一切神圣的东西都被亵渎了"。① 人们已经习惯于运用经济学中的功利主义来为自我行为寻找根据,此时,追逐物质利益以满足自我需要,追求自我富裕而非共同富裕成为某些人的生活目标,经济也一度成为社会生活中的强势话语。在此过程中,人们日益沉溺于物质追求,诚实守信、仁义礼智、俭朴谦良等乡域传统文化道德观念逐渐弱化。

消费主义的冲击是乡域传统文化价值弱化的另一成因。在城市中,人口的高度集聚并未带来空间上的"熟人社会",这种城市的繁华与人际的淡漠反而映射出现代都市生活的内在张力。人际的交往常常围绕着阶层、金钱、消费、利益、权力(利)等。当人们穿行在水泥钢筋铸就的城市中常常感到疲惫与迷茫,一些人进而开始怀念传统的乡村社会。然而,当我们把目光转移到乡村社会之后,发现乡村也并非"一片净土",而是充斥着与城市趋于同质的利益和消费。由于乡村日益卷入市场化大环境之中,"社会化小农"和"市场化小农"的特征越发明显。诚然,消费主义在一定程度上刺激了经济发展。但我们却需要警惕无限制的消费主义,尤其是伴随着电子商务、网络借贷等虚拟交易技术的发展,甚至出现了"过度超前消费""攀比消费"。消费主义等观念逐渐代替传统的道德观念成为人们的行为准则,人的日常行为渐趋利益化,从而导致人情关系的异化。②

二 乡域传统文化的保护与传承

一是厘定乡域传统文化与现代文化的逻辑关系。习近平总书记指出,对待传统文化"要坚持古为今用、以古鉴今,坚持有鉴别的对待、有扬弃的继承,而不能搞厚古薄今、以古非今,努力实现传统文化的创造性转化、创新性发展,使之与现实文化相融相通,共同服务以文化人的时代任务"。③ 我们应摒弃传统与现代的二元对立观念,推动现代文化与传统文化

---

① 《马克思恩格斯选集》(第一卷),人民出版社,2012,第403页。
② 李敏、张利明:《当前农村不良社会风气的态势、成因及对策——基于全国200多个村4000多家农户连续3年的调查》,《西北农林科技大学学报》(社会科学版)2018年第2期。
③ 《习近平谈治国理政》(第二卷),外文出版社,2017,第313页。

的有机融合。现在对传统文化,有两种错误认识:一种是将现代与传统完全割裂开来;另一种是对中华传统文化照单全收。① 这两种认识都是片面的。应注意到,传统代表着历史,但现代本身也是正在行进的历史当中的一部分。在马克思看来:"人们自己创造自己的历史,但是他们并不是随心所欲地创造,并不是在他们自己选定的条件下创造,而是在直接碰到的、既定的、从过去承继下来的条件下创造。"② 因此,二者有着不可分割的历史联系。同时,我们在对现存事物的肯定的理解中必然也包含着对其否定的理解,即任何事物都存在着"否定自我的否定"③ 的过程。因此对待乡域传统文化应有选择地继承。对于当下中国社会而言,我们应从两个方面来理解乡域传统文化与现代文化的关系。一方面,应坚持现代化的基本取向。虽然现代化有种种弊端,但从人类历史发展进程来看,它是符合时代发展要求的。而且从全球范围来看,现代化是人类发展的普遍趋势。另一方面,我们要最大限度地吸纳乡域传统文化智慧,使其成为现代化发展的推动力。比如,我们可以用乡域传统文化中的"知足常乐""中规中矩"等观念来调和现代文化中的浮躁和喧嚣。

二是着力挖掘乡域传统文化发展内生动力。习近平总书记指出,"要系统梳理传统文化资源,让收藏在禁宫里的文物、陈列在广阔大地上的遗产、书写在古籍里的文字都活起来"。④ 对待传统文化,我们不能只是进行简单的保护,更重要的是挖掘其内在价值,使其重新融入人们的现实生活中。首先,要挖掘乡域传统文化的治理价值。乡域传统文化中的规则文化,是我国基层社会治理的重要资源。这类"规则文化"规范着人们的观念与行为,维系着共同体的秩序认同。对此,我们可以对这些传统的"规则文化"进行有效挖掘。例如"礼"和"孝"是传统社会治理的重要依据,可对这类规则文化进行合理扬弃,摒除封建礼教部分,继承发扬优良治理传统。同时,我们也可以将依法治国的思想融入传统规则文化当中,从而实现法理与情理交融、传统礼治与现代法治的转型与创新。⑤ 其次,

---

① 刘春荣:《文化自信的传统文化根基与渊源》,《理论视野》2019 年第 4 期。
② 《马克思恩格斯选集》(第一卷),人民出版社,2012,第 669 页。
③ 《马克思恩格斯选集》(第一卷),人民出版社,2012,第 220 页。
④ 《习近平谈治国理政》,外文出版社,2014,第 161 页。
⑤ 刘芳:《从孝道看传统礼治在乡村社会的运行及其当代启示》,《孔子研究》2020 年第 1 期。

要挖掘乡域传统文化的审美价值。从历史维度看，琴棋书画、田园茶花等皆是人们日常生活的重要内容，其中蕴含着人们的审美意识和生命态度。而这些传统在当代社会并未过时，甚至仍能发挥重要价值。比如，在许多地方广泛分布的民俗街，便布满了传统元素的痕迹。这些传统元素展现于现代文化空间中不仅不显得"土气"，反而产生了某种后现代的艺术意味。① 最后，要挖掘乡域传统文化的经济价值。随着现代社会的快速发展，人们对当今飞速发展的"现代化"与"城市化"有一种"强烈生命体验"，② 有一种"文化身份模糊"以及"被放逐的巨大失落和酸楚"，③ 进而对于乡愁的内在诉求日益强烈，这也为乡愁经济的发展创设了空间。④ 发展乡愁经济不仅能够满足现代人的乡愁情思，也能够为乡域传统文化注入发展活力，增强人们对于乡域传统文化的认同感和文化自信心，进而促进人们主动参与到乡域传统文化的保护和传承中来。

三是推动乡域传统文化价值观念的现代重构。传统价值观念是现代价值体系的起点和来源。对待传统价值观念不应一味否定，而应有选择地从传统价值观念中汲取养分，寻找传统价值观念和现代价值理念的结合点，从而为现代价值体系的构建提供更为深厚的历史底蕴和根基。一方面，我们要大力弘扬乡域传统文化美德。乡域传统文化美德是指能够在我们民族发展中起到积极促进作用的道德文化，它对现代社会中产生的一些道德观念有着纠偏纠错、正本清源的作用。例如，乡域传统文化美德中的"重义轻利、克勤克俭"等对于当前社会中的功利主义和消费主义倾向均具有调和作用。对于这些能够调和现代社会矛盾传统道德，我们应当大力弘扬。具体而言，可通过整合道德教育资源，在校园开设传统道德教育选修课程，在乡村开展"道德模范评比、文明家庭创建"等系列活动，在乡域社会营造道德氛围。此外，可以通过挖掘传统道德资源，培育现代道德精神。挖掘传统道德资源就是要重新发掘长久以来形成的价值理念，唤醒人们守望相助的历史记忆，主动参

---

① 季中扬、李静：《论城乡文化共同体的可能性及其建构路径》，《学海》2014年第6期。
② 李河：《从根系式生存到漂泊式生存——中国城市化进程的生存论解读》，《求是学刊》2018年第2期。
③ 种海峰：《当代中国文化乡愁的历史生成与现实消弥》，《天府新论》2008年第4期。
④ 黄振华、陈梓清：《记得住乡愁：乡村振兴的路径选择——基于云南大理的实践与思考》，《党政研究》2022年第2期。

与到社会公共建设中来。另一方面，要以社会主义核心价值观为引领重构乡村社会道德评价体系。乡村社会中的道德弱化一方面源于传统道德评价体系的实质"解构"，另一方面源于现代道德评价体系尚未真正"建构"。其一，要用社会主义核心价值观引导人们形成正确的道德观念。乡村社会价值观念日益多样化，这些多样化的价值观念间甚至相互冲突，对人们的精神世界造成冲击。为此，建构乡村社会道德评价体系必须强调指导思想与主导价值的一元性，而社会主义核心价值体系正是对当下社会多元价值观无序状态的有机整合与体系重构。① 其二，要以社会主义核心价值观改造乡域传统文化道德价值理念。我们知道传统的道德体系是以私人关系为基础的，以至出现"私"大于"公"的价值取向，这与传统中国"熟人社会"的性质和血缘宗法制度密不可分。但必须看到，现代社会已经从传统的血缘宗法母体中脱离出来，是一种现代性极高的"陌生人社会"。随着社会性质的转变，道德评价标准也应相应发生转变。对此，应以社会主义核心价值观为主体，强化社会公德的作用，引导人们突破传统道德思维的束缚，实现传统伦理道德的现代转化与重构。

第三节 乡域公共文化服务体系建设

乡域公共文化服务体系是我国公共文化服务体系建设的重要组成部分，它是指以政府为主导，以市场和社会力量参与为补充，以服务乡域人民文化需求为目的，为乡域提供公共文化产品和服务的完整体系，涵盖乡域公共文化服务的主要内容、乡域公共文化空间建设以及乡域公共文化服务供给等问题。

一 乡域公共文化服务的主要内容

其一，乡域公共文化基础设施建设。2018 年 9 月，中共中央、国务院印发《乡村振兴战略规划（2018—2022 年）》，对乡村振兴战略作出总体

---

① 赵霞：《传统乡村文化的秩序危机与价值重建》，《中国农村观察》2011 年第 3 期。

性谋划。在关于繁荣发展乡村文化当中,规划提出了按照"四有"(有标准、有网络、有内容、有人才)标准健全乡村公共文化服务体系、实现乡村两级公共文化服务全覆盖的任务,并作出了实施乡村文化繁荣兴盛八大工程的部署。从根本上而言,推动乡村振兴,需要缩小城乡之间的发展差距,尤其要着力完善乡村基础设施和公共服务,大力推动城乡基本公共服务均等化,保护农村生态环境,推动乡域文化繁荣兴盛,让乡村居民也能享受到与城市居民同等的甚至更好的生活环境。① 由此可见,推动城乡基本公共服务均等化已经被提升到国家战略层面。推动城乡基本公共文化服务均等化,就需要大力推进基本公共文化服务基础设施建设,尤其是要着力推动乡域公共文化服务基础设施建设。

一是要大力推进村级公共文化基础设施建设。村级公共文化基础设施主要包括文化活动室、文化广场、图书阅览室等。其中,文化活动室和文化广场是一种动态的乡村居民活动场所,是村民实现文化交流沟通的重要场所,每个自然村落均需配备文化活动室与文化广场,但目前仍有部分地区未实现村级公共文化服务基础设施的全覆盖。② 对此,各地应加强村级公共文化服务基础设施的建设,确保实现村级公共文化服务基础设施的全覆盖。此外,还应加强村级公共文化服务基础设施的日常维护,并根据时代变化及时更新设备。

二是要大力推动乡级公共文化基础设施建设。乡域公共文化服务体系建设的一个重要作用是推动实现城乡基本公共服务均等化,而乡级公共文化服务恰好处于城乡两级的中间层,起到承上启下的关键作用,因此必须要加强乡级公共文化服务基础设施建设。具体而言,可以着力推进乡级文化站的建设。各地乡级综合文化站应着力推进图书室、阅览室、放映室、活动室、培训教室等"五室"建设,并配备专门的文化工作人员和服务人员。③

其二,乡域公共文化服务标准制度建设。2017年3月,《公共文化服务保障法》正式施行,由此也建立了我国的基本公共文化服务标准制度。

---

① 杨仪青:《城乡融合视域下我国实现乡村振兴的路径选择》,《现代经济探讨》2018年第6期。
② 刘艳春:《新农村公共文化服务体系建设的短板与重构》,《农业经济》2019年第2期。
③ 周正刚:《构建农村现代公共文化服务体系的探讨》,《湘湖论坛》2014年第5期。

该法规定：国务院根据公民基本文化需求和经济社会发展水平，制定并调整国家基本公共文化服务指导标准；省、自治区、直辖市人民政府根据国家基本公共文化服务指导标准，结合当地实际需求、财政能力和文化特色，制定并调整本行政区域的基本公共文化服务实施标准。简单地说，就是中央和地方政府分别制定国家和地方的基本公共文化服务标准，实现政府基本公共文化服务事权责任和支出责任的标准化、清单化、法律化，最终形成一个覆盖全国的、上下衔接的、既有基本共性又有特色个性的基本公共文化服务标准指标体系。这一制度被认为是我国公共文化服务体系建设具有基础性和鲜明中国特色的制度。[1] 接下来在具体的建设上要做好如下三方面工作。

一是制定标准。在此，需要明确的是基本公共文化服务标准制度的责任主体是县级以上人民政府。基本公共文化服务标准的主要内容应包括服务项目、支付类别、质量标准、支出责任等，简单地说就是要明确基本公共文化服务的内容、种类、数量和水平。从国内各地实践来看，自《公共文化服务保障法》施行以来，基本公共文化服务标准制度的落实取得了明显进展。据相关调查，截至2019年，全国已有超过70%的县级人民政府出台了本地区的基本公共文化服务目录或标准。[2]

二是动态调整。动态调整机制是保证基本公共文化服务标准制度与经济社会发展水平、公共财政支撑能力、公众需求不断变化相适应的措施。目前，国家级、省级基本公共文化服务指导标准/实施标准的更新调整周期一般为五年。[3] 县级基本公共文化服务目录的更新调整周期应适当缩短。同时，面向农村的基本公共文化服务内容，应紧密结合乡村振兴、文旅融合、新时代文明实践中心建设三大重点任务加以拓展，研究设计出新的服务项目并纳入目录/标准。如《乡村振兴战略规划（2018—2022年）》设计了"戏曲进乡村"重大工程，要求在全国范围内实现戏曲进乡村常态

---

[1] 柳斌杰等主编《中华人民共和国公共文化服务保障法解读》，中国法制出版社，2017，第25页。
[2] 北京大学国家现代公共文化研究中心：《公共文化领域重点改革任务落实情况调研报告》，2019年6月。
[3] 《国家发展改革委有关负责人就〈关于建立健全基本公共服务标准体系的指导意见〉答记者问》，中国政府网，https://www.gov.cn/zhengce/2018-12/12/content_5348163.htm。

化、制度化、普及化。

三是组织实施。标准的组织实施,责任主体主要是县级人民政府,这一方面是因为在我国目前的行政架构中,县级政府是具有较为完整的行政和财政能力的基层政府,处于社会治理和公共服务"抓落实"的第一线;同时,以县为地域单元组织实施标准,也有利于促进公共文化资源和服务向农村基层延伸,有利于构建城乡一体的公共文化服务体系。[1]

二 乡域公共文化空间建设

"文化空间"通常是指"一种物质空间或社会空间,它是由拥有这一空间的特定群体的一整套相关行为和生活模式来定义的"。[2] 公共文化空间包含内在与外延两个层面:其内在是空间的精神构建,通过各种活动和仪式来建构一种文化共同体的符号价值,形成推动社会和谐文明的公共精神;其外延是空间的物质构建,通过各种场所设施的建设来为民众公共活动提供便利和服务。[3] 当前,我国的乡域公共文化空间分为传统型和现代型两种类型。二者分别面临功能弱化和机制缺失的窘境。

一是传统公共文化空间的功能弱化。传统公共文化空间是指农村居民根据生产生活经验所自发构建的一种文化活动空间,它是一种内生性的"自组织"公共空间,包括宗祠、戏台、寺庙等人造公共场所,也包括古树下、池塘边等天然公共场所。这些公共场所具有浓厚的"乡土性",因为它们都是以地域血缘为纽带所构成的公共空间,这也是构成乡村"熟人社会"[4] 的重要根基。这种传统公共文化空间构成了农民生产、生活和娱乐的基本场域,在此基础上也构筑了乡村文化共同体。在这一共同体内,人们经过长期的历史实践不断探索并完善人与人、人与自然、人与社会之间的相处模式,这也是乡村社会保持长久稳定的原因所在。改革开放以来,中国农村社会急剧变迁,农村社会结构发生了剧烈变化。乡村文化共

---

[1] 李国新:《关于加强农村公共文化服务建设的思考》,《中国图书馆学报》2019年第4期。
[2] 伍乐平、张晓萍:《国内外"文化空间"研究的多维视角》,《西南民族大学学报》(人文社会科学版)2016年第3期。
[3] 耿达:《公共文化空间视角下农村公共文化服务体系建设研究》,《思想战线》2019年第5期。
[4] 费孝通:《乡土中国 生育制度 乡土重建》,商务印书馆,2014,第25~32页。

同体逐渐松动与瓦解,表现为人情关系日益淡薄、邻里关系逐渐陌生、宗族关日益淡化、代际关系逐渐疏离、干群关系矛盾冲突多发等。① 进入21世纪以后,中国农村社区的"熟人社会"也逐渐开始转变为"半熟人社会"。② 这就导致乡村社会更趋异质性,乡村文化共同体难以维系,传统公共文化空间逐渐衰落。

二是现代公共文化空间的机制缺失。乡域现代公共文化空间是指由国家主导建设的符合现代性发展趋势的公共文化场所及其所组织的公共文化活动。它是一种外生性的"他组织"公共空间,如国家主导建设的一系列"文化下乡"活动,比较典型的有"五大文化惠民工程"。③ 诚然,上述公共文化服务建设,在一定程度上可以满足农民日益增长的文化需求,但是这种"城市文化下乡"并没有形成理想中的通过城市文化输入实现"乡村本土文化"大繁荣、大发展,反而形成了一系列困境。④ 究其根本,在于制度之间缺乏有效衔接,需求端与供给端失衡。就供给内容而言,农村与城市公共文化服务高度同质,主要包括读书看报、电视电影广播、文化活动等内容,缺乏乡村"内生性"的公共文化服务,简单来说文化虽然实现了"下乡",但却未能在乡村"生根"。而且从字面来看,"文化下乡"本身就体现出了明显的城市中心主义,即预设了相较于农村文化,城市文化是具有优越性的,乡村文化是城市文化改造的对象。"下"字则表明了文化供给的方式,即以政府为主导的自上而下的传播。由此可知,"城市文化下乡"在运作过程中多遵从的是行政逻辑。而在现实实践中也证明了行政逻辑的运作,因为来自上级文化部门领导的压力愈强,基层文化服务部门就更加重视,并会将其作为中心任务来抓。⑤ 此外,村民对于乡域现代公共文化空间的参与水平也较为低。以乡镇文化站为例,根据相关研究,农村居民对乡镇文化站开展的活动的参与程度偏低,其中从不参与的有25.81%,很少参

---

① 陈波:《二十年来中国农村文化变迁:表征、影响与思考——来自全国25省(市、区)118村的调查》,《中国软科学》2015年第8期。
② 贺雪峰:《新乡土中国》,北京大学出版社,2013,第9~10页。
③ 五大文化惠民工程分别为:乡镇和社区综合文化站、农家书屋、广播电视村村通、农村电影放映和全国文化信息资源共享工程。
④ 罗哲:《农村公共文化服务的结构转型:从"城市文化下乡"到"乡村文化振兴"》,《四川师范大学学报》(社会科学版)2019年第5期。
⑤ 王列生等:《国家公共文化服务体系论》,文化艺术出版社,2009,第3页。

与的有35.33%，偶尔参与的有28.37%，经常参与的只有10.49%，而且还有23.72%的农村居民并不知晓文化站的存在或文化站在哪里。农村居民对文化站的整体满意度也较低（3.48分），其中对场所设施的满意度为4.65分、对活动开展的满意度为3.12分、对服务质量的满意度为2.68分。①

针对乡村传统公共文化空间功能弱化和现代公共文化空间机制缺失的问题，我们应当从以下两个方面做出调整或努力。一是要推动传统与现代的融合。在某种程度上而言，现代代表着对传统的超越，但并不代表着与传统的决裂。正如巴林顿·摩尔所言："在两大文明形成起承转合的历史关节点上，分崩离析的传统社会所遗留下来的大量阶级因子，会对未来历史的造型发生强烈作用。"② 因此，对于传统文化，我们需要认识并挖掘其当代价值并促进其现代转化。换言之，我们应当重塑农村公共文化空间，使其重新融入村民生活当中。在此，我们不仅是为农民提供一种简单的公共文化活动，而是提供一个交流沟通的互动场域，这种互动场域可以有效化解农村社会原子化、空心化所带来的认同弱化、情感冷漠等问题，可以有效促进乡村文化共同体的重建。二是要改善公共文化空间供给方式。政府可以在乡村传统公共文化空间的基础上更新现代公共文化供给方式，变"文化下乡"为"文化入乡"。同时，政府也可以号召或挖掘乡村本土人才，使其参与到乡村公共文化建设中来。多措并举，推动乡村公共文化空间的重塑和建设。

三 乡域公共文化服务供给

乡域公共文化服务供给是乡域公共文化建设的核心环节。乡域公共文化建设的根本目的就是提升乡域公共文化服务供给效率，满足乡域人民日益增长的文化需求。目前，我国乡域公共文化服务供给还存在一系列短板，需要我们加以探索和完善。

当前，我国的乡域公共文化服务供给主要有三种模式。一是以公共部门为主导的政府供给模式。公共服务带有明显的公共性，这就决定了公共

---

① 耿达：《公共文化空间视角下农村公共文化服务体系建设研究》，《思想战线》2019年第5期。
② 〔美〕巴林顿·摩尔：《民主和专制的社会起源》，拓夫等译，华夏出版社，1987，第2页。

服务的主导力量是政府。在我国绝大部分地区，乡域公共服务的供给主要是由乡镇政府或县级政府来完成的。二是以私人部门为主体的市场化模式。新公共管理理论认为，政府在公共行政中经常出现的效率低下的问题，其原因就在于政府管了许多不该管的事，以至于在某些领域（如公共服务领域）发生了政府失灵现象。① 伴随着我国社会主义市场经济的发展，市场在国民经济中发挥的作用日渐突出，在乡域公共文化服务体系构建中市场逐渐扮演了重要角色。例如政府可以借鉴企业在投资、管理、服务等方面的优势，并利用多种方式对其形成正面引导，鼓励其参与公共产品与服务的供给。② 三是以乡域居民为主体的社会供给模式。乡域居民是公共文化服务的供给对象，同时也可以是乡域公共文化服务的供给主体。实际上，在公共文化服务的供给中，可充分借助乡域居民的力量。公共文化产品供给的居民自发模式，即农民个体或群体依靠其拥有的各类文化资源进行的以满足自身或群体的精神文化需求或物质利益需求为目的的各类文化活动，又称为自主型供给。③

上述三种供给模式各有利弊，而理想的乡域公共文化服务供给模式应是政府、市场、社会三者形成合力。在此，探索一种新的适应乡域实际的公共文化服务协同供给模式显得尤为必要。其中，政府是引导力、市场是推动力、群众是内生力，三者合力共同推进乡域公共文化服务协同供给。

第一，政府要规范乡域文化公共服务供给体系建设。相较于市场和社会，政府扮演着"元治理者"的角色，需要完善财政资金拨付制度，为乡域文化公共服务协同供给体系建设提供财政支持。同时，政府应当充分发挥监管职能，以保证乡域文化公共服务协同供给效度。对此，美国学者戴维·奥斯本和特德·盖布勒就提出："政府具有多方面的职能，除单纯提供公共产品与服务之外，为保障更加顺利地提供公共服务，还应该具备监督监察职能。"④

---

① 〔美〕维·奥斯本、特德·盖布勒：《改革政府：企业家精神如何改革着公共部门》，周敦仁等译，上海译文出版社，1992，第185~186页。
② 顾金孚：《农村公共文化服务市场化的途径与模式研究》，《学术论坛》2009年第5期。
③ 顾金孚：《农村公共文化服务市场化的途径与模式研究》，《学术论坛》2009年第5期。
④ 〔美〕戴维·奥斯本、特德·盖布勒：《改革政府：企业家精神如何改革着公共部门》，周敦仁等译，上海译文出版社，1992，第185~186页。

第二，引导乡域公共文化服务供给市场健康发展。一是要加大公共文化服务社会化承接组织的培育力度，应在增加数量和提高质量两个方面同时发力。二是完善政府购买服务制度，这也是激励社会和市场参与乡村公共文化服务体系建设的重要方式。三是要建立对第三方机构等社会化承接组织资质水平的评价机制，有效把控社会化承接组织的"入口"，防止不具备一定专业资质的企业或社会组织盲目进入公共文化服务供给领域。四是要完善政府补贴制度，我们可以看到在有些地方是由政府提供补贴的形式委托私人部门提供公共文化服务。

第三，发挥农民在乡域公共文化建设中的主体作用。乡域公共文化建设离不开农民群众的主动参与。从某种程度上而言，农民才是乡域公共文化建设的主体。对此，政府要积极培育农民自发组织的民间文化组织，为他们提供资金支持和制度保障，以此带动乡村文化的发展和繁荣。民间文化组织是"自下而上"的由民间文化艺人自发组织的，其在社区公益性文化活动方面，具有文化引领的"催化效应"、文化汇集的"整合效应"、文化凝化的"聚合效应"、文化濡化的"陶铸效应"。[①] 此外，在广大农村社区还存在着大量的文化中心户，他们当中包括文化艺人、新乡贤、退休教师、退休干部等。这些文化中心户是基层文化细胞，也是乡域公共文化建设的有机组成部分。对此，政府可以将群众自发组织的公益性活动纳入政府购买公共文化服务的范畴，对民间艺人和民间文化社团进行适当补助，鼓励其开展丰富多彩的农村文化活动，通过日常文化活动的开展来盘活农村公共文化资源。

---

① 高宏存：《社区文化组织如何服务社区管理——以南通市崇川区社区文化社团为例》，《领导之友》2012年第6期。

第九章 乡域生态文明建设

党的二十大报告明确提出,"尊重自然、顺应自然、保护自然,是全面建设社会主义现代化国家的内在要求。必须牢固树立和践行绿水青山就是金山银山的理念,站在人与自然和谐共生的高度谋划发展"。[1] 良好的生态环境是农村社会最大优势和宝贵财富,是建设宜居宜业和美乡村的重要内容,也是乡域治理的关键领域。本章主要聚焦在乡域生态环境保护、乡域人居环境治理和乡域绿色发展三个方面,考察我国乡域生态文明建设的主要特点、面临的现实挑战,以及未来的路径走向。

第一节 乡域生态环境保护

乡域生态环境保护是促进农村居民身心健康、推进农业农村可持续发展的前提和保障。本节主要围绕以下三个方面的内容展开:一是乡域生态环境建设概述;二是保护乡域生态环境的重要价值;三是保护乡域生态环境的路径选择。

一 乡域生态环境建设概述

(一)乡域生态环境的内涵界定

生态指的是生物和环境之间的相互关系和相互作用。生物和环境之间密切相关,一方面环境为生物的生存发展提供条件,另一方面生物的

---

[1] 习近平:《高举中国特色社会主义伟大旗帜 为全面建设社会主义现代化国家而团结奋斗——在中国共产党第二十次全国代表大会上的报告》,人民出版社,2022,第49~50页。

生存发展必然时刻影响和改变周围的环境。生态环境是与人类生存发展密切相关的水资源、土地资源、生物资源及气候资源等的总称，是关乎社会和经济持续健康发展的复合生态系统。在人类生存和发展的过程中，利用和改造自然活动所产生的对自然环境的破坏和污染，就是生态环境问题。

乡域生态环境指的是在以农村居民为主体的乡域范围内，各种自然和人为改造后的复合生态系统，由自然生态系统和社会生态系统两部分组成。自然生态系统包括大气环境、生物环境、水环境、土壤环境等生态因素。社会生态系统包括生产环境、生活环境等社会因素。不同因素间相互影响、互相制约，任一因素的变化都有可能引起整个生态系统的变化。按照地域范围划分，乡域生态环境也可称为乡村生态环境。自党的十八大以来，我国大力推进生态文明建设步伐，在乡村社会取得了一定的成果，但在乡村社会加强生态环境建设仍然面临一系列问题。

（二）我国乡域生态环境建设的现状分析

1. 乡域生态环境建设的初步成效

2012 年，党的十八大将"生态文明建设"融入"五位一体"总体布局。自此，关于农村生态文明建设的相关政策密集出台。2013 年中央一号文件提出建设美丽乡村的目标。2018 年，《乡村振兴战略规划（2018—2022 年）》将农村生态文明建设提升到国家战略高度。2022 年，党的二十大报告再次提出要"像保护眼睛一样保护自然和生态环境"。[①] 随着国家一系列政策的推动，我国乡村生态环境建设取得了一定成效。

其一，我国农业产地环境治理得到改善。2022 年，水稻、小麦、玉米三大粮食作物化肥利用率、畜禽粪污综合利用率、秸秆综合利用率分别为 41.3%、78.0% 和 88.0%，分别比 2017 年上涨 3.5%、14.0% 和 6.0%。其二，耕地质量明显提升。2017 年，一至三等、四至六等和七至十等耕地面积分别占耕地总面积的 27.4%、45.0% 和 27.6%。根据数据可明显看出低等耕地面积的数量减少，高等质量的耕地面积总量增加。2022 年一至三等、四至六等和七至十等耕地面积分别占耕地总面积的 31.24%、46.81%

---

① 习近平：《高举中国特色社会主义伟大旗帜　为全面建设社会主义现代化国家而团结奋斗——在中国共产党第二十次全国代表大会上的报告》，人民出版社，2022，第 23 页。

和21.85%。① 其三，农用地土壤环境状况总体稳定。2022年，全国农用地安全利用率保持在90%以上，全国土壤环境风险得到基本管控，影响农用地土壤环境质量的主要污染物是重金属，土壤污染加重趋势得到初步遏制。② 其四，农业生态系统修复效果明显。探索建立了轮作休耕的技术体系，实施耕地轮作休耕制度试点，创新实施保护性耕作，入侵物种灭除面积超过3000多万亩次，初步构建了中国外来入侵物种数据库，重点流域水生生物多样性下降速度得到初步遏制，农业绿色发展的政策体系初步构建。③

2. 乡域生态环境建设的严峻形势

尽管我国乡域生态环境建设取得了积极成效，但乡村生产生活领域环境污染形势依然严峻。随着我国经济社会的快速发展，乡村地区农业生产和农民生活方式发生变化，这种变化对推动乡村社会发展起到了促进作用，但对农村生态环境保护带来了压力。

其一，乡村污染情况愈加复杂。乡村生态环境污染源不仅来自农业领域，如农业面源污染、畜禽粪便污染等，还有来自工业领域及社会生活过程的污染，如工业转移污染、生活垃圾污染等。另外，目前我国城乡发展差距仍然较大，乡村在发展过程中忽视生态保护目标，在建设和开发的过程中造成对农村生态环境的污染。而且一些城市在生态环境建设过程中为了追求城市生态环境保护而将污染转移至农村地区，如将城市垃圾转运至城市周边农村地区，将落后产能企业转移至农村地区，造成农村生态环境污染加重。

其二，乡村生态环境污染治理难度较大。由于受自然因素影响和地理环境等因素的制约，农村环境污染具有广泛性、隐蔽性和不确定性等特点，防治难度因环境特殊增加，而且其防治成效也难以在短时间内显现。另外，农民受到教育水平、生活习惯和生态观念的影响，普遍认为农村环境污染与治理责任在政府和村两委干部，与自身没有关系，尤其在偏远农

---

① 《2022年中国环境状况公报》，中国政府网，https://www.gov.cn/lianbo/bumen/202305/content_6883708.htm。
② 《2022年中国环境状况公报》，中国政府网，https://www.gov.cn/lianbo/bumen/202305/content_6883708.htm。
③ 朱平国、宋成军：《加强农村生态文明建设 推动乡村高质量发展》，光明网，https://m.gmw.cn/baijia/2021-12/08/35366119.html。

村，农民进行生态环境治理的积极性和主动性明显偏低。如若仅靠政府而不动员人民群众的力量来保护农村生态环境，难以实现农村生态环境保护的可持续性和有效性。对于政府而言，由于不同村庄人口规模、自然条件、经济发展情况、污染情况以及乡村环境特别是生态环境敏感程度、生态环境容量等均不相同，政府部门制定各类生态环境保护政策，开展分类指导行为也有较大难度。

（三）乡域生态环境建设的基本原则

一是坚持问题导向，保持农业领域施策差异化。坚持以农民群众为本位，以农民需求为导向，优先重点解决与农民群众生产生活密切相关的农村生态环境问题。坚持从农村自然生态环境、农业生产实际和农民生活实际出发，试点先行，总结经验，循序渐进地分类施策，加强农村生态环境保护的精准化治理。

二是坚持生态优先，加强农业污染源头减量化。深刻践行绿水青山就是金山银山的生态理念，强化乡域范围内生态环境整治和生态文明建设有机融合。统筹农村生产、生活和生态空间三位一体布局，着重优化农业种植养殖业生产规模、结构和布局，从源头推进农业生产领域清洁化、生态化、高效化，深入实施化肥农药减量增效行动。

三是坚持系统治理，维护农村生态系统协调性。秉持全方位、全过程和全领域生态环境保护协同治理理念，建立山水林田湖草一体化保护和系统治理机制，建立城乡一体化、流域统筹化、"三生"① 融合化的生态环境系统治理机制，强化复杂污染物、多重要素系统协同治理，全面系统、协调稳步推进乡域范围内生态环境综合治理。

四是坚持共治共享，凝聚多元主体参与合力。建立健全乡村生态环境保护执行、监管和保障体系，提升乡村生态环境保护的数字化、智慧化和科学化水平。动员社会组织、企业和农民等多元主体参与农业农村生态环境保护治理活动，尤其是保障农民群众的知情权、监督权、话语权和参与权，着力形成"共谋、共建、共管、共评、共享"的乡村领域生态环境保护体系。

---

① "三生"：生产、生活和生态。

二 保护乡域生态环境的重要价值

良好的生态环境是经济社会可持续发展的重要基础。乡村生态环境是全域生态环境的重要组成部分，加强保护乡域生态环境对我国农业农村发展、生态文明建设和人民发展需求具有重要价值。

第一，推动农业农村健康持续发展的迫切需要。我国是人口大国，粮食安全问题事关国本。良好的乡村生态环境是农业生产健康、可持续发展的基础。尤其是在粮食主产区，土壤质量、水环境等对农业生产会产生直接影响。习近平总书记指出，"绿水青山就是金山银山，保护环境就是保护生产力"。[①] 改善当前农业农村生产生活环境，实现农业农村生态环境治理和保护，形成资源利用高效、生态系统稳定、产地环境良好、产品质量安全的绿色兴农新格局，有利于将农业生态优势转化为农业发展优势。

第二，深入推进生态文明建设的重要基础。农村社会不仅是农业生产的重要领域，也是我国构建生态文明和建设美丽中国至关重要的基本单元。加强农村生态环境保护建设，不仅对农业农村绿色发展有重要推动作用，而且是中国社会持续健康发展的重要保障。当前，我国农村生态环境保护工作与生态文明建设目标仍有一定差距，也还远远不能满足人民对农村美好生态环境的期待。近年来，《乡村振兴战略规划（2018—2022年）》《"十四五"土壤、地下水和农村生态环境保护规划》等政策陆续出台，在加强农村生态环境综合治理、推进农业农村生产生活和生态领域绿色发展等方面提供了指引，为进一步统筹推进乡村生态全面振兴、强化农村生态文明建设注入了不竭动力。

第三，满足人民群众对美好生活需要的必然要求。良好的生态环境是普惠的公共产品，是在全面建成小康社会后人民群众的美好期盼与内在需求。习近平总书记指出，"我国生态环境保护结构性、根源性、趋势性压力尚未根本缓解"，[②] 生态环境稳中向好的局面并不稳固，生态文明建设仍

[①] 习近平：《论把握新发展阶段、贯彻新发展理念、构建新发展格局》，中央文献出版社，2021，第126页。

[②] 《习近平在全国生态环境保护大会上强调：全面推进美丽中国建设　加快推进人与自然和谐共生的现代化》，中国政府网，https://www.gov.cn/yaowen/liebiao/202307/content_6892793.htm。

面临多重矛盾和挑战,生态环境质量同人民群众对美好生活需要的期盼相比、同经济社会高质量发展的目标相比仍有较大差距。乡村生态环境涉及面广、覆盖区域大、影响深远,乡村生态环境的修复和改善是一个需要久久为功、艰苦努力的长期过程。在此过程中,秉持以人民为中心的生态保护思想,优先从与人民群众密切相关的生产生活领域入手,坚守持续改善生态环境质量的使命,增强人民群众对美好生态环境的获得感、幸福感和安全感。

三　保护乡域生态环境的路径选择

在人与自然界的关系上,应该做到人类活动和自然发展相协调,超出协调范围,自然界都对我们进行报复。[①]党的十八大以来,我国在乡域生态环境保护方面开展了一系列开创性工作。

一是加强生态农业培育,开发绿色生态农产品。首先,将农业发展思路从满足量的要求转变为满足质的需求,以绿色生态理念调整产品结构,注重特色农产品、优质绿色农产品、安全生态农产品研发。其次,依托乡村社会自然生态环境搭建绿色化、标准化、模式化产业链。因地制宜进行产业融合,加强农业生态价值利用和转化,依托农业产业发展乡村旅游和休闲农业,打造乡村美丽经济和生态经济,推动乡村产业多样化、生态化、绿色化发展。最后,在农业产业发展的过程中坚持边开发边保护、边建设边修复,对生态环境污染严重、较为脆弱的耕地、草原、林地和水面,深入开展生态环境问题的治理。提升有机肥的使用率,做好塑料农膜的回收利用,探索生态养殖模式。对于农业地区的工业产业发展,相关部门需要加强监督、管理,减少工业生产的负外部性影响,实现经济与生态良性健康发展。

二是加快法治生态建设,保障生态文明建设效能。"生态问题要想从根源上得到解决,必须有完善的制度作为保障。"[②]一方面,建立健全乡村生态环境保护法律法规,将乡村生态环境保护上升到国家法律法规层面。在《环境保护法》、《水污染防治法》和《大气污染防治法》等法律法规

[①]〔德〕恩格斯:《自然辩证法》,人民出版社,2015,第313页。
[②]〔美〕迈克尔·麦金尼斯主编《多中心体制与地方公共经济》,毛寿龙译,上海三联书店,2000,第57~58页。

的基础上，依据乡村社会生态文明建设实际情况和乡村社会面临的生态环境问题，因地制宜为乡村生态保护制定相关法律法规，扩大其在乡村生态方面的保护范围，依托法律法规和相关制度建设为乡村生态环境保护搭建牢固基础。另一方面，加强乡村生态环境执法监管力度，严厉打击破坏乡村生态环境、污染乡村生态环境的违法行为，提高违法成本，以此约束人们的行为。另外，由于乡村生态环境的特殊性，可以加强村庄生态环境保护队伍建设，充分发动人民群众的力量保护乡村生态环境，推动乡村生态环境的健康发展。

三是增加生态保护投入，加强基础设施建设。生态环境作为基本的公共产品，国家有责任作为重要的引导者，投入充足的环境治理资金，确保环保资金使用效率和使用方式的科学化和精准化。但仅靠政府单一主体的投入难免捉襟见肘，要针对不同领域、不同环节的生态环保问题制定科学的发展规划，进行合理的责任认定，带动企业、社会组织、人民群众多元主体的社会资金投入生态环境保护建设中来，保证乡村生态环境保护建设有稳定、充足的资金来源。另外，对于乡村生态环境保护的资金使用方式而言，现阶段更应注重生态基础设施建设。如在农业生产领域，深入发展资源节约型和环境友好型技术，将其与现代农艺相结合，提升农民使用技术的便捷性。运用生态工程和生态技术，大力发展现代生态农业，形成乡村社会种养一体化格局，建设生态循环的农业体系。在农村地区加强天然气管道等清洁能源的基础设施建设，控制耗能资源对乡村生态环境的污染。对生活污水的收集要加强管网建设，加强生活污水集中处理，保护农村原生态水源地周边基础设施建设，确保农村居民饮水安全。

第二节　乡域人居环境治理

推进乡村人居环境整治是实施乡村振兴战略的重要举措。乡域人居环境治理成效直接关系到乡村农民的生活质量，有利于提升农民的幸福感、获得感，是建设美丽乡村的需要，也是美丽中国建设的重要组成部分。本节主要围绕以下四个方面的内容展开：一是乡域人居环境概述；二是乡域人居环境治理的基本原则；三是乡域人居环境治理面临的挑战；四是乡域人居环境治理的提升路径。

一 乡域人居环境概述

关于人居环境的研究最早可以追溯到道萨迪亚斯（Doxiadis）创建的"人类聚居学"理论，他提出人类住区包括有形的住区本身，同时也包括周围的自然环境、人类及其活动以及人类及其活动所构成的社会。[①] 1980年，吴良镛先生根据道萨迪亚斯的"人类聚居学"理论，结合中国自身特色，建立了中国的人居环境科学，他在其著作《人居环境科学导论》一书中将人居环境定义为人类聚居生活的地方，其是人类利用自然、改造自然的主要场所。人居环境是人类在大自然中赖以生存的基础，密切影响着社会生产和发展。[②] 具体来看，人居环境可分为广义和狭义两个方面：广义的人居环境是人类生产生活所涵盖的大系统，狭义上的人居环境是指人类生存的物质条件及空间范畴。人居环境是一个涉及多领域的复杂系统，如生态、建筑、地理、社会等多个层面。

乡域人居环境是一种有别于城市环境的具有独特的自然、社会、经济、文化的动态复合系统。[③] 乡域人居环境有三大特征。一是生活性。乡域人居环境与乡村居民的生产生活、消费交往等活动密切相关，是在利用自然和改造自然的基础上与自然环境和谐相处。二是地域性。乡域人居环境是一个实在的地理区域空间，其主要目的是满足乡村居民的可持续发展需求。三是复杂性。乡域人居环境是生态、社会、地理和人文的综合体现，任何一个方面都缺一不可。

乡域人居环境可以分为"软环境"和"硬环境"两个方面。"软环境"是指传统文化、生活习俗、行为方式、价值观和经济水平、社会服务等，"硬环境"则指居住条件、配套基础设施等。其中，"软环境"中最重要的是社会服务，它是保障乡村居民参与社会、经济、政治和文化活动的

[①] E. L. Shafer, J. E. Hamilton, and E. A. Schmidt, "Natural Landscape Preferences: A Predictive Model," *Journal of Leisure Research* 1 (1969): 1-19.
[②] 吴良镛：《人居环境科学导论》，中国建筑工业出版社，2001，第38页。
[③] 彭一刚：《传统村镇聚落景观分析》，中国建筑工业出版社，1992。

关键,对乡域人居环境建设具有重要作用。加强乡村社会服务建设不仅有利于降低乡村居民农业生产活动的自然风险和市场风险,而且对维护乡村居民权益,实现和保障社会公平,维护乡村社会稳定有序具有重要作用。对于乡域社会"硬环境"而言,乡村基础设施是包括农业生产性基础设施、乡村生活基础设施、生态环境建设和乡村社会发展基础设施。农业生产性基础设施主要指现代化农业基地及农田水利建设;乡村生活基础设施主要指饮水安全、农村沼气、农村道路、农村电力等基础设施建设;生态环境建设主要指通过各种措施来改善和保护自然环境,以保障生态系统的平衡和健康;乡村社会发展基础设施主要指有益于农村社会事业发展的基础建设,包括农村教育、文化、卫生、医疗、体育等设施。

二 乡域人居环境治理的基本原则

一是因地制宜原则。乡村人居环境整治不能采取"一刀切"方式,不能简单化地模仿复刻其他地区已有成功整治模式,而应充分总结其他地区的成功实践经验,在遵循客观规律的基础上因村、因乡施策,要与地方经济社会的发展能力和水平相适应,也要同当地的文化和风土人情相协调。

二是可持续发展原则。可持续发展是指在满足当代人发展需要的同时又不损害后代人满足其需要能力的发展。可持续发展最终是为了人类这一特殊种群的生存得以延续。乡域人居环境治理必须坚持可持续发展原则,将眼前利益与长远利益相结合,可持续长久的发展才是真正的发展,绝不能为了当下的利益而危害到子孙后代的发展。

三是以人民为中心原则。乡村居民既是美丽人居环境的建设者,也是最终成果的享有者和评判者,因此乡域人居环境治理必须坚持以人民为中心,以乡村居民日常最关注、反映最强烈、需求最迫切的问题为切入点来开展相关工作,将其做好、做实。虚心听取人民群众的意见和建议,了解人民群众的真实需求,不断满足人民群众日益增长的美丽人居环境需要,切实提升人民群众对美好生态环境的获得感、幸福感和安全感。

三 乡域人居环境治理面临的挑战

一是相关主体人居环境治理的意识淡薄。一方面,部分基层干部为考核指标或者仕途升迁，更加关注见效快的政绩工程，将其打造成任期内的"亮点"内容，而相对忽视群众对于人居环境改善的真正需求，致使乡域人居环境改善进展缓慢。部分干部对人居环境整治工作重视不够，履行职责缺位，政策执行不到位，存在应付检查、突击式整治现象，注重表面上集中整治，无视角落里"脏、乱、差"问题。此外，部分村干部治理能力和治理水平有限，参与治理水平低，被动应付上级部门检查，也影响乡域人居环境治理成效。另一方面，乡村居民参与意识淡薄，主体内生动力不足。乡村居民始终是乡域人居环境整治工作的主体，是乡域人居环境整治的最大受益者，也应该是人居环境的建设者、监督者和维护者，乡村居民的自觉参与是乡域人居环境整治的内生动力。但是部分乡村居民对乡域人居环境整治持观望态度，"等、靠、要"思想严重，也有部分乡村居民认为治理只是政府的事情，自己参不参与没有什么影响，与自己没有什么利益关系，从而导致当前乡域人居环境整治工作大多由各级政府采用"自上而下"方式进行，如果不对此现象进行改善，乡域人居环境治理很容易与乡村居民脱节，导致治理的"服务供给"与乡村居民需求错位。

二是人居环境治理的主体单一。改善农村人居环境是党中央从战略和全局高度作出的重大决策部署，是实施乡村振兴战略的重点任务，是提升环境质量、全面推进乡村振兴战略的一场硬仗，既是我们共同的追求，也是我们共同的责任。乡域人居环境治理主体应包括政府、企业、社会组织、农民等，然而在实际情况中，存在"政府强推动，农民弱参与"现象。政府包办较多，农民的主体地位没有得到充分体现，没有充分调动起农民群众参与的积极性、主动性，没有充分发挥好农民群体在人居环境整治当中的主体作用，行政命令与服务外包成为乡域人居环境治理的主要模式，多数地区的人居环境整治主要靠村干部和保洁人员，主体较为单一。即便农民有好想法、新主意，也没有机会表达且很难被采纳，致使乡域人居环境治理出现"政府做，农民看"的问题，导致乡域人居环境治理成效不佳。

三是人居环境治理的资金有限。一方面，乡域人居环境治理工作的有效推进离不开资金的持续投入。当前，资金投入的不足，加之部分乡村的村集体经济收入较少，导致部分乡村的基础设施不健全，即使基础设施完备，也缺乏一定的资金保障对设备进行后期维护。一些乡村净化水设备配备不足，净化滤芯常年使用不能及时更换，导致乡村居民饮水质量得不到保证，一定程度上会影响到乡村居民的身体健康和生活质量。个别乡村存在垃圾转运设施数量少等问题，垃圾处理不及时，致使村庄环境脏、乱、差问题较为突出。资金投入不足严重制约乡域人居环境整治工作的深入推进。另一方面，资金投入差异容易造成地区治理工作不均衡。因资金投入不同，在"厕所革命"推进中，新建改建卫生厕所覆盖率各地差距明显；在村庄清洁行动中，各村之间整治工作推进也不平衡。因资金投入倾向于示范村、重点村，使得示范村、重点村实施的整治项目明显多于普通村。示范村和重点村的各项整治工作推进也较快，而广大普通村各项工作处于相对滞后状态。

四 乡域人居环境治理的提升路径

一是加强宣传教育，提升环保意识。通过多种途径和方式进行宣传，激发村民参与治理的热情，充分发挥其治理主体的作用。一方面，丰富宣传教育内容。当前，许多农民对农村人居环境治理的内容缺乏了解，或者只明白政策方针的大概意思，简单地以为农村人居环境治理就是清理好垃圾、保持空气质量，这与宣传教育工作不到位有着很大关联。面对当前农民对人居环境认知度不足的困境，政府在进行宣传教育工作时，宣传内容不能只包含抽象的总体概念，要使宣传教育内容丰富化，让村民清晰地知道自己应该从哪些方面着手人居环境治理。另一方面，创新宣传教育方式。仅仅通过张贴宣传单、拉横幅、喇叭广播等传统方式进行宣传教育是远远不够的，要探索更多农民喜闻乐见的宣传方式，创新宣传教育方法。如一方面可以将网络新媒体利用起来，在各类短视频平台上推送关于人居环境保护的相关视频；另一方面可以举办一些趣味活动，比如环保知识有奖答题、"美丽庭院"评选活动、"积分兑换"活动等。

二是强化多元合作，发挥合作优势。乡域人居环境治理是一项系统性大工程，政府部门不是唯一的责任承担主体，要想取得治理成效，需要政府、市场、农村居民等多个主体形成合力，充分发挥合作优势和各自资源优势，各尽所能，共同承担整治责任，落实整治行为。第一，政府作为提供公共服务、治理公共事务的核心主体，在乡域人居环境治理中的重要性是不言而喻的，必须发挥自身资源优势，为乡域人居环境整治提供基础性、长远性的资源。一方面要因地制宜地颁布相关的政策法律,科学制定发展规划,健全治理考核机制,强化责任落实机制,建立起科学长效的管理机制;另一方面在发挥主导作用的同时,引导村民、市场等主体,发挥他们的重要作用。第二,乡村居民作为乡村的主人,不仅是乡域人居环境治理的参与者,更是受益者。因此,需要提高村民环保意识和能力,不断增强村民的参与意识,充分征求吸取村民意见,让村民有足够的参与感与发言权,调动村民参与人居环境治理的主动性和积极性,增强村民自身的主人翁意识。第三,企业可以依托政府的财政补贴和免税支持,积极寻求经济效益与社会效益的统一,为农村人居环境整治工作作出自身的贡献。一方面,要充分发挥企业的社会资本优势,为乡域人居环境治理贡献金融力量;另一方面,要发挥企业的技术优势,利用先进的垃圾处理技术和循环利用技术,实现垃圾清洁化无害化处理。

三是加强资金统筹,提供财政保障。乡域人居环境治理是一项长期性、系统性工程,自然离不开充足的资金保障。首先,拓宽资金来源。构建"政府财政+社会资金+村民自筹"的多元化资金投入模式,政府要加大财政支持力度,与此同时发挥顶层设计、政策导向和引导作用,引入市场机制,激发市场要素活力,鼓励优质企业加强社会资本投入。其次,提高资金利用效率。乡域人居环境的改善不是"一阵风",具体的实施活动要有计划地进行,根据村庄的基础和经济发展状况,因地制宜地对资金进行科学合理配置,把资金用在刀刃上。坚持突出重点乡村、重点领域、重点设施,杜绝平均主义和"撒胡椒面",做到建一处成一处。最后,加大资金监管力度。健全资金监管机制,强化岗位责任制,严格资金管理,加强对人居环境资金使用过程中的问题查处和责任追究,严禁挪用、虚报、骗取、铺张浪费等违法违纪行为,确保资金按规定用于人居环境改善。

第三节 乡域绿色发展

习近平总书记强调:"以绿色发展引领乡村振兴是一场深刻革命。"[①]

---

① 习近平:《论"三农"工作》,中央文献出版社,2022,第251页。

第九章　乡域生态文明建设

乡域绿色发展既是产业振兴、生态振兴、文化振兴的重要内容，同时也为推动人才振兴和组织振兴提供重要支撑。本节主要围绕以下三个方面的内容展开：一是乡域绿色发展概述；二是乡域绿色发展的目标要求；三是绿色发展理念引领乡域发展的实践指向。

一　乡域绿色发展概述

（一）乡域绿色发展概念与内涵

绿色经济和绿色发展是相对于传统的"黑色发展"模式而提出来的一种既可以满足经济增长需求，又对自然环境保持友好的经济发展模式。绿色发展有广义和狭义之分。广义的绿色发展是指不仅要注重生态文明建设还要提高资源的利用率，同时还要从根本上转变人们落后的生产观念和消费观念从而实现经济社会的可持续发展，真正实现人与自然的长久的和谐发展；狭义的绿色发展单指人与自然的和谐相处发展。本书认为绿色发展，既要看到经济效益也要看到生态效益，既要追求绿色也要追求发展。

乡域绿色发展是指在乡域地区推动可持续发展的理念和实践。它强调在乡域地区实现经济、社会和环境的协调发展，通过有效的资源利用和环境保护，提高乡域地区的生态环境质量，改善农村居民的生活条件，促进乡域经济的绿色转型。乡域绿色发展的核心目标是实现乡域的绿色、健康、宜居和可持续发展。

乡域绿色发展包括多方面的内容，具体如下。

（1）生态环境保护：乡域绿色发展强调保护乡域的自然生态环境，包括水资源、土壤、植被等，防止环境污染和生态破坏，实现生态系统的可持续发展。

（2）农业绿色发展：乡域绿色发展倡导绿色农业生产方式，包括有机农业、生态农业等，减少化肥、农药等化学物质的使用，提高农产品的品质和安全性。

（3）农村经济转型：乡域绿色发展鼓励农村地区发展绿色产业，包括生态旅游、绿色食品加工、环保产业等。

（4）提高农村生活质量：乡域绿色发展旨在改善农村居民的生活条件，包括提供清洁的饮用水、改善基础设施建设、提供优质的教育和医疗资源等，提高农村居民的生活质量。

（二）乡域绿色发展的特征

一是协调性。人与自然之间要协调发展，人类是自然的一部分，人类和自然紧密联系和相互依存，因此必须要尊重自然、顺应自然、保护自然，人类活动要限制在自然可承受和可以恢复的限度内。另外，经济与生态之间要协调发展，经济发展是现代社会的核心要素，生态文明建设也是现代社会所必须追求的要素，二者必须相互配合，不可为了经济发展而放弃生态文明建设，也不能一味注重生态文明建设，而使经济发展停滞不前。更重要的是，长远利益和当前利益要协调，当前利益必须服从长远利益，不仅要立足当下，更要着眼长远。

二是共享性。乡域绿色发展的成果具有共享性是指每一位乡村居民都能够平等地感受到绿色发展所带来的生态之美、生产之美、生活之美。习近平总书记指出，"良好生态环境是最公平的公共产品，是最普惠的民生福祉"。[①] 绿色发展具有公平性，在生态环境面前人人平等，由于生态环境资源是一种公共物品，因而每一个人都有权利和机会享受生态资源带来的正福利，也有可能遭受环境污染所带来的负福利。

三是生态性。自然界为人类的生产和生活提供生产资料和物质资料，人靠自然界生活。坚持生态优先意味着在经济发展的同时，要把生态问题摆在全局的核心位置来谋划。我国生态类型多样、自然资源丰富、地理环境复杂，形成了丰富多样的生物样态，而生物多样性正是经济社会可持续发展的基础，是生态安全和粮食安全的重要保障，所以生态优先的重要性不言而喻。必须要严守生态保护红线，只有先保护好生态环境，才能确保人类的生存与繁荣。

二　乡域绿色发展的目标要求

（1）实现农业绿色发展。农为邦本，本固邦宁。农业是国民经济发展的基础，党中央始终高度重视农业问题。绿色农业是指通过采用环保、节能、高效的技术手段，将农业生产发展和生态环境保护协调起来。发展绿

[①] 中共中央文献研究室编《习近平关于社会主义生态文明建设论述摘编》，中央文献出版社，2017，第4页。

色农业有助于保障人类健康、促进经济发展、维护生态平衡。

首先,实现生产方式持续向绿色化转型。过去为了满足社会对农产品日益增长的需要,人们采用了较为粗放的农业生产方式,并进行了一系列掠夺式的生产经营,过度开垦、毁林开荒、大量使用塑料薄膜以及化肥等行为导致了水土流失、土壤退化、面源污染等问题,严重制约了农业的可持续发展。乡域绿色发展就是要大力推行绿色生产方式,进行农业集约经营和适度规模经营,使用环境友好的"绿色"农用化学品,实现更大经济效益、更少资源消耗与更低环境污染。

其次,推进产业体系绿色化。传统乡村发展以农业生产为主,产业结构较为单一,缺乏多样化和高附加值的产业,这样不仅难以满足人们对农产品高质量和多样化种类的要求,也使得乡村经济容易受到市场波动的影响,风险很大。乡域绿色发展要调整乡村产业结构,逐渐构建多元化、绿色化的乡村产业体系,促进一、二、三产业融合发展,延长产业链,实施生态旅游观光农业和乡村旅游精品工程等,推动乡村产业走生态化的绿色发展之路,实现乡村产业高质量发展。

最后,加强绿色技术研究。科学技术是第一生产力,发展绿色农业离不开科学技术的支持。要加强农业面源污染防治、化肥农药减量增效、农业节水、农业废弃物资源化利用、绿色健康养殖等关键技术研发,增强我国农业的自主创新能力,从根本上转变传统农业生产方式。与此同时,注重科技成果的转化利用,完善农业技术推广体系,加强农业技术推广队伍建设。农业技术的创新是农业经济可持续发展的动力和源泉,对于推动绿色农业的实现起着关键作用。

(2)实现村庄绿色发展。乡村兴则国家兴,乡村衰则国家衰。全面建设社会主义现代化强国,最艰巨最繁重的任务在农村,最广泛最深厚的基础在农村,最大的潜力和后劲也在农村。乡域绿色低碳发展有助于建设宜居宜业和美乡村,为人们打造一个舒适、优美的生活环境。

其一,要完善农村基础设施。主要包括全面有序推进"旱厕改造"工作;深入推进农村生活垃圾分类处置,完善垃圾处理站;建立分类推进农村生活污水处理设施建设;改造农村牲畜圈等畜禽圈舍;等等。不仅要建好,更要管好,使基础设施发挥应有的作用,改变"脏乱差"的旧面貌,助推农村绿色发展。

其二,要打造良好的生态环境。良好的生态环境是农村的最大优势和宝贵财富,是农村可持续发展的必备条件。对于已经被破坏的生态,要竭力进行修复,恢复乡村绿水青山面貌;对于还未被破坏的生态,要多加保护。"像保护眼睛一样保护生态环境,像对待生命一样对待生态环境",[①]鼓励依托农村优美的自然风光,发展绿色原生态景区,打造森林湿地公园、风景名胜区等。

(3)实现农民绿色生活。绿色生活是与建设美丽中国和美丽乡村相适应的。农民是农村的主体,是乡域绿色发展的建设者和受益者。农民的一言一行直接影响着乡域绿色发展的成效。要让农民意识到自己是农村的主人,牢固树立并践行"绿水青山就是金山银山"的理念,最终实现绿色生活。

首先,以绿色生态的生活理念引领农民生产生活。人的行为以思想观念为先导,乡域绿色发展离不开发展主体观念上的变革,只有先从思想上意识到"人与自然是生命共同体",形成绿色、低碳的生产和生活理念,才有可能付诸实践。因此,需要加强绿色低碳生活方式宣传,推动形成绿色发展、绿色出行、绿色消费、可持续发展等文化氛围。

其次,以转变农民生活方式为路径践行绿色发展理念。农民的生活方式与大自然生态环境是相互影响、相互改变的。过度消费,会引发资源浪费和环境污染问题,不利于乡域绿色发展。因此,需要制定绿色的生活标准,鼓励人们形成绿色的生活和消费方式,从源头上减少污染并保护环境。

最后,以强化公共服务供给提供绿色生活保障。促进公共教育、医疗卫生、社会保障等资源向农村延伸,推进城乡基本公共服务均等化,为农民精准提供更多优质公共服务,创造舒适的生活环境和便利的生活方式,从而解决农民在生活方面的一些后顾之忧,让农民有能力去关注更加健康、绿色的生活方式,从而实现绿色生活。

---

① 中共中央宣传部:《习近平总书记系列重要讲话读本》(2016年版),学习出版社、人民出版社,2016,第233页。

三　绿色发展理念引领乡域发展的实践指向

绿色发展理念引领乡域发展是一场深刻革命。要促进新时代乡域发展，必须要从资金、技术、人才、制度等多维度综合考量，将绿色发展理念融入乡村发展全过程。

一是强化资金保障推动乡域绿色发展。资金的作用是不可忽视的，资金是连接绿色建设各环节的基础。其一，要加大对农村绿色农业的补贴。为调动农民发展绿色农业的积极性，需要通过财政补贴、专项补助等形式予以支持，提高农民收益。其二，要加强对乡村基础设施的投入。突出抓好灌区等水利设施建设和改造升级、农田水利设施补短板，加强高标准农田建设，稳步推进建设"四好农村路"、实施规模化供水工程、厕所改革等，实现水源净化、道路硬化、夜晚亮化、能源清洁化、人居环境美化。其三，要加大对技术研发的投入力度，增强绿色技术创新能力，形成绿色技术创新体系，突破绿色技术难题和技术壁垒，重点研发资源高效利用技术、清洁生产技术、循环利用技术、污染治理技术等。其四，要对现有的乡村传统工业进行绿色化升级，淘汰高能耗、高污染设备，引进新型工业设备，推动产业转型升级。

二是创新生态技术夯实绿色发展基础。绿色技术是支撑，没有绿色技术，乡域绿色发展是难以实现的。一方面，要鼓励绿色企业与高校、乡村深度合作，进行绿色技术与绿色产品研发。农业院校和科研机构进行技术研发时，可能会因单纯追求学术，而淡化对经济效益、社会效益、生态效益的追求，造成科研偏离生产实践。另一方面，不仅要提高绿色技术研发能力，进行技术创新，更要重视绿色技术的转化推广，推动绿色技术落地实施、进村进户。用通俗易懂的形式对农民进行培训，让农民掌握更多先进技术，将农业科技成果最终转化为生产力。

三是通过人才队伍建设强化绿色发展保障。人的参与是乡域绿色发展的保障，更是美丽乡村建设的关键，留住人，吸引人，能够给乡村发展不断注入生机与力量。习近平总书记强调，"要推动乡村人才振兴，把人力资本开发放在首要位置，强化乡村振兴人才支撑，让愿意留在乡村、建设家乡的人留得安心，让愿意上山下乡、回报乡村的人更有信心，激励各类人才在农村广阔天地大施所能、大展才华、大显身手,打造一支强大的乡村振兴人才队伍"。[1] 一方面,要从乡村内部培育一批人才。通过实行免费教育或政府补贴等优惠形式,形成政府牵头、学校支持、农民参与的农业职业教育模式,创办农民职业(技术)学校,培养新型职业农民。加强对乡村干部的教育和培训,提升乡村干部素质,引导乡村干部自觉投身到乡域绿色发展中。另一方面,通过出台惠民政策,保障和优化人才待遇,吸引更多优秀人才下乡。习近平总书记提出,"要想方设法创造条件,让农村的机会吸引人、让农村的环境留住人,特别是要让一部分年轻人热爱农村农业"。[2]

四是完善制度体系建设推动乡域绿色发展规范化。法律法规是一种硬性制约和规范,可以为乡域绿色发展提供有力的保障,因此要加强针对乡域绿色发展的法律法规建设,健全体制机制,形成完善的绿色发展制度保障体系。其一,继续完善关于乡村环境保护的法律法规,逐步细化各项条文,使乡域绿色发展有法可依。其二,健全乡域绿色发展的评价激励机制,明确绿色发展的标准和要求,调动起基层干部和农民建设绿色乡村的积极性与主动性。其三,建立有效的乡域绿色发展监察机制,加大环境监察力度,不定期检查环境风险高危地区和重点排污领域,从源头上治理污染,并加大惩处力度,做到违法必究。其四,建立监督平台,汇聚农民群众的力量,向农民宣传环境污染的危害和后果,使广大农民都成为美丽乡村的建设者和监督者,对政策执行进行监督,对违法违规行为进行举报,推动执法常态化。

---

[1] 习近平:《论"三农"工作》,中央文献出版社,2022,第269页。
[2] 习近平:《论"三农"工作》,中央文献出版社,2022,第243页。

第十章　乡域政治领导机制

"中国特色社会主义最本质的特征是中国共产党领导，中国特色社会主义制度的最大优势是中国共产党领导，中国共产党是最高政治领导力量，坚持党中央集中统一领导是最高政治原则"。① 乡域治理是国家治理的基础。在乡域范围内，坚持和加强党的全面领导是实现乡村治理体系和治理能力现代化的内在要求，也是实施乡村振兴战略的根本保证。

第一节　乡域政治领导的基本内涵

一　乡域政治领导的概念

政治是以经济为基础的上层建筑，是经济的集中表现。它是一个历史范畴，与国家相伴而生，又随着社会的发展而不断改变其内容及活动的形式和范围。领导则是指影响一个群体实现目标的过程，是一个历史范畴和概念，也是一种影响他人去实现目标的过程。马克思指出，"一切规模较大的直接社会劳动或共同劳动，都或多或少地需要指挥……一个单独的提琴手是自己指挥自己，一个乐队就需要一个乐队指挥"。② 这里所讲的"指挥"就是领导。具体来说，政治领导通常是指国家或者政党为制定和执行反映其阶级利益、意志的路线、方针、政策的过程，理论上就是指政党、

---

① 习近平：《高举中国特色社会主义伟大旗帜　为全面建设社会主义现代化国家而团结奋斗——在中国共产党第二十次全国代表大会上的报告》，人民出版社，2022，第 6~7、26 页。
② 《马克思恩格斯选集》（第二卷），人民出版社，2012，第 208 页。

政治集团等政治主体运用政治权力或权威，为社会政治生活制定价值、规范、方向和目标。

在社会主义中国，政治领导特指中国共产党的领导。坚持党的领导是为了确保国家发展、治理的方向不偏离轨道，党的领导首先是政治上的领导。习近平总书记指出："坚持党的政治领导，最重要的是坚持党中央权威和集中统一领导，要引导全党增强'四个意识'，自觉在思想上政治上行动上同党中央保持高度一致。"① 对于一个政党来说，首要属性是政治属性，党的政治领导，主要体现在党的路线、方针、政策等重大决策的领导，在政治立场、政治方向、政治原则、政治道路方面的领导。正如毛泽东同志所说，"我们是依靠政治来领导，离开了政治就谈不上领导"。② 因此，政治领导是党的全部领导工作的集中体现，是党的全部领导工作的核心，我们所讲的中国共产党的政治领导指的是党从全局高度把握政治方向，按照正确的方针、路线、纲领，动员和带领全党和最广大人民群众为实现共同的政治目标而奋斗。

农村基层党组织是党在农村全部工作和战斗力的基础，是党的领导延伸到基层的重要载体，是做好农村各项工作的领导核心。2022年修订的《中国共产党章程》第三十三条明确规定："街道、乡、镇党的基层委员会和村、社区党组织，统一领导本地区基层各类组织和各项工作，加强基层社会治理，支持和保证行政组织、经济组织和群众性自治组织充分行使职权。"《中国共产党农村工作条例》《中国共产党农村基层组织工作条例》也指出，必须坚持农村基层党组织领导地位不动摇，健全党组织领导下的自治、法治、德治相结合的乡村治理体系。在乡域范围内，乡域政治领导可以理解为基层党组织的集中统一领导。具体而言，乡域政治领导是指基层党组织在坚持正确的政治原则、政治方向的前提下，运用政治权力或权威，通过对乡域内的基层各类组织加以作用与影响，使其按照正确的方针、路线、纲领，动员和带领乡域范围内的基层干部和广大人民群众为实现共同的政治目标而奋斗。

---

① 《习近平谈治国理政》（第三卷），外文出版社，2020，第94页。
② 《毛泽东年谱（一九四九——一九七六）》（第二卷），中央文献出版社，2013，第205页。

二　乡域政治领导的功能

功能是指事物或方法所发挥的作用，是进行某项活动或采取某种行为过程中所发挥的作用或履行的职责。从宏观上来说，不同层级的党组织，其具体功能是不一样的，存在着差别。我国是一个有着多重管理层次的国家，即使是同一类型的功能属性，不同类型的党组织，其表现形式也不完全相同。作为马克思主义政党组织体系的末梢，农村基层党组织是党在农村的战斗堡垒和领导核心，是乡域政治领导的核心主体，乡域政治领导的功能主要表现为领导核心功能。

（一）领导核心功能的内涵

乡域政治领导所表现出的领导核心功能是指基层党组织尤其是乡镇党委在乡域社会各类组织中处于主导地位，在乡镇范围内的各项活动中可以获得其他力量的支持，能够引领群众和凝聚人心。从政治社会学意义来看，领导核心功能更多的是反映群体中控制与服从的关系，是社会性的组织与动员。党的领导作为一种组织行为，除了党执政后涉及与国家政权的关系外，一般情况下主要涉及党与社会组织、民众的关系。农村基层党组织的领导核心功能，从动态角度反映了中国共产党在农村社会动员和组织能力的范围与绩效，从静态角度反映了党组织与农村群众的和谐状态。领导核心功能发挥越充分，社会认同的程度越高，农村秩序也就越好。

（二）领导核心功能的实现条件

2022年修订的《中国共产党章程》第三十三条第一款指出："街道、乡、镇党的基层委员会和村、社区党组织，统一领导本地区基层各类组织和各项工作，加强基层社会治理，支持和保证行政组织、经济组织和群众性自治组织充分行使职权。"2018年12月，中共中央印发的《中国共产党农村基层组织工作条例》，对农村基层党组织的地位和功能作了界定，即"乡镇党的委员会（以下简称乡镇党委）和村党组织（村指行政村）是党在农村的基层组织，是党在农村全部工作和战斗力的基础，全面领导乡镇、村的各类组织和各项工作。必须坚持党的农村基层组织领导地位不动摇"。这些法律政策是对农村基层党组织的制度化支持。对于这种法律支持，农村基层党组织应当把它当作实现自身功能、服务群众的一种手段。

正如党的执政地位不是与生俱来、不能一劳永逸一样，农村基层党组织必须把法律文本的制度化支持转化为群众的社会化支持，否则单纯建立在法律依据上的群众基础是不牢固的，也是很危险的。

在农村继续实行村民自治，尤其在全面推进乡村振兴的背景下，农村基层党组织领导核心功能的发挥十分重要。换句话说，在村民自治的法律框架下，农村基层党组织仍然要存在，并且要发挥领导核心作用。从实践来看，农村基层党组织是党的主张的宣传者，党的决定的贯彻者，基层治理的领导者，团结农民群众的动员者，改革发展的推动者，是乡村振兴战略重大决策顺利实施的重要依托。通过有效的政治传导，及时将党中央的方针、政策和路线向农村准确有效传递，充分发挥农村基层党组织领导核心作用，引导农民群众深刻体会党的初心和使命，主动贯彻乡村振兴的各项具体举措，保证在党组织的领导下乡村治理体系建设有条不紊推进，实现乡村振兴。

从社会治理层面看，领导核心功能有一定的边界。党组织在农村治理结构中居于主导地位，但主导不等于排他性，不意味着党在农村的治理主体是唯一的。比如，乡镇人民政府和乡镇人民代表大会也对乡村一些事务实施领导；在村一级，村党组织居于核心地位，但村委会对村庄事务也具有领导权，与村党组织一起构成农村事务的治理主体。所有这些，均对基层党组织的领导核心功能的实现提出了新要求。

三　乡域政治领导的重要意义

随着乡村治理体系和治理能力现代化的深入推进，乡村治理在各个方面取得显著成效，但部分农村仍旧存在一些问题尚未得到根本解决。只有在乡域范围内，坚持党的领导，不断加强乡村治理，才能保持农村社会的和谐稳定，使广大农民安居乐业。因此，坚持乡域政治领导将有助于通过保障基层党组织的领导核心地位，推动党和国家各项方针政策在乡村得到贯彻落实，有效化解乡村矛盾纠纷，巩固乡村治理成果，早日实现乡村全面振兴。

（一）坚持乡域政治领导是彰显马克思主义政党理论的应有之义

马克思主义关于建党学说的一个基本观点就是确立和维护无产阶级政

党的领导核心。马克思恩格斯在《共产主义者同盟中央委员会告同盟书》中明确指出，"革命活动只有在集中的条件下才能发挥全部力量"。① 列宁则进一步强调了党在农村的领导权问题，提出要"建立农村党支部"。② 中国共产党是按照马克思列宁主义学说建立起来的政党，在一百多年的发展历程中，形成了确立和维护党的领导核心的优良历史传统和独特的政治优势。毛泽东指出："领导我们事业的核心力量是中国共产党。指导我们思想的理论基础是马克思列宁主义。"③ 在乡域范围内坚持党的领导，就必须坚持基层党组织对各个领域、各个方面的领导，要更加突出党在农村各项工作中的领导核心作用，强化基层党组织的领导作用。党的二十大报告提出："全面推进乡村振兴。全面建设社会主义现代化国家，最艰巨最繁重的任务仍然在农村。"④ 乡村治理是国家治理体系的重要组成部分，治理有效是实现乡村振兴的重要保障。坚持乡域政治领导，不断加强乡村治理，在新发展阶段立足中国国情，能够不断丰富和发展马克思主义理论，早日实现乡村治理体系与治理能力现代化。

（二）坚持乡域政治领导是巩固党在农村执政基础的内在要求

乡村是国家治理的基本单元，乡域治理是国家治理的基础工程，更是国家治理体系和治理能力现代化的重要组成部分。解决好"三农"问题，巩固好党在农村的执政基础，就必须坚持基层党组织对乡村治理的全面领导，要在不断摸索、实践中打造共建、共治、共享的乡村治理新格局。农村基层党组织是党在农村的执政根基，是党联系广大农民群众的桥梁和纽带，是确保党的路线方针政策和决策部署贯彻落实的基础，是基层组织的领导核心。基层党组织全面领导乡村治理，能够促进农村经济发展、带动农民增收、繁荣乡村文化、提高公共服务水平，从而得到广大农民的支持和拥护，团结最广大农民群众为社会主义事业建设，为社会主义现代化国家建设作出贡献。在基层党组织的领导下，通过多方主体的协同合作，乡村治理体系得以进一步健全，乡村治理取得了良好成效。乡村治理体系的

---

① 《马克思恩格斯选集》（第一卷），人民出版社，2012，第562页。
② 《列宁全集》（第三十六卷），人民出版社，2017，第92页。
③ 《毛泽东文集》（第六卷），人民出版社，1999，第350页。
④ 习近平：《高举中国特色社会主义伟大旗帜　为全面建设社会主义现代化国家而团结奋斗——在中国共产党第二十次全国代表大会上的报告》，人民出版社，2022，第30~31页。

完善和乡村治理成效的取得，推动乡村朝着更加健康稳定的方向发展，农民群众的幸福感、获得感不断提升，党在农村执政的政治基础得到进一步巩固。

（三）坚持乡域政治领导是推进乡村全面振兴的根本保证

实施乡村振兴战略，是解决新时代我国社会主要矛盾，实现"两个一百年"奋斗目标和中华民族伟大复兴中国梦的必然要求，具有重大现实意义和深远历史意义。乡域治理是实现乡村振兴战略的基石，其对于推进乡村振兴具有重要作用，应坚定不移地加强乡域治理。在乡域治理实践中，农村基层党组织起着关键作用。要实现乡域有效治理，必须坚持在党组织领导下稳步推进，充分发挥农村基层党组织在乡域治理中的领导核心作用，夯实我们党推进乡域治理的根基，确保乡村振兴战略扎实地贯彻落实到基层。坚持乡域政治领导是要把党的领导内嵌于乡域治理的各环节、全过程，坚持乡村振兴中的底线思维，高效统领乡村全面振兴。坚持乡域政治领导是要依靠党组织的自身优势，建立起乡域组织网络，打通乡村振兴"最后一公里"。坚持乡域政治领导是要发挥党员在乡域治理中的先锋模范作用，把广大基层党员和群众的思想、行动、力量和智慧凝聚起来，引导农民群众自觉听党话、感党恩、跟党走，确保乡村振兴收到实效、得到群众拥护。

（四）坚持乡域政治领导是实现农民幸福生活的重要保障

坚持全心全意为人民服务的宗旨和执政为民的理念，密切联系人民群众，紧紧依靠人民群众，是马克思主义政党区别于其他性质政党的显著特征。中国共产党自诞生之日起，就把为中国人民谋幸福、为中华民族谋复兴确立为自己的初心和使命。这个初心和使命是激励中国共产党人不断前进的根本动力。基层党组织坚守初心与使命，领导乡域治理和促进乡村振兴，始终把实现好、维护好、发展好广大农民根本利益作为农村一切工作的出发点和落脚点，努力破解"三农"难题，打造新的乡域治理体系，为了让广大的农村群众腰包鼓起来，腰杆硬起来，环境美起来，心情乐起来，过上幸福美好生活而不断努力。在基层党组织的坚强和集中统一领导下，乡域治理内容逐步充实，乡域治理手段不断创新，乡域治理体系进一步完善，农村基本公共服务显著改善，农村社会保持和谐稳定，广大农民的获得感、幸福感、安全感不断增强。既满足农民在新时代的多元化需求,保障广大农民追求幸福生活的权利,又尊重广大农村群众在乡域治理中的主体地位和首创精神。

第二节 乡域政治领导的主要方式

乡域政治领导的方式是指乡域政治领导主体影响、支配乡域政治领导客体的方式。乡域政治领导的主体主要是指基层党组织,即乡镇党委和村党组织。乡域政治领导的客体,主要指乡镇政府、乡镇人大、村民委员会等。乡域政治领导的主体可以运用自己的政治权威进行政治动员,以自己的价值观、信仰引导乡域政治领导的客体,赢得被领导者的情感认同,使其自愿服从和主动配合,也可以运用政治权力进行思想控制,或用暴力强制被领导者服从。乡域政治领导的方式是否适当,往往是乡域政治领导成功与否的关键。

一 乡镇党委领导乡镇政府的主要方式

乡镇政府是为贯彻执行国家政策方针,管理所辖区域社会公共事务,推进各项有益于设施建设而设立的基层政府机构,是我国最低一级的国家行政机关。乡镇党委与乡镇政府的关系是领导与被领导的关系,这体现出党在乡域范围的政治领导权。乡镇党委对乡镇政府的领导,主要是政治领导、思想领导和组织领导,即"总揽全局、协调各方"。"总揽全局"表现为对农村经济社会发展规划和方向的战略性、前瞻性领导,集中精力研究乡村重大问题,着力引导政府发挥好经济调节、市场监管、社会管理功能。乡镇党委领导乡镇政府主要是通过以下几种方式来实现。

(一)乡镇党委决定乡域范围内的重大事务

《中国共产党农村基层组织工作条例》规定:"乡镇党委讨论和决定本乡镇经济建设、政治建设、文化建设、社会建设、生态文明建设和党的建设以及乡村振兴中的重大问题。需由乡镇政权机关或者集体经济组织决定的重要事项,经乡镇党委研究讨论后,由乡镇政权机关或者集体经济组织依照法律和有关规定作出决定。"这表明,乡镇党委对农村的领导主要体现为决定乡镇重大问题。乡镇政府作为最低一级的地方国家行政机关,其中的一项职责就是贯彻执行党的路线方针政策和国家法律法规,贯彻执行上级行政机关的决议、命令及同级乡镇党委的决定,执行镇人民代表大会的决议命令。具体而言,乡镇的"决策权"主要掌握在乡镇党委的手中。无论大小事务,都是在乡镇党委会议或者党政联席会议(一般由乡镇党委委员与乡镇政府主要领导成员组成)上讨论决定的。也就是说,乡镇党委可就乡域范围内的重大事务进行讨论并作出决定,形成重要的决策部署,交由乡镇政府具体执行;或通过乡镇人大将乡镇党委的决策按照法定程序形成相关决议、决定,然后由乡镇政府根据乡镇人大的决定制定相应的措施办法,在行政工作中予以落实。

(二)乡镇党委对乡镇政府工作进行对口管理

乡镇党委与乡镇政府的关系的一个重要方面就是分口负责、对口管理。乡镇党委根据工作性质和需要,将乡镇工作划分为政法、文教、财经等若干个口,设立"对口部门",由乡镇党委中的专职副书记与党委委员等分口负责,与乡镇政府所领导和管理的职能部门相对应,进行对口管理。就管理内容而言,乡镇党委对乡镇政府工作的对口管理主要是执行党的路线方针政策,讨论、决定乡域内重大事务,对乡域内的工作进行宏观部署和指导,管理相关干部,而不对政府部门的具体工作进行管理。换句话说,乡镇党委的领导主要在宏观上、在间接层面体现出来,侧重于重大事务的决策和执行上的监督,而不陷入微观的具体事务中。比如贯彻党的路线方针政策,就本乡镇的发展提出规划建议;发挥组织优势,推荐和建议政府班子人选;发挥密切联系群众的优势,做好农村群众的思想政治工作。

(三)乡镇党委推荐和管理重要乡镇政府干部

"党管干部"是党和国家干部管理工作的根本原则,规定了干部工作的主体和体制,是党的领导在干部人事工作中的重要体现,是巩固党的执政地位、履行党的执政使命的重要保证。"党管干部"的主要内容包括:由党制定干部工作的路线、方针、政策,由各级党委管理和推荐重要干部,党指导干部人事制度改革,加强对干部人事工作的宏观管理和检查监督。其一，对于乡镇政府来说，乡镇政府的重要领导职务的推荐权都集中在乡镇党委，尤其是乡镇党委书记手中。其二，乡镇党委的重要职责之一就是讨论决定本级党委职权范围的干部任免、调配和奖惩事项，负责干部的培训、选拔和考察工作，培养后备干部，搞好基层领导干部班子建设。乡镇政府要配合乡镇党委，按照党的干部政策培养、选拔、管理、监督干部。其三，乡镇党委还通过党政之间的交叉任职来领导乡镇政府。其实质是党的干部通过进入政府，体现政党对政府决策和执行的影响。比如乡镇党委宣传委员兼任副乡镇长，分管乡镇经济工作。

二　乡镇党委领导乡镇人大工作的主要方式

乡镇人大是我国人民代表大会制度的重要组成部分，是最基层的国家权力机关。乡镇党委需要加强对人大工作的组织领导，在思想上高度重视，在行动上大力支持。要明确乡镇人大工作由乡镇党委书记牵头总揽，乡镇人大主席具体负责，乡镇党委副书记专职联络，确保乡镇人大工作始终在乡镇党委的全面领导下开展。乡镇党委对乡镇人大工作的领导，不是一般意义上的领导，不同于党内的上下级关系，也不同于组织上的行政隶属关系。总的来说，乡镇党委对乡镇人大工作的领导主要是通过过程领导得以实现的，即乡镇党委通过介入乡镇人大工作的各个环节，从而实现对乡镇人大工作的有效领导。

（一）乡镇党委向乡镇人大推荐干部人选

根据有关规定，乡镇党委向乡镇人民代表大会推荐由大会选举的领导干部人选，应当根据县（市、区）党委的推荐意见，以乡镇党委名义向大会主席团提交推荐书，介绍所推荐人选的有关情况，说明推荐理由。可见，向乡镇人大推荐干部是乡镇党委领导人大工作的一个重要途径。乡镇党委对乡镇机关干部虽然没有人事任免权，原则上乡镇人大的领导职务也不由乡镇党委任命，但乡镇党委是农村社会的领导核心，所以在实际工作中乡镇人大常常接受乡镇党委的直接领导。在实际运作中，在党管干部原则的指导下，乡镇机关干部都是由乡镇党委进行考察并向上级党委提出人选。乡镇党委可以通过人大主席团中的党员和人大代表中的党员，同非党员人大代表进行政治沟通，使他们了解党的主张。党员代表本身要坚决贯彻党委决定，服从组织决议，支持党的主张。

（二）乡镇人大在监督过程中争取乡镇党委支持

按照我国宪法，人大及其常委会有权监督"一府两院的工作和法律的执行情况"。但实际上同级人大及常委会对"一府两院"工作的监督往往受到制度上的约束，因为党委事实上是大多数政策的制定者，即一般而言的"党委决策—人大决定—政府执行"。在乡域层面，乡镇人大对同级党委的决策执行情况进行监督存在一定障碍，因为乡镇政府的一把手很容易将乡镇人大与乡镇政府之间的分歧提交到乡镇党委层面上来解决，并利用自己在党内的优势地位弱化来自乡镇人大的监督。在这种情况下，乡镇人大要想相对顺利地履行自己的监督职能，就必须尽量争取乡镇党委对自己监督活动的领导与支持。因此在实践中，乡镇人大会设法使自己的监督工作与乡镇党委的中心工作紧密结合起来，并在可能的情况下通过党的组织网络来使监督工作更好地开展。

（三）乡镇人大工作向乡镇党委请示报告制度

坚持党的领导不是抽象的，而是体现在具体的行动和效果之中的。为确保把党的领导贯穿于人大依法履职的全过程、各方面，保证党的路线方针政策的贯彻落实和乡镇人大各项工作保持正确的政治方向，要始终坚持乡镇人大工作向党委请示报告制度。乡镇人大工作中的重要情况，要及时向党委汇报，坚决贯彻落实党的决策部署。具体而言，乡镇人大工作中的重大问题和重要事项，要事先向党委请示，经党委同意后，依据有关程序予以实施。乡镇人大工作中的重要情况，要及时向党委汇报。乡镇人大工作中形成的重要文件材料，要及时报送党委。乡镇人大向党委请示或汇报工作，一般采取书面方式，必要时由人大负责人直接向党委主要领导汇报。只有这样，才能确保乡镇人大工作始终与党委在思想上同心、目标上同向、行动上同力。

三 村党组织领导村民委员会的主要方式

《村民委员会组织法》第四条规定：中国共产党在农村的基层组织，按照中国共产党章程进行工作，发挥领导核心作用，领导和支持村民委员会行使职权。判断党的领导在农村是否实现，不是看是否直接掌握了财权、物权和执行权，而是看党的路线、方针、政策最终在农村有没有得到贯彻和落实，看农民是否得到实惠。村党组织与村民委员会，既不是相互吸纳的关系，也不是"谁压倒谁"的完全竞争性关系。所以，实现党组织的政治领导，要善于把村党组织的领导纳入村民自治的制度设计之中，通过新的途径与村民委员会开展横向协作，实现党的领导核心与村民自治中心的统一。

（一）村党组织书记、主任"一肩挑"制度

2018年1月以来，《中共中央 国务院关于实施乡村振兴战略的意见》《乡村振兴战略规划（2018—2022年）》《中国共产党农村基层组织工作条例》《中国共产党农村工作条例》等文件均提出并强调村党组织书记"一肩挑"制度，即村党组织书记通过法定程序担任村委会主任和村级集体经济组织、合作经济组织负责人。村党组织书记、主任"一肩挑"制度有利于强化党的执政根基，增强党组织的领导权威。村党组织和村民自治组织是两个性质和功能不同的组织，村党组织作为中国共产党在农村的基层组织，承担着对农村的政治领导职责。村民自治组织是群众性自治组织，功能是实现村民的自我管理、自我教育、自我服务、自我监督。在二者关系上，村党组织居于领导地位。村党组织的领导权威不仅来自制度规定，更主要的是来自村民认同。"一肩挑"制度使得村党组织的领头人不仅要履行好管党建党的职能，还为加强党的建设与直接满足村民群众发展需求二者有机融合提供了有效路径。通过直接将党的工作根植于为村民发展服务的具体事务之中，将"高居在上"的党变为"村民之中"的党，使党获得了更广泛的群众支持和认同，增强了党的领导权威。[①]

（二）村党组织召集两委联席会议

村党组织与村委会召开联席会议，是村党组织与村级组织开展横向合作的重要途径。由村党组织召集村两委联席会议，共同讨论问题，有利于村党组织把党的路线、方针、政策和国家法律有效传送给人民群众，防止自治主体游离于执政系统和国家政治系统之外。召集两委联席会议，要求改变党组织"俯视"其他村级组织的做法，真正把村委会看作村庄治理的

[①] 陈军亚：《农村基层组织"一肩挑"的制度优势与现实障碍》，《人民论坛》2019年第11期。

主体之一,"平视"村民自治组织。否则,容易引起农民的不满。实际上,坚持村党组织作为村级组织领导核心地位,并不是确立村党组织书记个人的领导核心地位。村党组织与村委会都是村民自治格局中的组织,目的是共同发展农村直接民主,因此在村两委联席会议中,村党组织要调整话语方式,与村委会平等沟通。

(三)村党组织书记兼任村民会议主要负责人

村两委联席会议总体上有利于村党组织与村委会在工作中达成共识,但是村两委有时也会产生分歧和矛盾。在这种情况下,双方各执一端很难解决问题。为此,在农村群众直接行使民主权利的背景下,村党组织要善于通过村民会议加强党的领导。村民代表会议由村民会议授权,享有决策权和监督权,听取、审议、监督村委会的工作,并提出罢免建议;把村民代表会议设置为常设性的决策机构,村党组织成为议而不决的议事机构,村委会成为执行机构。凡遇到重大村务,由村党组织召集村民代表会议,组织村民代表讨论表决。由于村民会议具有决策权和监督权,村民能够直接表决和评议,因而村民会议成为村民当家作主的有效载体。同时,村党组织书记通过法定程序成为村民会议的主要负责人,村民会议由党组织来召集,有助于发挥村党组织在政治、思想和组织上的领导作用。而且,通过村民会议的授权,村委会有了制度化的服务村民的权力,其自身功能也得到增强。这样,村民会议成为党组织、村委会、村民之间的沟通载体,党的领导、依法办事、村民当家作主的统一在村民会议中得到体现。

(四)党员以村民身份参与村级事务管理

党员不是特权的象征符号,党员与村民一样,在村民会议或村民代表会议中都只有一票,没有任何特殊性。农村党员与群众一道依法参与农村事务的管理。在村民会议表决重大问题时,村党组织的领导班子和党员的角色适时转换,以村民身份而不是以党员身份进行表决。村党组织要领导和支持农民群众依法参与村级事务管理,监督村务公开和民主管理制度的落实,及时听取群众的意见。党员在村民委员会、村集体经济组织和其他村级组织中发挥先锋模范作用。将村党组织的领导纳入村民自治的制度设计之中,目的在于改变过去单一的垂直领导路径,使村民自治既不游离于国家政权之外,又能最大限度激活村民自治组织的能量,实现党的各项功能。

第三节 乡域政治领导的优化路径

习近平总书记多次强调，"党管农村工作是我们的传统"，"做好'三农'工作，关键在党"，要"加强党对'三农'工作的全面领导"。① 党的全面领导、党的全部工作要靠党的坚强组织体系去实现。我们党在不断发展壮大过程中，形成了包括党的中央组织、地方组织、基层组织在内的严密组织体系，这是我们党区别于其他任何政党的特有优势，也是实现党的全面领导的重要保证。乡村基层党组织是乡域政治领导的主体，是党的组织体系的重要组成部分，是党全部工作和战斗力的基础。加强党对"三农"工作的全面领导，必须要注重乡村基层党组织建设，这既是巩固党的执政基础的必然选择，也是履行新时代党的历史使命的必然要求。中国共产党成立一百多年来，在各个历史时期都把解决好"三农"问题作为我们党工作的重中之重，始终掌握党对农村工作的领导权，在党的正确和坚强领导下我国农业农村发展取得长足进步。但是，随着经济社会的快速发展，我国的"三农"问题尚未得到根本解决且发生了新的变化，这些尚未解决和新近出现的问题对基层党组织发挥政治领导作用带来了新的挑战。基于此，要从多个方面加强乡域政治领导，以此来强化和改善党对"三农"工作的领导，确保党在乡域范围内始终能够总揽全局、协调各方。

（一）坚持马克思主义领导权理论，切实巩固党的领导核心地位

首先，马克思主义经典作家对无产阶级政党的领导权问题历来十分重视，有过大量论述，领导权问题是马克思主义政党学说的一个重要组成部分。马克思主义领导权理论是巩固基层党组织领导权的重要理论依据。马克思恩格斯指出："工人政党在一定的条件下完全可以利用其他政党和派别来达到自己的目的，但是它不应当隶属其他任何政党。"② 列宁认为：无

---

① 中共中央党史和文献研究院编《全面建成小康社会重要文献选编》（下），人民出版社、新华出版社，2022，第 796、1160、1161 页。
② 《马克思恩格斯全集》（第十卷），人民出版社，1998，第 426 页。

产者是不能"自发地"走上社会主义道路的,必须由党率领他们前进。①列宁还指出:"只有工人阶级的政党,即共产党,才能团结、教育和组织无产阶级和全体劳动群众的先锋队,……也就是说在政治上领导无产阶级,并且通过无产阶级领导全体劳动群众。不这样,便不能实现无产阶级专政。"②

其次,中国共产党的历届领导人也十分重视马克思主义领导权理论在中国的应用,围绕政党领导权工作做出了许多重要的论述。关于领导核心,毛泽东说:"一个桃子剖开来有几个核心吗?只有一个核心。"③邓小平反复强调:"我的中心意思是,中央要有权威。……没有这一条,就是乱哄哄,各行其是,怎么行呢?"④习近平总书记也强调:"只有党中央有权威,才能把全党牢固凝聚起来,进而把全国各族人民紧密团结起来,形成万众一心、无坚不摧的磅礴力量。"⑤这些理论成果不仅成为马克思主义领导权理论的重要组成部分,也为我国在新时代根据国情巩固和保障基层党组织的领导核心地位提供了重要的理论支持。有了这些丰富和发展了的理论的支撑,我们党才可以把握住时代潮流和当今世界大势,在解决实际问题的同时,将党的全面领导贯彻到国家治理的方方面面。

最后,在实施乡域治理的过程中,要始终坚持马克思主义领导权理论不动摇,这是在乡村振兴背景下保证农村基层党组织领导乡村治理和乡村振兴,实现治理有效和农民共同富裕的根本保障。基层党组织是党的肌体的"神经末梢",是党执政大厦的地基,在乡域治理过程中发挥着不可替代的作用。基层党组织既是凝聚党员、服务群众的领导核心,又是党发展农村经济、化解矛盾的核心力量,在乡村治理体系中始终居于领导核心地位。习近平总书记指出:"基层党组织要发挥领导核心作用,……让人民群众获得实实在在的好处。"⑥这也进一步明确要加强农村基层党组织对乡村治理和乡村振兴的全面领导,不断夯实基层党组织在乡村治理中的领导

---

① 《列宁全集》(第八卷),人民出版社,2017,第255页。
② 《列宁全集》(第四十一卷),人民出版社,2017,第85页。
③ 《十九大党章学习讲座》,党建读物出版社,2017,第177页。
④ 《邓小平文选》(第三卷),人民出版社,1993,第277页。
⑤ 习近平:《论坚持党对一切工作的领导》,中央文献出版社,2019,第183~184页。
⑥ 习近平:《论坚持人民当家作主》,中央文献出版社,2021,第167~168页。

核心作用，确保党的路线、方针、政策和各项工作部署落地落实。

（二）完善基层党组织领导体系，为实现治理有效提供政治保证

一是建立健全党委全面统一领导的农村工作领导体制。习近平总书记指出，"要健全党委全面统一领导、政府负责、党委农村工作部门统筹协调的农村工作领导体制。各级党委和政府主要领导要懂'三农'工作、会抓'三农'工作，分管领导要真正成为'三农'工作的行家里手。要建立实施乡村振兴战略领导责任制，实行中央统筹、省负总责、市县抓落实的工作机制。党委和政府一把手是第一责任人，五级书记抓乡村振兴"。[①] 为此，要坚持基层党组织对乡域内农村工作的全面领导，始终把加强党的领导作为做好"三农"工作的根本保证。要树立城乡一体的工作理念，努力形成各级党委总负责、组织部门牵头、党委农村工作部门协调、行业主管部门配合城乡统筹的工作格局。要坚持乡域范围内的重大事项、重要问题、重要工作，都由基层党组织来讨论决定的工作机制。

二是进一步加强乡镇一级党委执政能力建设。2018年12月，中共中央印发了新版《中国共产党农村基层组织工作条例》，规定了乡镇党委六项主要职责，全面体现了乡镇党委在乡村的领导核心地位。比如条例中规定："乡镇党委讨论和决定本乡镇经济建设、政治建设、文化建设、社会建设、生态文明建设和党的建设以及乡村振兴中的重大问题。需由乡镇政权机关或者集体经济组织决定的重要事项，经乡镇党委研究讨论后，由乡镇政权机关或者集体经济组织依照法律和有关规定作出决定。""乡镇党委领导乡镇政权机关、群团组织和其他各类组织，加强指导和规范，支持和保证这些机关和组织依照国家法律法规以及各自章程履行职责。"这表明，乡镇党委对农村的领导主要体现为决定乡镇重大问题以及领导各类基层组织与各项基层工作。为了更好发挥其领导核心作用，乡镇党委要认真履行党章和宪法赋予的责任与职权，选优配强乡镇领导班子，发挥好乡镇一级党委龙头作用，统筹协调各方主体及利益，提高乡镇党委协调各方、总揽全局的能力。

三是健全以党组织为领导的村级组织体系。习近平总书记强调："严

---

① 习近平：《论"三农"工作》，中央文献出版社，2022，第262页。

密的组织体系是党的优势所在、力量所在。各级党组织要履行党章赋予的各项职责,把党的路线方针政策和党中央决策部署贯彻落实好,把各领域广大群众组织凝聚好。坚持大抓基层的鲜明导向,抓党建促乡村振兴,加强城市社区党建工作,推进以党建引领基层治理,持续整顿软弱涣散基层党组织,把基层党组织建设成为有效实现党的领导的坚强战斗堡垒。"[1] 培养和选拔优秀的基层党组织带头人,对于建强农村基层党组织、全面推进乡村振兴,实现乡村治理有效具有重要意义。要坚持好中选优、优中选强,注重从本村致富能手、外出务工经商返乡人员、本乡本土大学毕业生、退役军人中的党员里培养选拔村基层党组织带头人。要拓展村级党组织负责人晋升空间,树立正确的选人用人导向,注重从基层一线选拔干部,根据工作需要定期从符合条件的优秀村级党组织负责人中选拔乡镇领导干部、公务员、事业单位人员,着力破解村级党组织负责人面临的职业"天花板"现象。建立健全村党组织提名村委会委员、主任候选人制度,村党组织书记目标责任管理制度以及村民委员会等村级其他组织向党组织定期报告工作制度。健全农村基层党建考核评价体系,落实基层党建责任制。

(三)突出基层党组织政治功能,贯彻落实党的政策方针

政治属性是党组织的根本属性,政治功能是党组织的基本功能。作为一个依靠革命理想和钢铁纪律组织起来的马克思主义政党,旗帜鲜明讲政治是中国共产党的本质属性,也是农村基层党组织区别于其他乡村组织的根本区别所在。在乡村实践中,基层党组织是否坚强有力,是否具备领导乡域范围内的其他组织和农民群众的政治能力是其政治领导功能能否有效发挥的关键。具体要求如下。

一要提高政治决策能力。当前,村集体经济空壳化,乡村"空心化""原子化""老龄化"现象突出,部分基层党组织存在政治功能弱化、组织软弱涣散现象,党的领导力、组织力减弱,党的领导落实到基层还有不少"中梗阻",这一点在中西部地区的部分乡村表现得尤为明显。要破解基层党组织软弱涣散难题,促进乡村治理有效,要在坚持民主集中制和群众路

---

[1] 习近平:《高举中国特色社会主义伟大旗帜 为全面建设社会主义现代化国家而团结奋斗——在中国共产党第二十次全国代表大会上的报告》,人民出版社,2022,第67页。

线的基础上，强化基层党组织在乡村发展、乡村建设、乡村治理等重大事项和重要工作方面的集中统一领导和最终决定权，要不断增强基层党组织在乡村振兴和乡村治理过程中的话语权，加大对乡村社会分散化的价值理念和利益矛盾的整合力度，确保乡村各项工作能够沿着正确的方向发展。

二要提高政治执行能力。基层党员干部要善于从党和人民的立场、党和国家工作大局出发想问题、作决策、办事情。要增强大局观念，善于思考根本性、全局性、长远性问题，加强战略性、系统性、前瞻性研究谋划，因地制宜、因时制宜，创造性开展工作。新时代背景下，农村基层党组织既要对标中央，确保党的方针政策能够在基层落地生根，又要立足当地实际，着眼和服务乡村振兴和乡村治理两个"大局"，保持自身在各个方面的先进性、纯洁性，以促进基层治理体系和治理能力现代化为目标，科学规划和稳步推进乡村振兴战略，早日实现乡村治理有效。

三要提高政治宣传能力。习近平总书记强调，"意识形态工作是党的一项极端重要的工作，事关党的前途命运，事关国家长治久安，事关民族凝聚力和向心力"。[1] 中国共产党自成立以来，在各个历史时期都十分重视价值理念的引导和意识形态的宣传。当前，基层党组织在应对新挑战，抓住新机遇的过程中要结合当下实际，创新宣传策略和方式，增强自身在乡村治理中的政治领导力、思想引领力、群众组织力、社会号召力，着重突出政治功能。在内容上，要善于把农民群众的所思所盼所需所想体现在党的方针政策中，将党的价值观春风化雨、潜移默化地融入乡村价值体系之中，将党的根基、血脉和力量深深植根于人民之中。在形式上，既不能是高高在上的官腔官调，也不能是不接地气的学生腔，更不能是不顾对象的自说自话，要以农民群众喜闻乐见、易于接受、"接地气"的方式来宣传党的思想理论和"三农"政策。

（四）规范组织权力运转，为优化政治领导提供保障

回顾世界社会主义发展史，维护权威历来是马克思主义政党建设的重大课题。恩格斯强调，"没有权威，就不可能有任何的一致行动"。[2] 在中国乡村治理体系和治理能力现代化的实现过程中，将党和国家的意志传递

---

[1] 《十八大以来重要文献选编》（上），中央文献出版社，2014，第464页。
[2] 《马克思恩格斯文集》（第十卷），人民出版社，2009，第372页。

到乡域社会内，无疑要靠基层党组织嵌入政治权威来实现。这就要求围绕农村基层党组织的权力运转，建立规范化制度体系，明确党组织的权责和职能边界，为优化乡域政治领导提供保障。

其一，要建立党务、政务、事务、财务"四务"清单明细。在坚持基层党组织集中统一领导的同时，根据相关法律法规进一步明确镇、村、集体组织的权责边界，建立"责任清单"。村级"四务"公开要与乡镇政务公开相结合，建立"公开清单"，实现公开经常化、制度化和规范化。此外，要根据乡村事务的性质采取不同的决策机制，让各项基层民主决策步入规范化和制度化轨道，让乡域范围内的人民群众充分享受到相关事务的知情权、决策权、参与权和监督权，使基层组织凝聚力、战斗力得到增强。

其二，要建立健全村级重大事项报告报批制度。村级党组织即村党支部对于村级大小事务拥有决策权和最终决定权，但也需要接受上级乡镇党委的领导，对上级党组织负责。村党支部要及时将本村换届选举情况、村财务预算和重大财务收支、村集体经济发展情况及村集体项目招标运营情况等重大事项向乡镇党委报告。乡镇党委在检查考评村党支部工作的同时，也要结合国家有关规定和当地实际进一步优化检查办法和考核体系，纠治和力戒形式主义、官僚主义，进一步多举措减轻村干部的负担，让村干部有更多的时间与精力服务农民群众。

第十一章 乡域行政运行机制

行政运行机制是乡域治理的重要方式。行政运行机制能否有效运转起来，直接决定着乡域治理的成效和水平。行政运行机制涵盖决策、执行、考核、问责等不同环节，不同的行政运行环节有其自身的特点，但同时各个环节又共同构成了行政运行的基本框架，为乡域治理及其现代化提供有力支持。

第一节 乡域决策

乡镇党委、乡镇政府、乡镇人大对于乡级公共事务都具有决策权，村两委则对村级事务具有决策权。因此，乡域决策包括乡镇党委决策、乡镇政府决策、乡镇人大决策以及村两委决策。

一 乡镇党委决策

乡镇党委是党在农村的基层组织，是党在乡镇全部工作和战斗力的基础，全面领导乡镇各类组织和各项工作。乡镇党委成员是乡域决策中的核心行为主体。

（一）乡镇党委决策过程

乡镇党委决策过程主要以乡镇党委会议形式展开。乡镇党委会由乡镇党委书记主持召开，特殊情况下，乡镇党委书记可委托乡镇党委副书记主持召开。乡镇党委会一般每月召开一次，因工作需要可随时召开，其会议议题可由全体党委成员依据工作实际碰到的问题提起。乡镇党委会的出席对象为全体党委委员，乡镇人大主要负责人视情况列席会议。有议题需提交或汇报的政府部门领导和相关人员根据议程安排排序列席。按照会议制度要求，乡镇党委会议实到会人员超过应到会人员的2/3方可召开。

召开乡镇党委会议需要遵循若干基本原则和步骤：一是由乡镇党委书记召集会议，会议召集通知由乡镇党政办提前发布，包括会议时间、地点、议程和相关文件等信息；二是由一位主持人或主席依据提前确定的会议议程主持会议，主持人一般是乡镇专职党委副书记；三是会议应遵守一定的议事规则，参会人员可就议题提出观点、意见和建议，并展开辩论；四是在讨论结束后，需要对有争议的问题进行表决，结果应以多数意见为准；五是会议进行过程中应有专人负责记录会议内容和决策结果；六是会议结束后，会议记录应被整理成正式的决议文件，并由主持人或主席签署。乡镇党委会议具体议事程序和办法可能会因组织和地区而异，上述步骤仅为一般性原则。乡镇党委会议实行少数服从多数的原则，赞成票要超过应到会人员的半数以上方可作出决定。乡镇党委会议上出现重大分歧时，应缓议或请示上级党组织裁定。乡镇党委会议会前须事先召开书记办公会拟定议题、沟通意见、交流思想，议题拟定后，要及时通知全体委员做好准备。根据议题的需要，经书记办公会或党委会研究决定召开党委扩大会议。乡镇党委坚持民主集中制，实行集体领导和个人分工负责相结合的制度。凡属应当由党委会讨论和决定的事项，必须由集体研究决定，任何个人或者少数人无权擅自决定。乡镇党委议事决策坚持集体领导、民主集中、个别酝酿、会议决定，实行科学决策、民主决策、依法决策。

（二）乡镇党委决策内容

依据《中国共产党农村基层组织工作条例》第三章第九条规定，乡镇党委可讨论和决定本乡镇经济建设、政治建设、文化建设、社会建设、生态文明建设和党的建设以及乡村振兴中的重大问题。一般来看，乡镇党委决策内容主要是"三重一大"，包括重大事项决策、重要干部任免、重要项目安排、大额资金的使用，具体如下。

（1）研究贯彻执行党的路线方针政策、国家法律法规以及上级党委、政府的重要文件、重要会议精神、重大决策部署的方案意见和具体措施。

（2）研究决定经济、政治、文化、社会和生态文明建设中的重大事项，审议乡经济社会发展中长期规划、年度计划、财政预算和其他重大事项。

（3）研究党的思想、组织、作风、反腐倡廉和制度建设工作，研究建设学习型、服务型、创新型、法治型党组织的方案意见和具体措施，研究制定党的建设规划和年度计划。

（4）研究决定领导班子成员分工和干部管理权限内干部的选拔任用、教育管理等事项；按有关规定研究决定对党员和乡管辖干部的奖惩事项。

（5）研究决定人大、政府、纪律检查委员会和群团组织等提出的重大事项。

（6）研究基层领导班子、所属基层党组织和党员队伍建设工作，讨论制定发展党员工作计划，开展发展党员预审，审批接收预备党员和预备党员转正等事项，听取下级党组织重要工作汇报，并就请示事项作出决定。

（7）研究乡党委自身建设工作，讨论决定召开党员代表大会、党委班子民主生活会等重要事项。

（8）讨论研究应由乡党委会议决定的其他事项。

二 乡镇政府决策

《地方各级人民代表大会和地方各级人民政府组织法》第四章第六十九条规定，全国地方各级人民政府都是国务院统一领导下的国家行政机关。作为我国最低层次的国家机关，乡镇人民政府是乡域行政体系的主导力量，承担着乡域公共事务的重要决策功能。

（一）乡镇政府决策过程

乡镇政府决策过程主要以乡镇长办公会议和乡镇政府常务会议形式展开。

1. 乡镇政府常务会议

乡镇政府常务会议由乡镇长召集并主持，特殊情况下，正职可委托常务副职主持召开，参加人员为乡镇长、副乡镇长、参与分管政府工作的其他班子成员及政府各部门负责人，乡镇长可根据研究的内容指定列席人员。一般每周召开一次，遇有特殊情况可随时召开。

乡镇政府常务会议遵循如下基本原则和步骤：一是由乡镇长或指定人

员负责召集会议，确定时间、地点和议程，并由秘书处（大多是党政办）负责准备会议材料和文件，并向与会人员提前发送通知；二是由乡镇长或指定的主持人依据提前确定的议程主持会议；三是会议应遵守一定的议事规则，参会人员可就议题提出观点、意见和建议，并展开辩论；四是在讨论结束后，需要由乡镇长在广泛发扬民主听取各方面意见基础上，对有争议的问题做最后决定，会议出现重大意见分歧时，应缓议并及时提交党委会或党政联席会研究讨论；五是会议进行过程中应有专人负责记录会议内容和决策结果；六是会议结束后，会议记录应被整理成正式的决议文件，并由主持人或主席签署，乡镇长办公会议做出决定后，要明确组织实施的责任人，体现集体领导与个人分工负责相结合的原则。

2. 乡镇长办公会议

乡镇长办公会议由乡镇长召集并主持，特殊情况下，正职可委托常务副职主持召开，到会人员超过半数方可开会。乡镇长办公会议参加人员为乡镇长、副乡镇长和参与分管政府工作的其他班子成员。召开时间根据工作需要确定，乡镇长可根据研究的内容指定列席人员。乡镇长办公会议遵循的基本原则和步骤同乡镇政府常务会议。

（二）乡镇政府决策内容

乡镇政府是基层国家行政机关，可在乡镇党委的领导下，根据本地区实际情况和发展需求，制定和执行的各种政策、规划和决策方案，主要决策内容如下。

1. 经济发展规划

制定经济发展规划，包括产业布局、投资引导、就业促进等方面的政策，以促进乡镇经济的发展和增加居民收入。

2. 基础设施建设

推动基础设施建设，如道路建设、水电供应、通信网络等，以改善基础设施条件，提升居民的生活质量。

3. 教育和文化事业

推动教育和文化事业发展，组织文化活动，做好学校建设、做好教育经费分配、推进教育改革、保护文化遗产等。

4. 农业发展和农村改革

制定农业发展规划和政策，推动农村经济的转型升级，提高农民收入和生活水平，同时推动农村土地制度改革、农村集体经济发展等。

5. 社会事务

保障各项社会事务有序推进，如医疗卫生服务、扶贫帮困、环境保护等，以保障居民的基本权益和社会福利。

6. 治安和社会秩序

制定治安管理措施，维护社会秩序，保障居民的人身和财产安全。

7. 城乡规划和土地利用

制定城乡规划，合理规划土地利用，推动城乡协调发展，提高土地利用效率，保护农田和生态环境。

三 乡镇人大决策

《地方各级人民代表大会和地方各级人民政府组织法》第一章第二条规定，地方各级人民代表大会是地方国家权力机关。乡镇人大全体人大代表是乡镇人大的决策主体。在实践中，乡镇人大主席、副主席均为乡镇领导成员，由于乡镇人员编制紧张，他们会分管一定的乡镇事务并参与乡镇事务决策。

（一）乡镇人大决策过程

乡镇人大决策主要通过乡镇人民代表大会的形式展开。《地方各级人民代表大会和地方各级人民政府组织法》第二章第十四条规定，地方各级人民代表大会会议每年至少举行一次。经过1/5以上代表提议，可以临时召集本级人民代表大会会议。2/3以上的代表出席，会议始得举行。第十九条规定，乡、民族乡、镇的人民代表大会举行会议的时候，选举主席团。由主席团主持会议，并负责召集下一次的本级人民代表大会会议。乡、民族乡、镇的人民代表大会主席、副主席为主席团的成员。乡镇人民代表大会主要遵循如下过程。其一，举行预备会议。由上次会议主席团主持。预备会议选举主席团，通过会议议程和其他准备事项的决定。其二，举行乡镇人民代表大会正式会议。预备会议选举产生的主席团主持本次人民代表大会会议。乡镇人民代表大会举行会议时，设立预算审查委员会、议案审查委员会，在主席团领导下承担预算决算审查、议案审查的具体工作，提出审查意见。

（二）乡镇人大决策内容

根据《地方各级人民代表大会和地方各级人民政府组织法》的相关规定，乡、民族乡、镇的人民代表大会的决策内容包括：一是根据国家计划，决定本行政区域内的经济、文化事业和公共事业的建设计划；二是审查和批准本行政区域内的预算和预算执行情况的报告；三是决定本行政区域内的民政工作的实施计划；四是选举本级人民代表大会主席、副主席，以及选举乡长、副乡长、镇长、副镇长；五是听取和审议乡、民族乡、镇的人民政府的工作报告；六是撤销乡、民族乡、镇的人民政府的不适当的决定和命令。

四 村两委决策

（一）作为决策主体的村两委

行政村党的委员会（包括党支部、村党总支、村党委）是党在行政村的基层组织，是党在行政村全部工作和战斗力的基础，全面领导行政村各类组织和各项工作。依据《中国共产党农村基层组织工作条例》第二章第五条规定，以村为基本单元设置党组织。村党的委员会每届任期5年，由党员大会选举产生。《中国共产党农村基层组织工作条例》第二章第八条规定，村党的支部委员会一般设委员3~5名，其中书记1名，必要时可以设副书记1名；正式党员不足7人的支部，不设支部委员会。村党的总支部委员会一般设委员5~7名，其中书记1名、副书记1名、纪检委员1名。村党的委员会一般设委员5~7名，最多不超过9名，其中书记1名、副书记1~2名、纪委书记1名。

村民委员会是村民自我管理、自我教育、自我服务的基层群众性自治组织，负责办理本村的公共事务和公益事业，调解民间纠纷，协助维护社会治安，向人民政府反映村民的意见、要求和提出建议。《村民委员会组织法》第二章第六条规定，村民委员会由主任、副主任和委员共3~7人组成。村民委员会成员中，应当有妇女成员，多民族村民居住的村应当有人数较少的民族的成员。

中国共产党在农村的基层组织，按照《中国共产党章程》进行工作，发挥领导核心作用，领导和支持村民委员会行使职权；依照宪法和法律，支持和保障村民开展自治活动、直接行使民主权利。因此，行政村党的委员会与村民委员会构成的村两委是行政村决策的核心，其成员是行政村决策的核心主体。一般而言，行政村党的委员会委员与村民委员会委员交叉任职，行政村党的委员会决策会议与村民委员会决策会议一起召开，村两委决策则构成行政村决策的核心。

（二）村两委决策过程

村两委决策主要以"四议"会议形式展开。村两委决策事项严格按照村党组织提议—村两委会议商议—党员大会审议—村民代表会议（村民会议）决议四个决策程序依次开展，未经村党组织提议的不得提交议事决策，上一环节讨论事项未获通过的不得进入下一环节。提交村党组织委员会研究的事项要符合法律法规、上级政策。会议须有半数以上应到会委员到会方可进行，赞成人数超过应到会委员的半数为通过。提交村两委会议商议的事项，两委成员要提前沟通、酝酿。会议须有半数以上两委成员到会方可进行，按照少数服从多数的原则形成商议意见。提交党员大会审议的事项，要提前送交全体党员。表决必须有半数以上有表决权的党员到会方可进行，赞成人数超过应到会有表决权的党员的半数为通过。召集村民代表会议应提前5天公示讨论决议事项、通知村民代表会议成员。会议应当有2/3以上的村民代表会议成员参加，所作决定应当经到会人员的过半数同意。召开村民代表会议（村民会议），可根据需要可以邀请驻本村的企业、事业单位和群众组织派代表列席。

（三）村两委决策内容

《村民委员会组织法》第四章第二十三条规定，村民会议审议村民委员会的年度工作报告，评议村民委员会成员的工作；有权撤销或者变更村民委员会不适当的决定；有权撤销或者变更村民代表会议不适当的决定。村民会议可以授权村民代表会议审议村民委员会的年度工作报告，评议村民委员会成员的工作，撤销或者变更村民委员会不适当的决定。第二十四条规定，涉及村民利益的下列事项——本村享受误工补贴的人员及补贴标准；从村集体经济所得收益的使用；本村公益事业的兴办和筹资筹劳方案及建设承包方案；土地承包经营方案；村集体经济项目的立项、承包方案；宅基地的使用方案；征地补偿费的使用、分配方案；以借贷、租赁或者其他方式处分村集体财产；村民会议认为应当由村民会议讨论决定的涉及村民利益的其他事项——经村民会议讨论决定方可办理。村民会议可以授权村民代表会议讨论决定前款规定的事项。法律对讨论决定村集体经济组织财产和成员权益的事项另有规定的，依照其规定。

第二节　乡域执行

乡镇党委是县级党委的下级党组织、乡镇政府则是县级政府的下级行政机关，都负有执行上级命令的责任；村党的委员会接受乡镇党委的领导，村民委员会接受乡镇政府的指导，因而，村两委也需要执行乡镇下派的任务。因此，乡域执行包括乡镇党委执行、乡镇政府执行以及村两委执行。

一　乡镇党委执行

乡镇党委成员是乡域执行中的核心行为主体。《中国共产党农村基层组织工作条例》第三章第九条规定，乡镇党委的主要职责之一是宣传和贯彻执行党的路线方针政策和党中央、上级党组织及本乡镇党员代表大会（党员大会）的决议。乡镇党委书记作为班子的"主心骨"，是乡镇党委执行的第一责任人，乡镇党委副书记是乡镇党委执行的重要责任人，负有执行的分管责任，其他乡镇党委委员在乡镇党委执行中负有具体执行责任。

（一）乡镇党委执行过程

乡镇党委执行过程一般包括任务接收、任务分配和人员组织、资源调配和安排、实施和监督、居民参与和反馈、评估和总结六个方面。一是任务接收。乡镇党委执行中相关政策、计划或项目由上级党委制定，上级党委通过公告、文件或通知等形式发布到乡镇党委，乡镇党委则需及时接收。二是任务分配和人员组织。乡镇党委根据上级政府的要求，将具体任务分配给所领导的行政机关、事业团体、其他社会团体及下级党组织，并指定党委委员具体负责协调和执行。三是资源调配和安排。乡镇党委会根据需要，对人力、物力和财力等资源进行调配和安排，以支持乡镇党委执行工作的顺利进行。四是实施和监督。乡镇党委所领导的行政机关、事业团体、其他社会团体及下级党组织按照任务要求，执行具体工作，乡镇党委通过巡查、考核等方式对其进行监督和评估。五是居民参与和反馈。在乡镇党委执行过程中，居民群众通常会受到政策的直接或间接影响，他们可以通过参与讨论、提供意见或反馈问题等方式来参与乡镇党委执行过程。六是评估和总结。乡镇党委会定期对乡镇党委执行工作进行评估和总结，以了解执行效果和存在的问题，并根据评估结果进行调整和改进。乡镇党委坚持民主集中制，实行集体领导和个人分工负责相结合的制度。

（二）乡镇党委执行内容

《中国共产党农村基层组织工作条例》第一章第三条规定，乡镇党委要"以提升组织力为重点，突出政治功能，努力成为宣传党的主张、贯彻党的决定……的坚强战斗堡垒"。乡镇党委要执行上级党委交办的任务的具体内容如下。

（1）加强党的政治建设、思想建设、组织建设、作风建设、纪律建设，把制度建设贯穿其中，深入推进反腐败斗争，推动全面从严治党向基层延伸。

（2）推进全面从严治党，落实基层党建工作责任制，严格抓好基层党组织建设各项制度和加强纪检监察工作。

（3）执行上级党委交办的本乡镇组织人事、宣传、精神文明建设、意识形态、督促检查、机关后勤等工作。

（4）执行上级党委交办的执行商家深化各项体制改革，做好国防教育和兵役工作；全面加强基层宣传思想文化工作，进一步增强党在农村的政治领导力、思想引领力、群众组织力、社会号召力。

（5）执行上级党委交办的群众工作以及工会、团委、妇联等群团工作；基层民主政治建设、信访投诉等工作。

（6）加强乡镇党委自身建设和村党组织建设，以及其他隶属乡镇党委的党组织建设，抓好发展党员工作，加强党员队伍建设。维护和执行党的纪律，监督党员干部和其他任何工作人员严格遵守国家法律法规。

（7）贯彻落实上级党委交办的其他事项。

（8）执行乡镇党委决策中需要执行的任务。

二 乡镇政府执行

作为基层国家行政机关，乡镇政府是乡域执行中的最重要行为主体。《地方各级人民代表大会和地方各级人民政府组织法》第四章第三节第七十七条规定，地方各级人民政府分别实行省长、自治区主席、市长、州长、县长、区长、乡长、镇长负责制。省长、自治区主席、市长、州长、县长、区长、乡长、镇长分别主持地方各级人民政府的工作。乡镇政府坚持乡镇长负责制，乡镇长是乡镇执行的主要负责人，副乡镇长对乡镇政府执行负特定的具体责任。

（一）乡镇政府执行过程

乡镇政府执行过程一般包括任务接收、任务分配和人员组织、资源调配和安排、实施和监督、居民参与和反馈、评估和总结六个方面。一是任务接收。乡镇政府执行中相关政策、计划或项目由上级政府、乡镇党委及乡镇人民代表大会制定，上级政府通过公告、文件或通知等形式发布到乡镇政府，乡镇政府则需及时接收；乡镇党委及乡镇人民代表大会则将形成的决议转至乡镇政府执行。二是任务分配和人员组织。乡镇政府根据上级政府、乡镇党委及乡镇人民代表大会的要求，将具体任务下派给具体负责的行政部门，并指定具体乡镇行政领导负责协调和执行。三是资源调配和安排。乡镇政府会根据需要，对人力、物力和财力等资源进行调配和安排，以支持乡镇政府执行工作的顺利进行。四是实施和监督。具体负责的行政部门按照任务要求，执行具体工作，乡镇政府则通过巡查、考核等方式对其进行监督和评估。五是居民参与和反馈。在乡镇政府执行过程中，居民群众通常会受到政策的直接或间接影响，他们可以通过参与讨论、提供意见或反馈问题等方式来参与乡镇政府执行过程。六是评估和总结。乡镇政府会定期对乡镇政府执行工作进行评估和总结，以了解执行效果和存在的问题，并根据评估结果进行调整和改进。

（二）乡镇政府执行内容

（1）执行本级人民代表大会的决议和上级国家行政机关的决定和命令，执行乡镇党委的决议。

（2）执行本行政区域内的经济和社会发展计划、预算，管理本行政区域内的经济、教育、科学、文化、卫生、体育事业和财政、民政、公安、司法行政、计划生育等行政工作。

（3）执行乡镇党委、上级政府及乡镇人大关于保护社会主义的全民所有的财产和劳动群众集体所有的财产，保护公民私人所有的合法财产，维护社会秩序，保障公民的人身权利、民主权利和其他权利的决议、决定及命令。

（4）执行乡镇党委、上级政府及乡镇人大关于保护各种经济组织的合法权益等各项权利，保障少数民族的权利和尊重少数民族的风俗习惯，保障宪法和法律赋予妇女的男女平等、同工同酬和婚姻自由的决议、决定及命令。

（5）办理乡镇党委、上级政府及乡镇人大交办的其他事项。

（6）执行乡镇政府决策中需要执行的任务。

三　村两委执行

村两委是乡域执行中村域范围的核心行为主体。《中国共产党农村基层组织工作条例》第二章第五条规定，村党的委员会受乡镇党委领导。《村民委员会组织法》第一章第五条规定，乡、民族乡、镇的人民政府对村民委员会的工作给予指导、支持和帮助，但是不得干预依法属于村民自治范围内的事项。村民委员会协助乡、民族乡、镇的人民政府开展工作。村党的委员会书记是村两委执行乡镇党委任务的主要责任人，村民委员会主任则是执行乡镇政府任务的主要责任人，在村党的委员会书记与村民委员会主任"一肩挑"下，村两委执行的主要负责人合二为一。

（一）村两委执行过程

村两委执行过程一般包括任务接收、任务分配和人员组织、资源调配和安排、实施和监督、评估和总结五个方面。一是任务接收。村两委执行中相关任务要求由乡镇党委、乡镇政府确定，乡镇党委、乡镇政府主要通过文件、通知的形式发布给村两委，村两委则需及时接收。二是任务分配和人员组织。村两委根据乡镇党委、乡镇政府的要求，依据村两委分工将具体工作交由具体村两委成员交办。三是资源调配和安排。村两委会根据需要，对人力、物力和财力等资源进行调配和安排，以支持村两委执行工作的顺利进行。四是实施和监督。村两委通过过程追踪对具体执行人进行监督和评估。五是评估和总结。村两委会定期对村两委执行工作进行评估和总结，以了解执行效果和存在的问题，并根据评估结果进行调整和改进。

（二）村两委执行内容

村两委既接受乡镇党委的领导，也接受乡镇政府的指导。总体而言，村两委主要执行内容如下。

（1）执行乡镇党委交办的关于党的建设的各项任务，包括党的政治建设、思想建设、组织建设、作风建设、纪律建设，国防教育和兵役工作，群团工作。

（2）执行乡镇政府交办的各项任务，包括信息收集与统计、宣传与知识普及、公共服务供给、民生治安管理、环境保护等经济、社会、文化、生态各方面的工作。

（3）办理乡镇党委、乡镇政府交办的其他事项。

（4）执行村两委决策中需要执行的任务。

第三节　乡域考核

乡域考核既包括县对乡的考核也包括乡镇对村的考核，县对乡的考核包括乡镇党政领导班子履职尽责绩效考核（简称乡镇绩效考核），也包括乡镇党政正职考核。乡镇对村的考核包括对村两委班子的整体考核及对村两委成员考核，其中对村两委成员的考核主要是考核主职干部。

一　乡镇绩效考核

（一）乡镇绩效考核的考核内容

乡镇绩效考核的考核对象为各乡镇党政领导班子。考核内容一般包括：经济建设、政治建设、文化建设、社会建设、生态文明建设和附加项目招商引资、社会公众形象测评七个方面。其中经济建设、政治建设、文化建设、社会建设、生态文明建设考核主要依据省市下达的绩效考核年度目标、各县经济社会发展五年规划及县委、县政府确定的年奋斗目标制定。

（二）乡镇绩效考核的考核方式

考核采用特定分制量化打分，如百分制、120分制、千分制、1200分制等。各县依据自身发展需要对乡镇的"经济建设"、"政治建设"、"文化建设"、"社会建设"、"生态文明建设"、"招商引资"及"社会公众形象测评"分别赋予一定分值,其中,部分县将"招商引资"及"社会公众形象测评"设置为附加指标项目。

一般而言,"经济建设""文化建设""社会建设""生态文明建设"由相关考评职能部门根据年度目标和相关要求制定考评细则,与平时考核相结合,实行平时案头管理,年底量化考核评分。

"政治建设"一般由县委相关部门根据年度目标和相关要求制定考评细则,与平时考核相结合,实行平时案头管理,年底由县委组建和派出考核组开展统一的年度综合考评工作。

"招商引资"一般根据年度目标制定考评细则,与平时考核相结合,实行平时案头管理,年底综合考评。

"社会公众形象测评"主要通过组织专班进行评议和采取特定对象纸质测评的方式进行。

考核实行加扣分制度。乡镇年度内单项工作受到党中央、国务院,国家部委,省委、省政府,市委、市政府表彰的,分别给予一定加分,同项工作受多级表彰,一般以最高级别表彰计分;其中上级表彰县委、县政府的单项工作,承办乡镇给予相应加分。年度内在国家部委、省、市部门工作会议上做经验介绍,分别给予一定加分;为省、市部门工作现场会提供参观点的也可适当加分。加分事项由各乡镇年终提供佐证资料,县绩考办组织相关部门审查核实,累计加分存在上限。乡镇受到国家部委或省委、省政府、省直部门或市委、市政府、市直部门或县委、县政府通报批评的,每项次在年度绩效考核得分中扣减分。扣分依据由县委办和县政府办等相关部门提供。

(三)乡镇绩效考核的结果运用

县绩考办汇总各乡镇党政领导班子绩效考核综合得分,按一定比例评出若干优秀等次乡镇、按一定比例评出若干一般等次乡镇,其余为良好等次乡镇。其结果报县绩效考核工作领导小组讨论认可和县委常委会审定。绩效考核结果实行"四挂钩"。

一是与年度评先表优挂钩。对绩效考核优秀等次的乡镇和个人,县委、县政府予以通报表扬。

二是与机关干部年度考核优秀比例挂钩。优秀等次乡镇、良好等次乡镇及一般等次乡镇的机关干部年度考核评优比例存在梯度。

三是与领导班子和干部队伍建设挂钩。如提拔重用干部优先考虑优秀等次乡镇；对评为一般等次的乡镇，由县主要领导对其主要负责人进行提醒谈话；连续三年绩效考核排名靠后，且主要经济社会发展指标没有完成的，对其党政领导班子进行适当调整。

四是与主要负责人年度考核挂钩。如各乡镇党政领导班子绩效考核得分按一定权重，如40%，计入党政主要负责人年度考核总分。绩效考核为一般等次的乡镇主要负责人年度考核不得评为优秀等次。

二 乡镇党政正职考核

（一）乡镇党政正职的考核内容

发展业绩。考核各乡镇、县直各部门绩效考核指标完成情况。

个人实绩。主要考核干部平时工作实绩情况。

社会公众形象测评。主要包括工作水平、工作效率、工作业绩、工作作风等方面情况的社会满意度。

（二）乡镇党政正职的考核方式

考核总分一般设置为100分，其中，发展业绩、个人实绩、社会公众形象各占一定比例。

发展业绩考核。以各乡镇年度绩效考核结果为依据。

个人实绩考核。通过特定方式，对干部个人平时工作业绩进行评分，如"各类干部平时考核系统"，并以实绩考核得分为依据。

社会公众形象测评。县绩考办组织对乡镇党政正职进行大会测评，并以综合得分为依据，分别按乡镇党委书记、乡镇长进行分类分组排名。

（三）乡镇党政正职的结果运用

考核结果一般与乡镇党委书记、乡镇长的使用、激励相结合，具体方式如下：

一是考核结果直接作为乡镇党委书记、乡镇长年度考核结果。

二是对年终考核排名处于前列的乡镇党委书记、乡镇长，优先作为表扬奖励对象，在全县领导班子调整动议、干部推荐提拔等方面给予重点推荐。

三是对年终考核排名处于末位的乡镇党委书记、乡镇长，取消其各类评优评先资格。对年终考核连续一定年限排名处于末位，且综合得分在一定分数以下的，予以组织处理。

四是考核结果存入本人档案，并在一定范围内进行公布。

三　村级考核

（一）村级考核的考核内容

乡镇对村级的考核主要有对村两委班子的整体考核和村两委成员的考核，其中，对村两委班子的整体考核与对两委主职的考核高度挂钩，对村两委成员的考核主要是对村两委主职干部的考核。村两委班子的整体考核主要围绕领导班子建设、党员干部队伍、工作机制成效、工作业绩成果、群众反映情况五个方面。对村两委成员的考核侧重于德、能、勤、绩、廉五个方面。考核的主要内容如下。其一，社会建设。包括平安建设工作、信访工作、应急管理工作和森林防火工作等。其二，乡村振兴。包括林长制工作、病虫害防治工作、河长制工作、防汛工作、规范农民建房工作、卫健及疫情防控工作、农村人居环境整治、民政事业工作、巩固拓展脱贫攻坚成果工作、厕所革命工作等。其三，民生福祉。包括医保、养老保险征缴、就业工作、武装及退役军人服务保障工作、教育工作等。其四，党的建设。包括基层党建工作、全面从严治党工作、意识形态及宣传工作、统战宗教工作、政协工作（党建+好商量）、群团工作、党委政府督办工作等。其五，经济工作。包括招商引资工作等。其六，加减分及一票否决项项。加分项一般是获县级以上荣誉表彰，减分项包括纪律作风等，一票否决项包括治安、安全生产、党风廉政建设、环境保护等方面的红线问题。

（二）村级考核的考核方式

村级考核方式主要有民主评议、专项考核及综合鉴定三种方式，一般而言，乡镇在完成上述三种考核后，会按照一定规则将民主评议、专项考核、综合鉴定结果进行总结评分。

1. 民主评议（一般为百分制）

由乡镇考核组到各村通过召开会议的形式对村级进行考核测评，参会人员一般包括村两委班子成员、全体党员、村民代表及在本村的各级党代表、人大代表，具体程序如下。

（1）会议述职。先由村党支部书记总结本年度的工作情况，并提出下阶段或下一年度的工作打算，其他村两委干部依次就履职情况进行述职（或书面述职）。

（2）民主测评。参会人员（村两委人员除外）采取无记名方式填写民主测评表，对村两委成员进行民主测评。

（3）个别谈话。一般按照不少于参会人数的30%进行谈话，谈话一般由两名以上人员组成，并做好谈话记录。对考核中群众反映较大、情况比较复杂或意见分歧较大的问题，需要进一步核实和定性。

（4）总体评价。考核组结合民主测评、个别谈话，就党员干部和群众反映的有关问题与被考核的村两委成员交换意见后，按照一定的规则集体研究分别形成对村两委成员的总体评价结果。

2. 专项考核（一般为百分制）

（1）纵向考核。按照谁分管谁负责的原则，由乡镇各分管领导会同相关办公室、中心站所对分管领域工作各村全年目标任务完成情况结合平时表现进行量化考评。

（2）横向考核。按照谁包干谁负责的原则，由乡镇包干领导和村书记按照具体工作，按包干村完成情况结合平时工作进行量化考评。

3. 综合鉴定（一般为百分制）

召开乡镇党政班子会议结合民主测评、专项考核等考核情况，对村两委成员作出综合性的鉴定。

（三）村级考核的结果运用

乡镇对村级的考核结果一般与乡镇政府配套资金发放、绩效考核奖金、评优评先、各类推荐及约谈整改挂钩。

1. 乡镇配套资金发放

乡镇一般将各村（社区）年终综合目标考核与镇政府配套资金分配挂钩，但一般会设置上下限。如各村（社区）在落实本单位人平考核奖励时，考核奖金原则最高不得超过人平考核奖金的110%，最低不得低于人平考核奖金的90%。

2. 绩效考核奖金

一般而言，村两委的工资由乡镇发放，工资分为基本工资部分和绩效考核部分，其中，绩效考核部分与乡镇对村两委的年终考核结果挂钩，乡镇政府依据考核结果按照一定规则在年终给村两委发放绩效奖金。

3. 评优评先

乡镇对村级的考核构成乡镇年度表彰先进集体的主要依据。

4. 各类推荐

各村（社区）干部个人考核得分作为年度先进个人表彰和下一年度评先评优、组织调整、向上推荐各类代表选举、公务员考试的主要依据。

5. 约谈整改

各村（社区）考核综合得分最后一名或几名会被乡镇党政主要领导约谈。

乡镇对村两委主职的考核一般要划分等级，如分为好、较好、一般、较差四个等次，按考核情况由高到低逐村进行排序。对一般村两委干部的考核也分等级，如分为优秀、称职、基本称职和不称职四个等次。一般而言，如果按照百分制打分，综合鉴定90分及以上为优秀，80~90分为称职，70~80分为基本称职，70分以下为不称职。被评定为"好"的村两委班子除村书记外可以评定1~2名村干部为"优秀"等次；被评定为"一般"和"较差"的村两委班子，该村干部不得评为"优秀"和"称职"等次。年度考核结果为不称职等次的，不享受绩效工资；连续一定年限考核等次为不称职的实行末位淘汰制，聘用干部解聘，当选的村干部免职，同时由乡镇党委依照有关规定进行调整。

第四节 乡域问责

乡域问责主要指具有问责权力的主体对掌握公共权力的乡镇党政机关干部、村两委干部的问责。掌握公共权力的乡镇党政机关干部、村两委干部负有政治责任、行政责任、法律责任及道德责任。问责类型主要有县级问责、乡镇人大问责、乡镇内部问责以及民众问责。

一 乡域问责内容

（一）乡域政治责任

政治责任与代议制民主具有天然的逻辑关联。代议制民主因其蕴含着公共权力在公民和政府之间存在委托与被委托关系的价值理念，而成为政治责任的逻辑起点。因此，政府部门及其公职人员要接受普通公民的质询，其决策及行为必须符合人民的意志与利益，一旦出现决策失误或有损于公共利益的行为，即便是不违法也要承担政治责任。另外，受托于人民而执政的执政党也必须对人民负责。因此，政党成员的言行必须帮助树立所属政党的权威，增强其治理的合法性，在政策制定和执行上必须反映政党的政治纲领并显示出作为政党成员的政治忠诚度，一旦出现违背政党利益的行为，即便是不违法也要承担政治责任。政治责任的追究对象主要是政务性决策官员与不当言行的公务人员，追究主体主要是乡镇人民代表大会和上级党组织，追究情形主要是公务人员因失职、渎职、滥权等导致人民生命财产或公共利益受到重大损失与因不当言行造成严重社会不良影响的情形，追究程序主要是遵循人民代表机关的质询、审议、决定程序以及党内的组织程序。

（二）乡域行政责任

行政责任是法学视域中的内部行政责任，在政治与行政二分理念之下，行政责任与政治责任区分开来。在科层制下，各政府部门及其公职人员都有相应的职责，并接受上级官员对其工作行为的监督和控制。行政责任体现了行政系统内部的等级权责关系，也由此决定了问责的方向是自上而下的。行政责任的追究对象主要是涉及决策及执行的所有行政机关公职人员，追究主体主要是上级行政机关及行政首长或依法成立的专门机构。乡域行政责任追究情形主要是在决策执行过程中相关主体违反公务员法、各种规章制度，或者以权谋私等而造成责任事故，追究程序主要是行政机关内部尤其是上下级间进行审查与监督。

（三）乡域法律责任

法律责任涉及政府部门公职人员及其他各类掌握公共权力人员遵守宪法、法律和行政规章的有关规定并接受法定主体的质询和评估，是一种以法律强制力为保障的权利救济机制。法律责任体现了宪法和法律对掌握公共权力的人员履行契约责任情况的外部监督约束。就适用范围而言,法律责任的追究对象主要是违反国家法律法规的决策、执行责任人员,在乡域内,不仅包括乡镇政府及站所的行政人员也包括村民委员会成员。法律责任追究主体主要是行政法制监督机关和司法机关。乡域法律责任的追究情形主要是相关主体因决策违反法律、法规、规章直接导致人民生命财产或国家利益、公共利益损失,主要遵循行政处罚或诉讼程序。

(四)乡域道德责任

道德责任要求政府部门公职人员及其他各类掌握公共权力人员的行为要符合社会所要求的道德标准和规范,否则就要对自己行为的过失在道德意义上承担相应的责任。在乡域内,作为直接与民众打交道的基层干部,以及由村民选举产生的代行公共权力的村委会成员不可避免会碰到要履行道德责任的情形。道德责任具有双重性,既表现为决策主体对决策责任的自觉认识和行为上的自愿选择,其基本关系是个人与其内心的关系,又强调行政相对人一方对决策主体及其行为的道德评价。道德责任的追究对象主要是所有决策、执行责任主体,追究主体主要是社会公众或公共舆论。

二 乡域问责类型

(一)县级问责

乡镇党委是县级党委的下级党组织,乡镇政府则是县级政府的下级机关,县级党政机关及其组成部门对乡镇党政机关及其组成部门就具体事项的执行有监督、管理等权力,因此对乡镇党政机关及其组成部门具有问责权力。在中央集权模式下,县级党政机关也要接受更上级党政机关的政策执行推动,在执行压力下,县级党政机关对乡镇党政机关的"问责推动"成为乡镇基层工作运转的常态,县级对乡镇的问责也构成乡域问责的主要类型。属地管理原则是当下基层事务管理的重要原则,县级党政机关及其职能部门一般通过"召开会议—分解任务—签订责任状—检查监督",把所担负的任务和工程分解下卸到各个乡镇政府,由此确定县级党政机关及其组成部门对乡镇党政机关及其组成部门的问责路径。县级问责主要是追究政治责任与行政责任,政治责任追究主要由县级党委发起,行政责任问责则主要由县级政府发起。

（二）乡镇人大问责

乡镇人大是乡镇的最高权力机关，从法理上看，乡镇政府对乡镇人大负责，乡镇人大有责任督促基层行政和司法部门依法行政、公正司法，具有对乡镇政府及其工作人员展开问责的权力。按照规定，乡镇人大有权听取和审议乡镇人民政府的工作报告；审查和批准本级预算和本级预算执行情况的报告；撤销乡镇人民政府的不适当的决定和命令等。一般而言，乡镇政府每年度需要向乡镇人大提交政府工作报告，并由乡镇人大审议表决。乡镇人大是农村人民群众参与基层民主政治建设的主要形式，是行使当家作主权利的重要途径，乡镇人大对乡镇政府及其工作人员的监督与问责具有重要意义。

（三）乡镇内部问责

乡镇内部问责主要指由乡镇党委、政府对乡镇领导干部以及村两委干部进行的问责，主要由乡镇纪委负责。乡镇内部问责主要通过党内纪律体系来处理党员干部的违纪违规行为。乡镇内部问责机制通常涉及以下几个方面。一是法律法规。乡镇工作人员需要遵守国家法律法规和地方规章制度。如果违反法律规定，将会受到法律追究。二是内部监督。乡镇工作人员的上级管理部门对其进行日常监督和评估。他们必须遵守职责要求，完成工作任务，并接受工作绩效评估。三是公开透明。问责机制还包括将乡镇工作人员的工作公开透明化，让公众和媒体能够监督他们的行为和决策。

（四）民众问责

《宪法》第四十一条规定：中华人民共和国公民对于任何国家机关和国家工作人员，有提出批评和建议的权利；对于任何国家机关和国家工作人员的违法失职行为，有向有关国家机关提出申诉、控告或者检举的权利。随着人民群众权利意识的提高，民众问责逐渐成为对政府及公务人员重要的问责类型。乡域问责机制的有效实施对于加强基层治理和促进公共服务的改进非常重要，同时也有助于增强政府的透明度和公信力。民众主要借助媒体、信访等渠道对政府工作人员的不法行为进行监督问责。媒体能通过及时揭露各种腐败现象，产生社会效应，形成舆论压力。改革开放以来，我国媒体独立性与中立性逐渐增强，也越来越广泛地参与到行政问责过程中来。信访制度则为民众反映问题提供了正规有效的渠道,信访制度通过行政力量倒逼基层政府及其工作人员对不法行为进行修正。此外,民众问责也是督促村两委人员积极工作的重要途径。

三 乡域问责处罚及其过程

(一)县级问责处罚及其过程

上级行政问责主要是由上级政府机构针对其在管理行政事务上的问题,如执行政策不力、廉政问题等,对乡镇党委书记、乡镇长进行问责。一般而言,上级行政问责主要采取对乡镇党委书记、乡镇长采取行政处分措施,其处罚的责任形态主要包括限期整改、责令作出书面检查、通报批评、公开道歉、诫勉或效能告诫、责令停职检查、责令辞职、建议免职、引咎辞职等。乡域上级问责通常采取以下方式。一是监督调查。通过对涉事部门或个人的行为进行调查核实,查明问题的来龙去脉和责任归属,确定是否存在不当行为或失职行为。二是警告通报。对问题部门或个人进行批评教育,督促其认识错误,警示其他公职人员。三是免职或降职。对严重失职或不作为的责任人员进行相应处理,包括免去其职务或降低职位。四是组织纪律处分。根据情节轻重,对责任人员进行组织纪律处分,如警告、记过、记大过、降职、撤职等。五是法律追责。对涉嫌违法犯罪的,移交司法机关依法追究法律责任。

(二)人大问责处罚及其过程

乡镇人大问责主要由乡镇人民代表大会对乡镇政府工作人员的行为进行问责,问责内容主要是政治责任,即乡镇人民政府工作人员的执政行为是否符合广大人民的意志。一般而言,乡镇人大问责处罚主要是对乡镇人民政府工作人员的罢免。当乡镇人民政府的工作人员的执政行为违背广大人民的意志时,乡镇人大可以在县级党委的同意下,启动对乡镇政府工作人员的罢免程序。

(三)内部问责处罚及其过程

乡镇内部问责主要指在乡镇党委书记、乡镇长领导下,由乡镇纪委对乡镇党政机关工作人员及村两委成员在工作中的失职、渎职、违法违纪等行为进行追责,以维护党的纪律和形象,确保政府及村委会的正常运转和服务群众工作的顺利进行。乡镇工作人员及村两委成员承担着服务群众、推动乡镇事务发展的重要职责，乡镇内部问责旨在确保他们在履行职责和服务社会时尽责、廉洁、高效。乡镇内部问责对违法违纪的乡镇工作人员、村两委成员，主要采取纪律处分、行政处罚或移交司法机关依法追究法律责任等措施，问责形式、程序相对简单，灵活性强。

（四）民众问责处罚及其过程

乡域民众问责的实施有助于提高乡镇工作人员及村两委成员的服务意识和责任感，增强他们的廉政意识，有效防止腐败和不作为现象，提高乡镇基层治理的效能。乡域民众问责不能单独存在，需要明确的法律法规支持，需要公正的监察体系和独立的监督机构来确保其有效性和公正性。乡镇政府层面的民众问责主要通过向党委和政府施加舆论压力，迫使党委、政府启动对乡镇政府工作人员的审查，社会公众可以举报乡镇工作人员的不当行为或失职失责，相关部门必须依法调查并处理投诉。村级层面的民众问责则主要是广大村民依据《村民委员会组织法》及社会道德对村两委成员进行质询，可以要求其改正错误或者通过合法程序对其予以罢免。

第十二章　乡域依法治理机制

党的二十大报告指出："全面依法治国是国家治理的一场深刻革命，关系党执政兴国，关系人民幸福安康，关系党和国家长治久安。必须更好发挥法治固根本、稳预期、利长远的保障作用，在法治轨道上全面建设社会主义现代化国家。"① 本章将从乡域依法治理的基本内涵、主要内容、现实挑战和改革方向出发，阐述乡域依法治理机制。

第一节　乡域依法治理的基本内涵

法治兴则国家兴，法治衰则国家乱。中国特色社会主义进入新时代，党中央为进一步完善和推进中国法治建设，在总结历史经验的前提下，结合中国国情，明确提出了全面依法治国，并将其纳入"四个全面"战略布局，为全面建设社会主义法治国家引领方向。本节包括乡域依法治理的概念界定、核心内涵、根本原则、基本立场和目标任务五项主要内容。

一　乡域依法治理的概念界定

乡域治理需要法治先行，乡域依法治理机制建设属于乡域治理的重要范畴。法治既是人民权利要求体系的重要构成要素，也是人民需要的条件保障体系中最重要的满足方式。破解新时代乡域社会矛盾，离不开乡域法治建设。习近平总书记多次阐述了现代法治对实现中华民族伟大复兴的重

---

① 习近平：《高举中国特色社会主义伟大旗帜　为全面建设社会主义现代化国家而团结奋斗——在中国共产党第二十次全国代表大会上的报告》，人民出版社，2022，第40页。

要意义，他指出："推进国家治理体系和治理能力现代化，当然要高度重视法治问题。"①

我国乡域地区治理结构复杂多样，就乡域法治而言，其概念涉及如下几方面。第一，"乡域法治"是与"乡域人治"相对的概念。乡域法治是一个动态的概念，其内涵包括了坚持党的全面领导、依法治国、依法治理、执法为民、公平正义等内容，强调乡域地区的党员干部要依法治理、依法办事，体现法律的权威性、公平性、正义性以及对权力的约束性。确立法律和制度权威，厉行法治，是乡域治理的必然选择。第二，乡域法治是一种重要的政治思想和行政原则，必须坚持依法治理乡域事务，推进乡域治理体系和治理能力现代化。只有不断完善乡域地区法治建设，依法依规保障乡域社会进步发展，才能更好实现在法治轨道上全面建设社会主义现代化国家，为中华民族伟大复兴保驾护航。

二 乡域依法治理的核心内涵

乡域依法治理是国家治理、依法治国领域的一项重要内容，在法治轨道上全面建设社会主义现代化国家，全面推进乡域依法治理体制发展，发挥法治固根本、稳预期、利长远的重要作用，依法应对各种治理调整和矛盾纠纷，关系党执政兴国，关系人民群众幸福安康，关系党和国家的长治久安，关系乡域社会的发展与稳定。

乡域依法治理的核心内涵主要体现为内外两个方面。

第一，法律的规范性和约束性是乡域依法治理的核心，即治理须遵循法律，不以私意兴作。乡域地区的权力主体自身必须遵循宪法和法律规章的精神、原则、程序等获得行政权力并科学合理展开乡域治理，积极引导群众学法、用法，培养干部群众的法治思维和法治理念。乡域治理活动必须以宪法和法律为依据，不得逾越或违背法律规章的要求。

第二，乡域地区的权力主体要主动接受各方监督，避免公权力的不当行使和权力异化产生的腐败行为，将权力关进法律制度的牢笼之中。乡域政府必须依法获得行政权力，依法承担行政责任。要重视通过法律规范治

---

① 中共中央文献研究室编《习近平关于全面依法治国论述摘编》，中央文献出版社，2015，第3页。

理社会，以宪法和法律规章为指导、规范和监督乡域治理活动，防止乡域场域内公权力主体恣意妄为、不受约束，甚至侵害人民群众利益的现象。

三 乡域依法治理的根本原则

党的全面领导是中国特色社会主义法治之魂，也是乡域依法治理的根本保证和根本政治原则。

第一，党的全面领导是乡域依法治理最根本保证、最根本要求。必须从党的全面领导角度出发，明确党的全面领导是推进乡域依法治理体制建设的根本所在和命脉所在。

第二，党的全面领导是乡域依法治理题中应有之义。必须始终坚持党领导立法、保证执法、支持司法、带头守法的地位作用，将党的全面领导确立为新时代乡域依法治理的"定海神针"。

第三，坚持中国特色社会主义法治道路、推进乡域依法治理进程，最根本的是坚持党的全面领导。要明确党和法的关系的根本问题，党大还是法大是一个伪命题，必须辩证阐明"党大还是法大""权大还是法大"，为乡域地区党员干部群众深刻认识党和法、政治和法治、依法治理和依规治理等重大关系提供理论明灯。

四 乡域依法治理的基本立场

坚持人民群众的主体地位是乡域依法治理的根本立场，坚持依法治理为了人民、依靠人民、造福人民和保护人民，将为人民群众谋幸福的根本使命，全心全意为人民服务的根本宗旨真正落实到乡域依法治理的实践当中。

第一，乡域依法治理作为中国特色社会主义法治建设的重要内容，其根基在人民，乡域依法治理最广泛、最深厚的基础也是人民。

第二，乡域依法治理的根本目的是通过法治思维、法治手段，依法、依规保障人民群众的合法权益。民主、法治、公平、正义是新时代人民群众对美好生活向往的重要内容，是中国共产党的奋斗目标，人民群众的利益诉求需要靠法律来保障，而法律规章的权威更需要人民的维护。

第三，乡域依法治理必须努力让人民群众在每一项法律规章制度、每一个执法行为、每一宗司法实践中都感受到公平正义，坚持围绕保障和促进乡域社会公平正义来推进依法治理机制建设，在立法、执法、司法、守法等各个环节中充分保障人民群众的合法权益，真正做到保护人民、造福人民。

五　乡域依法治理的目标任务

乡域依法治理的目标任务是坚持在中国共产党的全面领导下，坚持中国特色社会主义制度，贯彻中国特色社会主义法治理论，突出乡域依法治理的工作重点，形成乡域依法治理体制的整体架构。

第一，推动乡域法治建设从"有法可依、有法必依、执法必严、违法必究"到"科学立法、严格执法、公正司法、全民守法"的全面提升。

第二，坚持乡域地区的党员干部严格规范公正文明执法，让执法既有力度又有温度，构建高效的法治实施体系、严密的法治监督体系、有力的法治保障体系。

第三，坚持依法治理、依法执政、依法行政共同推进，坚持法治国家、法治政府、法治社会一体化建设，实现科学立法、严格执法、公正司法、全民守法，促进国家治理体系和治理能力现代化，引导乡域社会成员做社会主义法治的忠实崇尚者、自觉遵守者、坚定捍卫者，强调让法治成为乡域社会的共识和基本准则。

第二节　乡域依法治理的主要内容

中国特色社会主义进入新时代，全面依法治国建设不断推进，依法治理也取得了重要进展，其中既有国家层面顶层设计的逐步展开，也有乡域层面的具体实践。乡域治理是一个多要素、多层次、全景式的系统工程，它需要整体推进、协同发力，也需要夯实基础、扭住重心，这个基础和重心就是乡域治理法治化。推进乡域治理体系和治理能力现代化必须提升乡域依法治理能力，包括乡域地区的党员干部依宪依法的执政能力、执法能力和司法机关的司法能力等，它是衡量乡域法治能力和法治水平高低的重要标尺。

一 乡域党建与依法治理

乡域依法治理，不仅需要党依据宪法和法律治理社会，也要求党组织依据党内法规管党治党。必须坚持党领导立法、保证执法、支持司法、带头守法，把依法治国基本方略同依法执政基本方式统一起来，把党总揽全局、协调各方履行职能、开展工作统一起来，把遵循党的执政规律与基层治理规律相结合，建立健全基层法治工作机制，提升乡域治理法治化水平，实现乡域依法治理制度化、规范化。

（一）乡域党建是乡域依法治理的重要保障

党的领导是中国特色社会主义最本质的特征，是中国特色社会主义制度的最大优势。中国共产党是中国最高政治领导力量，办好中国的事情，关键在党，只有坚持党的全面领导，乡域法治建设才能沿着社会主义正确方向前进，才能获取不竭的发展动力。只有坚持党的领导、依法治国、人民当家作主三者有机统一，中国特色社会主义伟大事业的法治化、乡域依法治理体制建设才能在有序推进中逐步实现。把党的领导贯彻到乡域依法治理的全过程和各方面是乡域法治建设的一条基本经验。

（二）发挥乡域党组织和党员干部的重要作用

推进乡域依法治理，必须发挥乡域党组织的战斗堡垒作用和党员干部的先锋模范作用。在乡域治理中，依法治理的根本目的是为人民带来更高质量的生活，满足人民对美好生活的需要。乡域党政机关要坚持在党的领导下，在法治轨道上开展工作，创新执法体制，完善执法程序，推进综合执法，严格执法责任，建立权责统一、权威高效的依法行政体制，加快建设职能科学、权责法定、执法严明、公开公正、廉洁高效、守法诚信的法治政府。由此可见，只有在党的全面领导下依法治理、厉行法治，乡域社会的民主政治才能充分实现，乡域法治化才能有序推进。

二 乡镇政府与依法治理

严格规范公正文明执法，事关人民群众切身利益，事关党和政府法治形象，乡镇政府严格执法是乡域依法治理的基本要求。当前，乡镇政府需重点解决执法不规范、不严格、不透明、不文明以及不作为、乱作为等问题。

（一）依法全面履行乡镇政府职能

完善乡域行政组织和行政程序法律制度，推进机构、职能、权限、程序、责任法定化。乡镇政府要坚持法定职责必须为、法无授权不可为，勇于负责、敢于担当，坚决纠正不作为、乱作为，坚决克服懒政、怠政，坚决惩处失职、渎职。乡镇政府不得法外设定权力，没有法律法规依据不得作出减损公民、法人和其他组织合法权益或者增加其义务的决定。同时，推行乡镇政府权力清单制度，坚决消除权力设租寻租空间，推进乡镇政府事权规范化和法律化，强化其执行职责。

（二）建立健全乡域依法决策机制

建立健全乡域依法决策，把公众参与、专家论证、风险评估、合法性审查、集体讨论决定确定为重大行政决策法定程序，确保决策制度科学、程序正当、过程公开、责任明确。乡镇政府应建立行政机关内部重大决策合法性审查机制，未经合法性审查或经审查不合法的，不得提交讨论。同时，积极推行政府法律顾问制度，建立以政府法制机构人员为主体、吸收专家和律师参加的法律顾问队伍，保证法律顾问在制定重大行政决策、推进依法行政中发挥积极作用。建立重大决策终身责任追究制度及责任倒查机制，对决策严重失误或者依法应该及时作出决策但久拖不决造成重大损失、恶劣影响的，严格追究行政首长、负有责任的其他领导人员和相关责任人员的法律责任。

（三）推进乡域行政执法体制改革

根据乡镇政府的事权和职能，按照减少层次、整合队伍、提高效率的原则，合理配置执法力量。推进综合执法，大幅减少乡镇政府执法队伍种类，重点在食品药品安全、工商质检、公共卫生、安全生产、文化旅游、资源环境、农林水利等领域内推行综合执法。严格实行行政执法人员持证上岗和资格管理制度，未经执法资格考试合格，不得授予执法资格，不得从事执法活动。严格执行罚缴分离和收支两条线管理制度，严禁收费罚没收入同部门利益直接或者变相挂钩。健全行政执法和刑事司法衔接机制，完善案件移送标准和程序，建立行政执法机关、公安机关、检察机关、审判机关信息共享、案情通报、案件移送制度,克服有案不移、有案难移、以罚代刑现象,实现行政处罚和刑事处罚无缝对接。

（四）积极推进乡镇政府政务公开

坚持以公开为常态、不公开为例外原则,推进决策公开、执行公开、管理公开、服务公开、结果公开。乡镇政府及其工作部门依据权力清单,向乡域社会全面公开政府职能、法律依据、实施主体、职责权限、管理流程、监督方式等事项。

三 乡域法治机构与依法治理

推进乡域法治机构有效施治是实现乡域依法治理的重要方式。当前,重点是发挥乡镇司法所的功能,同时着重发挥基层立法联系点对科学立法的积极作用。

（一）发挥乡镇司法所的功能

乡镇司法所是乡镇政权建设和乡镇政法部门的重要组成部分。乡镇司法所在服务乡域经济社会发展、维护乡域社会和谐稳定中具有重要作用,是乡域依法治理的重要依托。

第一,加强乡镇司法所组织机构建设。认真贯彻落实司法部关于加强乡镇司法所建设的相关意见,积极争取党委政府和有关部门的支持,按照"机构独立、编制单列、职能强化、管理规范"的要求,巩固和发展乡镇司法所建设取得的成果。已经建立司法所的乡镇,要进一步巩固和发展;尚未建立司法所的乡镇,要积极主动争取乡镇党委、政府等部门的重视和支持,尽快建立,努力实现司法所在乡镇机构和工作全覆盖。

第二,推进乡镇司法所规范化建设。以深入开展规范化乡镇司法所建设活动为载体,全面加强乡镇司法所组织机构、干部队伍、业务能力、基础设施建设。加强规范化管理,强化管理意识,健全完善各项内部管理制度并抓好落实,加强所务管理,推行所务公开,不断提高乡镇司法所工作水平。

第三,认真履行乡镇司法所的职责。乡镇司法所要履行好指导和管理人民调解、社区矫正、法律援助、基层法律服务、安置帮教、法制宣传、依法治理等各项职责。坚持围绕中心、服务大局,坚持以人为本、服务为民，紧紧围绕乡镇党委、政府的中心工作，围绕人民群众的需求，充分发挥职能作用，做好各项业务工作。要根据形势任务的变化，适应经济社会发展的需要，坚持改革创新，不断丰富工作内容，拓展工作领域，创新工作方式方法，更好地履行司法所职责。

（二）发挥基层立法联系点的作用

《立法法》第九十条规定："省、自治区、直辖市和设区的市、自治州的人民代表大会常务委员会根据实际需要设立基层立法联系点，深入听取基层群众和有关方面对地方性法规、自治条例和单行条例草案的意见。"基层立法联系点具有"民意窗口"功能，能够多渠道、多形式地倾听民意，汇集民智，广泛听取和收集基层群众对地方性法规立项、制定、修改的意见建议，打通征集民意"最后一公里"。

第一，聚焦提高立法质量。推进科学立法、民主立法、依法立法，努力使每一项立法都符合宪法精神、反映人民意愿、得到人民拥护，以良法促进发展、保障善治。科学立法的核心在于尊重和体现客观规律，民主立法的核心在于为了人民、依靠人民。基层立法联系点一头连着立法机关，一头连着基层群众，保障了立法直接反映和体现民情、民意、民智、民心。

第二，坚持立法问题导向。完善立法规划，突出立法重点，坚持立改废释纂并举，对涉及乡域地区改革、推动乡域经济发展、完善乡域社会治理、保障基层人民生活的法律抓紧制定、及时修改。通过吸纳民意，增强法律法规的及时性、系统性、针对性、有效性，提高法律法规的可执行性、可操作性。

第三，推动公众有序参与。创新公众参与立法方式，充分听取各方面意见，使法律准确反映经济社会发展要求，更好协调利益关系。

四 社会参与与依法治理

法律的权威源自人民的内心拥护和真诚信仰，人民权益要靠法律保障，法律权威要靠人民维护。习近平总书记指出，"全民守法是法治社会的基础工程。普法工作要紧跟时代，在针对性和实效性上下功夫，落实'谁执法谁普法'普法责任制，特别是要加强青少年法治教育，不断提升全体公民法治意识和法治素养,使法治成为社会共识和基本准则"。① 推进社会参与是乡域依法治理的重要方式,也是实现乡域地区全民守法的重要手段。

（一）推动乡域社会树立法治意识,增强人民群众的法治思维

在乡域社会,坚持把普法和守法作为依法治理的长期基础性工作,深入开展法治宣传教育,引导人民群众自觉守法、遇事找法、解决问题靠法。坚持把乡域地区的党员干部带头学法、模范守法作为树立法治意识的关键,完善公职人员学法用法制度。健全普法宣传教育机制,乡域地区的党委和政府要加强对普法工作的领导,宣传、文化、教育部门和人民团体要在普法教育中发挥职能作用。加强普法讲师团、普法志愿者队伍建设,鼓励在乡域地区普法讲法,把法治教育纳入乡域精神文明创建内容,开展群众性法治文化活动,健全媒体公益普法制度,加强新媒体新技术在普法中的运用,提高普法实效,增强法治意识。

（二）建设完备的法律服务体系,推进乡域各领域依法治理

坚持系统治理、依法治理、综合治理、源头治理,提高社会治理法治化水平。推进全面覆盖乡域地区的公共法律服务体系建设,加强民生领域的法律服务。完善法律援助制度,扩大援助范围,健全司法救助体系,保证人民群众在遇到法律问题或者权利受到侵害时获得及时有效的法律帮助。同时,深入开展多层次多形式法治创建活动,深化乡域组织和部门、行业依法治理,支持乡域地区各类社会主体自我约束、自我管理。发挥市民公约、乡规民约、行业规章、团体章程等社会规范在乡域治理中的积极作用。发挥人民团体和社会组织在法治社会建设中的积极作用。建立健全社会组织参与社会事务、维护公共利益、救助困难群众、帮教特殊人群、预防违法犯罪的机制和制度化渠道。发挥社会组织对其成员的行为导引、规则约束、权益维护作用。

（三）健全依法维权和矛盾纠纷化解机制,推动乡域法治建设

强化法律在维护群众权益、化解乡域社会矛盾中的权威地位,引导和支持人们理性表达诉求、依法维护权益。构建对维护群众利益具有重大作

---

① 《习近平谈治国理政》（第四卷）,外文出版社,2022,第 294 页。

用的制度体系，建立健全社会矛盾预警机制、利益表达机制、协商沟通机制、救济救助机制，畅通群众利益协调、权益保障法律渠道，解决好群众最关心最直接最现实的利益问题。健全社会矛盾纠纷预防化解机制，完善调解、仲裁、行政裁决、行政复议、诉讼等有机衔接、相互协调的多元化纠纷解决机制。加强行业性、专业性人民调解组织建设，完善人民调解、行政调解、司法调解联动工作体系。深入推进乡域社会治安综合治理，健全落实领导责任制。完善立体化社会治安防控体系，有效防范化解管控影响社会安定的问题，及时有效化解矛盾纠纷，保障人民生命财产安全，稳定乡域社会秩序。

第三节 乡域依法治理的现实挑战

乡域依法治理是坚持和发展新时代中国特色社会主义，推进基层治理体系和治理能力现代化的重要保障和必然要求，事关我们党执政兴国，事关人民幸福安康，事关党和国家长治久安。近年来，我国乡域法治建设取得了巨大进步，乡域司法体制不断完善，民众法治观念明显增强。同时，必须清醒看到，同推进基层治理体系和治理能力现代化目标相比，乡域法治建设仍存在一些短板和问题，需要在未来的改革发展过程中逐步克服和解决。

一 乡域依法治理中的行政执法问题

法律的生命力在于有效实施，法律的权威也在于实施，法律只有通过实施才能产生效力。

（一）乡域行政执法活动存在不规范和不严格现象

行政执法过程中存在有法不依、有法难依、执法不严和违法不究的现象。究其根本，其原因在于宏观抽象的法律条文与微观具体的乡域实践之间的矛盾，以及法律条文的滞后性与乡域实践的迅速发展之间的矛盾。广袤的国土面积和交融互聚的多民族样态意味着我国各地区间具有较大的区域性差异，乡域地区的党委政府面对的实际问题各有不同。法律规章制度多是总体性、方向性的，通常会赋予乡镇政府一定的政策解释权，以更好地适应属地情况，乡镇政府可以结合自身情况，在坚持中央指导思想的前提下因地制宜开展治理工作。但是，部分乡镇基层政权利用对政策自主性诠释的制度空间，未能切实结合属地情况积极落实上级决策部署，偏差性的政策解释影响了乡域依法治理实践。

（二）乡域执法所依据的法律规范与实践脱节

乡域社会关系繁杂，发展速度快、涉及领域广，伴随乡域地区经济的快速发展，不断产生的新的社会关系需要法律规章予以调整。在制定相关法律规章的过程中，立法部门缺乏与乡域执法部门的沟通交流，调整乡域社会各种关系的法律条文或是不符合实际情况而难以执行，或是存在一定程度的空白，有些条文已经难以适应新时代乡域社会的实践需求。例如关于乡镇公共服务均等化、农村集体经济审计、农地保护与流转、村务公开等事项，现行的法律规章都较为抽象化，而地方性立法中又很少有可操作性的配套规定，致使乡域行政执法部门在具体实践过程中碰到相关问题和矛盾时，因无法可依或有法难依而无所适从。

（三）传统的执法理念与依法行政要求存在矛盾

部分乡域执法人员业务水平和知识能力有限，仍然按照传统的行政手段机械治理。乡域执法者存在多以命令形式强制执行、对标对表、政策原则性有余而对策性不强等问题。不仅如此，乡域执法机构权力重叠，执法问责机制缺失，执法程序不规范，存在寻租性执法、暴力执法、限制性执法、选择性执法、疲软式执法、滞后性执法等问题。在执法过程中，存在部门利益化、执法碎片化的现象，乡域综合执法、联合执法不够规范，损害党和政府的公信力，影响法律权威。

二 乡域依法治理中的人才队伍问题

治国之要，首在用人；为政之要，莫先于用人。法律的生命力在于实施、法律的实施在于人，目前我国乡域地区行政执法力量不足，乡镇政府部门中负责法制工作的机构力量较为薄弱，难以满足高效履职的要求。在经济欠发达地区的西部地区、偏远山区、民族地区，这一问题尤为严重。

（一）专业化法治人才欠缺

依法治理的实现需要人才，就广大的乡域地区而言，乡域依法治理的法治人才力量比较薄弱，尤其是农村山区和欠发达地区的基层法庭，由于经济待遇、政治待遇等偏低而难以招到足额法官或专业法治人才。处于行政体系最末端的乡域治理主体压力大，"上面千根线，下面一根针"的困境仍然存在。由于乡域治理实践缺乏显性激励，通过国家统一法律职业资格考试的人才大多倾向在发达地区或大城市从事法律工作，乡域地区难以留住专业化法治人才。晋升锦标赛体制下处于行政官僚科层制末端的乡镇政府，职权和资源有限，晋升机会也有限，干部的工作积极性不足，致使政策嵌入的无效性与行政治理的低效率。

（二）法治队伍建设力量不足

目前，乡域地区的执法队伍存在"两低一高"的突出问题，即文化低、素质低、年龄偏高。一些经济欠发达的地区，由于财政经费有限，工作待遇长期处于较低水平，一线执法人员的积极性和主动性不高。部分地区选择通过政府购买或编外聘用等方式临时招聘人员来协助乡域社会治理。从事基层执法的临聘人员，由于专业化培训和教育管理不足，文化水平和专业素质有限，缺乏必要的法律政策素养和纠纷调解能力，导致其在日常行政执法过程中出现以罚代管和简单粗暴执法等行为，影响了乡域治理效果，加剧了社会矛盾冲突。另外，乡域法律服务队伍和法律援助体系不健全，未能有效满足群众的诉求。法律服务难以全面覆盖各领域、各层面，法律服务人才供给不充分，服务产品不丰富，服务的整体性、系统性不强，服务质效不高。

三 乡域依法治理中的文化培育问题

（一）乡域法治文化建设较为滞后

当前，乡域法治文化建设总体较为滞后、法治资源有限，这不仅阻碍了乡域矛盾纠纷在法治轨道上的有效解决，还可能诱发社会冲突。具体而言，由于乡域社会教育资源的有限性和受教育水平的制约，加之学法、用法的自觉性不足，乡域地区部分党员干部法治观念淡薄，对法律规章的认识不足，甚至存在一定程度的抵制情绪，做决策往往仅凭过去的经验和个人想法，知法犯法、以言代法、以权压法、徇私枉法现象依然存在。

（二）民众学法信法守法用法意识不强

乡域社会矛盾纠纷纷繁复杂，关系交织，存在的问题趋于多样化、复杂化。一方面，中国传统文化追求"无讼社会"，认为轻而动用诉讼有悖于道德，有伤颜面、有损和谐，这种厌讼和怕讼的传统心理导致人民群众在自身合法权利受到侵害时，更偏好选择行政维权或自力维权。另一方面，群众法律意识不强，学法尊法信法守法用法氛围不浓，依法维权意识缺乏。在自身合法权利受到侵害时，往往不通过法律途径予以解决，更多选择忍气吞声或上访的途径为自己发声，出现"信访不信法""信关系不信法官"的心态，认为"打官司就是拼关系"，致使人民群众将越来越多的问题涌入信访渠道，甚至出现极端行为，极大程度增加了乡域地方政府社会治理的难度和治理成本，逐渐成为影响乡域社会良性运行与和谐发展的重要因素。

（三）部分领导干部法治观念淡薄

乡域地区的部分党员干部，法治观念淡薄，依然延续重人治、轻法治的老旧传统，习惯用强制性手段或乡规民约等老办法来治理社会，以言代法、以权压法，忽视用法治思维、法治方式和法治手段来化解矛盾纠纷。同时为了发展乡域经济，部分乡域地方干部重经济和政绩而轻法治建设，将经济建设和发展当作显性政绩来完成，认为经济建设是硬指标，而法治建设则是隐性政绩和软指标，一味追求结果而不顾过程是否合法合规，忽视行政权力行使过程的法治化。

第四节 乡域依法治理的改革方向

2020年中央全面依法治国委员会印发《关于加强法治乡村建设的意见》，其中明确指出，国家采取两步走的阶段性建设方案推进法治乡村建设：一是到2022年，实现"涉农法律制度更加完善，乡村公共法律服务体系更加完善，基层执法质量明显提高，干部群众尊法学法守法用法的自觉性明显提高，乡村治理法治化水平明显提高"的近期目标；二是到2035年，实现"乡村法治可信赖、权利有保障、义务必履行、道德得遵守，乡风文明达到新高度，乡村社会和谐稳定开创新局面，乡村治理体系和治理能力基本实现现代化，法治乡村基本建成"的中远景目标。

乡域地区是法治中国建设的薄弱环节，乡域人口文化水平偏低、法治意识淡薄、法治素养较低、法治力量不足。但是，法治中国建设的活力源泉也在乡域地区，乡域在依法治理方面的创造性实践是对社会主义法治建设的丰富和完善，是对社会主义法治理念的发展和落实。实现全面依法治国的总目标，必须把依法治国的各项要求落实到广大乡域地区，这样法治中国建设才能获得源源不断的发展动力和坚实有力的支撑。

一 强化行政执法，构建良好的法治秩序

法律的有效实施，是全面推进依法治国的重点和难点。为此，必须建立高效的法治实施体系，坚持严格执法、公正司法、全民守法，使法治具有最坚实的支撑力量。

（一）形成良好的乡域法治秩序

法治秩序是一种最重要的、最有效的社会控制形式，与权力失衡、权力腐败、权力失范相对立。乡域法治秩序的指向性表现为对政府权力的组织架构、监控体系和运行方式的存在形态及功能的规定，要求乡镇政府权力结构科学合理配置，权力运行科学、权力监督有效；通过限制专断的权力使之服从法律规制，让党员干部成为能对自己日常行为负责的、拥有自主和尊严的政治行为主体，确保党员干部能依法执政、支持司法公正、带头积极守法，严格执行宪法和法律，坚持在宪法和法律范围内活动，有法必依、执法必严、违法必究。

（二）健全乡域治理的法律法规体系

健全乡域治理领域的法律规章，形成配套完备的乡域依法治理制度体系。尤其应加强对乡域地区重点领域的立法及司法解释，及时精准回应乡域依法治理的规则需求，提高立法的水平和质量，增强法律规章的针对性、实用性和可执行性。同时，充分发挥村规民约在乡域治理中的重要作用，创新乡域依法治理的有效载体，积极引导乡域民主法治建设，确保乡域治理有法可依。

（三）健全乡域依法治理的决策体系

建立乡镇政府公共决策机构，将其作为辅助政府决策和收集、了解社情民意的重要机构，为乡域党委政府的决策提供专业性意见。同时，要进

一步深化政务公开，完善乡域各领域、各部门的办事公开程序，尤其推进人民群众普遍关心、涉及群众切身利益的政务事务公开，建立重大事项、重点工程项目决策征询公开制度。

二 推进人才建设，锻造专业的法治队伍

习近平总书记强调："法治人才培养上不去，法治领域不能人才辈出，全面依法治国就不可能做好。"[①] 推进乡域依法治理，必须锻造一支专业化的法治队伍，推进乡域法治专门队伍正规化、专业化和职业化。

（一）党员干部要做尊法学法守法用法的模范

守法律、重程序、牢记职权法定、保护人民权益，明确党员干部在乡域治理中的重要责任，发挥好党员干部在乡域依法治理中的重要作用。尤其是党政主要负责人，必须做到对乡域法治建设重要工作亲自部署、重大问题亲自过问、重点环节亲自协调、重要任务亲自督办。同时，充实乡域法治队伍力量，人员编制要向乡域一线地区倾斜。健全完善乡域法治人才建设和依法治理工作机制，加强对乡域法治人才的培养和锻造，集聚优质法律人才，提高乡域法治人才队伍的整体素质、综合能力和业务水平。着力建设一支忠于党、忠于国家、忠于人民、忠于法律的乡域法治工作队伍，为在更高层次上实现乡域依法治理工作在推进国家治理体系和治理能力现代化进程中的独特价值和重要作用提供有力支撑。

（二）建立健全将人、财、物等资源下沉的长效机制

推动法治工作重心向下移到乡域地区，提高乡域法治人才的经济待遇与生活条件。推动建立乡域法治网络体系，强化乡域地区司法所、法庭、人民调解站等法治单位建设，横向整合同一级的执法力量，纵向建立综治机构，构建乡域联动的法治网络，探索整合乡域执法力量的体制机制。同时，将源头治理、动态管理和应急处置有机结合，从源头上预防和减少乡域社会的矛盾发生，完善乡域社会矛盾纠纷排查、预防、化解机制，重视事前预防和治本管理。

---

① 《习近平在中国政法大学考察》，央视网，http://news.cctv.com/2017/05/03/ARTIz36xZ93XhHjtfbmFaszU170503.shtml。

（三）推进乡域法律服务队伍和服务体系建设

完善乡域地区公共法律服务体系，加强和规范乡域法律顾问工作。法律服务队伍是乡域依法治理的重要力量，要把拥护中国共产党领导、拥护我国社会主义法治作为法律服务人员从业的基本要求，建设党和人民满意的法律服务队伍。加强对乡域法治队伍的思想政治引领，教育引导乡域法律服务工作者坚持正确政治方向，依法依规诚信执业，认真履行社会责任。牢牢把握乡域法治队伍的鲜明政治属性，引导执法人员增强"四个意识"、坚定"四个自信"、做到"两个维护"，不断提高政治判断力、政治领悟力、政治执行力，坚决抵制西方"宪政民主""三权分立""司法独立"等错误思潮影响，坚定不移走中国特色社会主义法治道路。

三 培育法治思维，形成深厚的法治底蕴

法治文化是法治原则、法律概念、法学原理、法律方法以及一些法律技术性规定等在思维中的有约束力的表现。法治文化建设，包括培养法治思维、形成法治理念、提升法治素养等内容。法治文化的缺失不仅会对乡域地区廉政法治建设产生巨大冲击，而且是与乡域地区廉政法治建设的制度形成、制度维护、制度完善背道而驰的，阻碍乡域依法治理的进程。

（一）加强乡域地区党风廉政建设

法律法规必须充分体现其作为一种行为标准的权威性以获得广泛认同，引导乡镇政府自觉遵守，不做法律法规禁止的行为，促进人们的思想朝着符合主流价值的方向发展。乡域法治文化建设，聚焦反对官僚特权思想和专制作风，以反腐倡廉理念为党风廉政建设提供明确的行动指南，既要有好的法律法规，又要确保这些法律法规在社会思潮治理过程中得到很好执行。为了实现法治精神统领高素质干部队伍建设的目标，乡域地区的党员干部必须把对法治的尊崇、对法律的敬畏转化成法治思维方式，把法治精神贯穿到乡域治理的各个领域、落实到制约和监督权力的各个方面，做到依法治理、依规治理，始终将行政和决策活动置于法治之下。

（二）弘扬中华传统优秀法治文化

为了降低乡域依法治理实现成本，减少法治进入乡域社会的阻力，在法律的内容和法律的实现方式上给传统文化留下空间，比如法律对习惯、

公序良俗的尊重，调解与和解作为重要纠纷解决方式的认可，公权力对家族内部矛盾的调整的谦抑性参与等，都给传统文化参与乡域治理留出了空间。要提升乡域地区党员干部的法治素养，加强公民道德建设，需要弘扬中华优秀传统文化，尤其是优秀法治文化，增强乡域依法治理的道德底蕴，强化规则意识，倡导契约精神，弘扬公序良俗。引导人民群众积极参与、依法支持和配合乡域治理活动。乡镇政府也要主动指导村依法依规制定村规民约，健全备案和履行机制，发挥法治在解决道德领域突出问题中的作用，引导人们自觉履行法定义务、社会责任、家庭责任，确保其符合法律规章和公序良俗。

（三）践行社会主义核心价值观

为了使法律规范在乡域治理中起到最好的效果，必须将社会一定时期的主流价值观念融入其中，进而充分发挥法律的规范性和引领性作用。因此，加强乡域法治文化建设，必须切实践行社会主义核心价值观，体现鲜明的价值导向，推动习近平新时代中国特色社会主义思想进农村、进家庭。通过开展道德模范评选表彰活动，发挥家庭家教家风在乡域依法治理中的重要作用，遏制各类陈规陋习，抵制封建迷信活动，引导人们的行为。

第十三章 乡域监督监察机制

监督监察是乡域治理的重要方式,也是推进基层治理体系和治理能力现代化的重要手段。近年来,随着推动"监督下乡"和监督落地,监督治理效能实现了有效提升,充分维护和保障了群众切身利益。在推进乡域治理的过程中,需要进一步发挥监督监察的积极作用,最大限度地将监督监察制度转换为治理效能。

第一节 乡域监察的组织机构与职责

依据《监察法》,乡域层级无法设立监察委员会,因而,乡域监察组织是县(市、区)监察委员会派出的监察机构,经县(市、区)监察委员会授权,完成相应的监督监察任务。由于不同地区对乡域监察组织的授权限度存在差异,在现实实践中乡域监察组织的机构设置与职责也并非完全一致。

一 乡域监察组织机构

乡镇政府内设相应的监察组织,主要用以依法严格监督政府管理,查处违反法定规程行使权力的行政机关及其工作人员,进而规范行政管理,维护公共利益。根据《监察法》的规定,"中华人民共和国国家监察委员会是最高监察机关。省、自治区、直辖市、自治州、县、自治县、市、市辖区设立监察委员会"。可见,乡域层级并不具备设立监察委员会的法定职能与权限。在具体的监察实践中,往往由各省(自治区、直辖市)主管部门依据《监察法》的要求,即"各级监察委员会可以向本级中国共产党机关、国家机关、法律法规授权或者委托管理公共事务的组织和单位以及所管辖的行政区域、国有企业等派驻或者派出监察机构、监察专员。监察机构、监察专员对派驻或者派出它的监察委员会负责",再行出台相关政策,向乡域层级派驻监察机构,将监察末梢向基层延伸。例如,安徽省出台了《关于深化乡镇(街道)纪检监察体制改革的指导意见》,要求县级监察委员会要依法向乡镇(街道)派出监察办公室,赋予部分监察权限。监察办公室与乡镇(街道)纪(工)委合署办公。[①] 四川省也要求县(市、区)监委向乡镇派出监察办公室。由此可见,县(市、区)是国家设立监察委员会的最低层级,乡域监察组织则是一种由县(市、区)监察委员会派出的监察机构,通常将其定名为"监察办公室",并根据实际情况,赋予其相应的监察权限,实现监察委员会向基层政府的有效延伸。

我国幅员辽阔,基层社会的实际情况千差万别,因而在不同地区的县(市、区)监委向下派出监察组织机构时,并不一定按照完全统一的标准执行,其往往依据《监察法》、《中国共产党纪律检查机关监督执纪工作规则》以及《监察机关监督执法工作规定》等文件的精神,再结合基层实际进行实际操作,但总体来看,各地区在该项监察的体制的构建上可能略有差异,但还是呈现出较强的一致性。

一是领导体制。县(市、区)监委通常要向所辖各乡镇(街道)派出监察室,与乡镇纪委(街道纪工委)合署办公,实行"一套工作机构、两个机构名称",在县(市、区)监委和乡镇党委(街道工委)的领导下开展工作。突出政治监督,加强日常监督,督促推动党中央决策部署在基层的有效落实。

二是人员配置。一般情况下,监察办公室可设主任、副主任以及监察员等职务岗位,主任多由乡镇(街道)纪委(纪工委)书记兼任;监察员由乡镇(街道)专职纪检干部(专职纪委委员)担任(兼任)。

三是组织架构。在一些地区,通常会在村庄(社区)设立监察联络员制度,与村庄(社区)监督组织进行有效衔接,进而将监察办公室的业务

---

① 《安徽:推进四项措施 深化乡镇街道纪检监察体制改革》,中央纪委国家监委网站,https://www.ccdi.gov.cn/yaowenn/202005/t20200508_79077.html。

进一步向下延伸，并构成监察办公室在基层社会的监察网络。

四是监察对象。监察对象包括乡镇（街道）领导班子成员之外的其他公务员及参照《公务员法》管理的人员；乡镇（街道）所属事业单位以及相关法律、法规授权或受依法委托管理公共事务的组织中从事公务的人员；镇（街道）所属企业管理人员；村居（社区）群众自治性组织中从事管理的人员；其他依法履行公职的人员。

二　乡域监察组织的职责

根据法律规定，不同层级监察委员会具备十分明确的法定职责，以实现对不同层级政府行政机关和人员的监督与查处。《监察法》规定："监察委员会依照本法和有关法律规定履行监督、调查、处置职责：（一）对公职人员开展廉政教育，对其依法履职、秉公用权、廉洁从政从业以及道德操守情况进行监督检查；（二）对涉嫌贪污贿赂、滥用职权、玩忽职守、权力寻租、利益输送、徇私舞弊以及浪费国家资财等职务违法和职务犯罪进行调查；（三）对违法的公职人员依法作出政务处分决定；对履行职责不力、失职失责的领导人员进行问责；对涉嫌职务犯罪的，将调查结果移送人民检察院依法审查、提起公诉；向监察对象所在单位提出监察建议。"

乡域监察组织作为县（市、区）监察委员会的派出机构，在执法权力、执法力量与执法能力上均存在不同程度的局限性，往往不具备监察委员会的所有法定职责，其具体职责需要由上级监委授权，将适宜乡域监察组织执法条件的法定职责部分下放，以配合上级监委的执法工作，并构成上级监委向基层社会延伸的触角。《监察法》规定："派驻或者派出的监察机构、监察专员根据授权，按照管理权限依法对公职人员进行监督，提出监察建议，依法对公职人员进行调查、处置。"与此同时，上级监委对乡域监察组织的授权也受到多种因素的制约，从不同地区的乡村监察实践来看，乡域监察组织，即监察办公室具备的职责均存在不同程度的差异性，但总体上也保持了较高的一致性。总体来说，乡域监察组织更多扮演辅助者的角色，主要围绕上级监委的法定职责展开工作。

一是监察监督。加强对行政机关和公职人员的日常监督，是乡域监察组织的重点任务之一。通常是对公职人员开展廉政教育，对其依法履职、秉公用权、廉洁从政从业以及道德操守情况进行监督检查。发现县委管理公职人员存在问题的，及时向县监委报告；发现其他公职人员存在问题的，及时分类处置。

二是监察调查。对违纪违法公职人员展开调查，是乡域监察组织最主要的职能。一般情况下，经县（市、区）监察委员会批准，负责调查本级管辖的监察对象涉嫌贪污受贿、滥用职权、玩忽职守、权力寻租、利益输送、徇私舞弊以及浪费国家资财等职务违法案件；涉嫌职务犯罪案件及时报县（市、区）监察委员会处置，做好相关配合工作。

三是监察处置。主要是对违法的公职人员作出政务处分决定。乡域监察组织的处置分为直接处置和间接处置两种方式。直接处置的情况主要出现在县（市、区）监察委员会已授权的范围内，由乡域监察组织对违法的监察对象依法进行处置，直接给予相应处分；间接处置则主要适用于县（市、区）监察委员会未授权的情况，此时，对违法的监察对象依法进行处置，需要给予处分的，向县（市、区）监察委员会提出处分建议，由县（市、区）监察委员会作出政务处分决定或由任免机关、单位给予处分。

四是监察建议。乡域监察组织给予已掌握的调查事实，为上级监察委员会提供监察建议，也是其重要的职责之一。监察建议主要适用于县（市、区）监察委员会授权管理范围之外的情形，对不履行或者不正确履行职责负有责任的领导人员，向有权作出问责决定的机关提出问责建议。根据监察结果，对监察对象所在单位廉政建设和履行职责存在的问题等提出监察建议。

五是信访与举报受理。群众信访或举报反映是乡域监察组织展开工作的重要事实基础。乡域监察组织工作主要包括做好来信登记、来访接待、重要线索的摘抄和呈阅等。对于信访人或举报人反映的问题和线索，按政策规定予以受理与记录，及时展开摸底调查，并及时将调查结果向公众公布。

六是其他监察职责。乡域监察任务纷繁复杂，协助县（市、区）监察委员会开展监察工作，完成县（市、区）监察委员会交办的其他任务同样是一项常规性的职责。

另外，很多地区已逐步建立了村庄（社区）层面的监察联络员制度，其职责主要包含：监督村庄（社区）贯彻落实党的路线、方针和上级决策部署的情况，尤其是强农惠农、扶贫、民生保障政策落实情况；监督镇、基层站所，特别是基层群众性自治组织廉政勤政和作风建设情况；监督村庄（社区）民主决策、村庄（社区）事务公开和财务公开、集体资金资产资源管理、村级工程项目建设中可能存在的问题或苗头性情况；受理人民群众对监察对象违规违法行为的检举、控告，发生在人民群众身边的不正之风和腐败问题；受理人民群众对各级监察组织及其工作人员的相关情况反映；监督基层组织开展法制教育和道德教育的情况；其他需要向监察组织汇报的情况。

第二节 乡域监督监察的范围与方式

乡域监察组织在县（市、区）监察委员的授权下展开相关工作，因此，其可执行的监察范围与方式具备明确的边界，其中既包含乡域监察组织在常规授权下的独立监察范围与方式，也包含在特定情况下单独授权的监察范围与方式，或者协助上级监察委员会全面执行相关监察业务等。

一 乡域监督监察的范围

从乡域监察组织的监察范围来看，其最大监察范围与各级监察委员会相同，但在监察实践中，乡域监察组织的被授权模式决定了其自主监察范围的局限性，对于情节严重的职务违法犯罪情形，往往需要向上级监察委员会汇报，经授权后，可扩大相应的监察范围，或直接以协助配合上级监察委员会的形式，扩大监察范围。因此，乡域监察组织的具体监察范围会因不同地区监察授权程度的差异而出现不同。

（一）职务违法但不犯罪行为

一般情况下，各省（区、市）出台相关文件，明确赋予乡域监察组织相应的监察权限，依据《监察法实施条例》，经县（市、区）监察委员会授权，乡域监察组织可监察的公职人员职务违法但不犯罪行为如下。

第一，监察机关负责调查的职务违法是指公职人员实施的与其职务相关联，虽不构成犯罪但依法应当承担法律责任的下列违法行为：利用职权实施的违法行为；利用职务上的影响实施的违法行为；履行职责不力、失职失责的违法行为；其他违反与公职人员职务相关的特定义务的违法行为。

第二，监察机关发现公职人员存在其他违法行为，具有下列情形之一的，可以依法进行调查、处置：超过行政违法追究时效，或者超过犯罪追诉时效、未追究刑事责任，但需要依法给予政务处分的；被追究行政法律责任，需要依法给予政务处分的；监察机关调查职务违法或者职务犯罪时，对被调查人实施的事实简单、清楚，需要依法给予政务处分的其他违法行为一并查核的。

（二）职务犯罪行为

公职人员的职务犯罪行为，是乡域监察组织的重点监察领域，依据《监察法实施条例》，经县（市、区）监察委员会授权，乡域监察组织可监察的公职人员职务犯罪行为如下。

1. 贪污贿赂犯罪

贪污贿赂犯罪包括贪污罪，挪用公款罪，受贿罪，单位受贿罪，利用影响力受贿罪，行贿罪，对有影响力的人行贿罪，对单位行贿罪，介绍贿赂罪，单位行贿罪，巨额财产来源不明罪，隐瞒境外存款罪，私分国有资产罪，私分罚没财物罪，以及公职人员在行使公权力过程中实施的职务侵占罪，挪用资金罪，对外国公职人员、国际公共组织官员行贿罪，非国家工作人员受贿罪和相关联的对非国家工作人员行贿罪。

2. 滥用职权犯罪

滥用职权犯罪包括滥用职权罪，国有公司、企业、事业单位人员滥用职权罪，滥用管理公司、证券职权罪，食品、药品监管渎职罪，故意泄露国家秘密罪，报复陷害罪，阻碍解救被拐卖、绑架妇女、儿童罪，帮助犯罪分子逃避处罚罪，违法发放林木采伐许可证罪，办理偷越国（边）境人员出入境证件罪，放行偷越国（边）境人员罪，挪用特定款物罪，非法剥夺公民宗教信仰自由罪，侵犯少数民族风俗习惯罪，打击报复会计、统计人员罪，以及司法工作人员以外的公职人员利用职权实施的非法拘禁罪、虐待被监管人罪、非法搜查罪。

3. 玩忽职守犯罪

玩忽职守犯罪包括玩忽职守罪，国有公司、企业、事业单位人员失职罪，签订、履行合同失职被骗罪，国家机关工作人员签订、履行合同失职被骗罪，环境监管失职罪，传染病防治失职罪，商检失职罪，动植物检疫失职罪，不解救被拐卖、绑架妇女、儿童罪，失职造成珍贵文物损毁、流失罪，过失泄露国家秘密罪。

4. 徇私舞弊犯罪

徇私舞弊犯罪包括徇私舞弊低价折股、出售国有资产罪，非法批准征收、征用、占用土地罪，非法低价出让国有土地使用权罪，非法经营同类营业罪，为亲友非法牟利罪，枉法仲裁罪，徇私舞弊发售发票、抵扣税款、出口退税罪，商检徇私舞弊罪，动植物检疫徇私舞弊罪，放纵走私罪，放纵制售伪劣商品犯罪行为罪，招收公务员、学生徇私舞弊罪，徇私舞弊不移交刑事案件罪，违法提供出口退税凭证罪，徇私舞弊不征、少征税款罪。

5. 公职人员在行使公权力过程中涉及的重大责任事故犯罪

公职人员在行使公权力过程中涉及的重大责任事故犯罪包括重大责任事故罪，教育设施重大安全事故罪，消防责任事故罪，重大劳动安全事故罪，强令、组织他人违章冒险作业罪，危险作业罪，不报、谎报安全事故罪，铁路运营安全事故罪，重大飞行事故罪，大型群众性活动重大安全事故罪，危险物品肇事罪，工程重大安全事故罪。

6. 公职人员在行使公权力过程中涉及的其他犯罪

公职人员在行使公权力过程中涉及的其他犯罪包括破坏选举罪，背信损害上市公司利益罪，金融工作人员购买假币、以假币换取货币罪，利用未公开信息交易罪，诱骗投资者买卖证券、期货合约罪，背信运用受托财产罪，违法运用资金罪，违法发放贷款罪，吸收客户资金不入账罪，违规出具金融票证罪，对违法票据承兑、付款、保证罪，非法转让、倒卖土地使用权罪，私自开拆、隐匿、毁弃邮件、电报罪，故意延误投递邮件罪，泄露不应公开的案件信息罪，披露、报道不应公开的案件信息罪，接送不合格兵员罪。

二 乡域监督监察的方式

乡域监察组织在执行监察活动时，其拥有的监察方式是多种多样的，但根据上级监察委员会的实际授权,乡域监察组织的监察方式并不能覆盖法律规定的所有方式,一般情况下,乡域监察组织拥有的独立监察方式较为有限,主要是常规性的谈话、讯问与询问等,更多监察方式需要上级监察委员会的单独授权,或只能配合与协助上级监察委员会的情况下来使用。

(一)谈话

经县(市、区)监察委员会授权,乡域监察组织在问题线索处置、初步核实和立案调查中,可以依法对涉嫌职务违法的监察对象进行谈话,要求其如实说明情况或者作出陈述。《监察法实施条例》规定:"对一般性问题线索的处置,可以采取谈话方式进行,对监察对象给予警示、批评、教育。谈话应当在工作地点等场所进行,明确告知谈话事项,注重谈清问题、取得教育效果。监察机关对涉嫌职务违法的被调查人立案后,可以依法进行谈话。采取谈话方式处置问题线索的,经审批可以由监察人员或者委托被谈话人所在单位主要负责人等进行谈话。"

(二)讯问

经县(市、区)监察委员会授权,乡域监察组织对涉嫌职务犯罪的被调查人,可以依法进行讯问,要求其如实供述涉嫌犯罪的情况。根据《监察法实施条例》,讯问一般按照下列顺序进行:一是核实被讯问人的基本情况,包括姓名、曾用名、出生年月日、户籍地、身份证件号码、民族、职业、政治面貌、文化程度、工作单位及职务、住所、家庭情况、社会经历,是否属于党代表大会代表、人大代表、政协委员,是否受到过党纪政务处分,是否受到过刑事处罚等;二是告知被讯问人如实供述自己罪行可以依法从宽处理和认罪认罚的法律规定;三是讯问被讯问人是否有犯罪行为,让其陈述有罪的事实或者无罪的辩解,应当允许其连贯陈述。

(三)询问

经县(市、区)监察委员会授权,乡域监察组织可以依法对证人、被害人等人员进行询问,了解核实有关问题或者案件情况。《监察法实施条例》规定:证人未被限制人身自由的,可以在其工作地点、住所或者其提出的地点进行询问,也可以通知其到指定地点接受询问。到证人提出的地点或者调查人员指定的地点进行询问的,应当在笔录中记明。询问时,应当核实证人身份,问明证人的基本情况,告知证人应当如实提供证据、证言，以及作伪证或者隐匿证据应当承担的法律责任。不得向证人泄露案情，不得采用非法方法获取证言。询问重大或者有社会影响案件的重要证人，应当对询问过程全程同步录音录像，并告知证人。告知情况应当在录音录像中予以反映，并在笔录中记明；询问未成年人，应当通知其法定代理人到场。无法通知或者法定代理人不能到场的，应当通知未成年人的其他成年亲属或者所在学校、居住地基层组织的代表等有关人员到场。

乡域监察组织是在县（市、区）监察委员会的授权下展开工作，因而乡域监察组织具备的监察权限是有限度的，当乡域监察组织在履行监察职责时遇到超出授权范围的相关事宜时，则需向上级监察委员会汇报，由上级监察委员会依据事项的复杂程度，继续上报或直接执行，其间乡域监察组织也可根据上级监察委员会的需求与授权，协助配合监察委员会展开需要更高权限的行动，或由上级监察委员会授权直接采取相应的行动。依据《监察法实施条例》，这些监察权限主要包括以下几点：留置，即监察机关调查严重职务违法或者职务犯罪，经依法审批，可以对被调查人采取留置措施；查询、冻结，监察机关调查严重职务违法或者职务犯罪，根据工作需要，按规定报批后，可以依法查询、冻结涉案单位和个人的存款、汇款、债券、股票、基金份额等财产；搜查，监察机关调查职务犯罪案件，为了收集犯罪证据、查获被调查人，按规定报批后，可以依法对被调查人以及可能隐藏被调查人或者犯罪证据的人的身体、物品、住处、工作地点和其他有关地方进行搜查；调取，监察机关按规定报批后，可以依法向有关单位和个人调取用以证明案件事实的证据材料；查封、扣押，监察机关按规定报批后，可以依法查封、扣押用以证明被调查人涉嫌违法犯罪以及情节轻重的财物、文件、电子数据等证据材料；勘验检查，监察机关按规定报批后，可以依法对与违法犯罪有关的场所、物品、人身、尸体、电子数据等进行勘验检查；鉴定，监察机关为解决案件中的专门性问题，按规定报批后，可以依法进行鉴定；技术调查，监察机关根据调查涉嫌重大贪污贿赂等职务犯罪需要，依照规定的权限和程序报经批准，可以依法采取技术调查措施，按照规定交公安机关或者国家有关执法机关依法执行；通缉，县级以上监察机关对在逃的应当被留置人员，依法决定在本行政区域内通缉的，应当按规定报批，送交同级公安机关执行；限制出境，监察机关为防止被调查人及相关人员逃匿境外，按规定报批后，可以依法决定采取限制出境措施，交由移民管理机构依法执行。

第三节 乡域监督监察的程序与过程

乡域监察组织展开具体的监察活动必然要基于一定的监察程序，这些程序具备明确的法律依据，这些监察程序并非全部可由乡域监察组织独立推进，必须要基于上级监察委员会的授权。

一 线索处置

乡域监察组织在开展监察工作时，首先应当完成对问题线索归口受理、集中管理、分类处置、定期清理。乡域监察组织对于报案或者举报应当依法接受，属于县（市、区）监察委员会授权范围内的，依法予以受理；超出县（市、区）监察委员会授权的，应当及时汇报。

经县（市、区）监察委员会授权，乡域监察组织应当对问题线索实行集中管理、动态更新，定期汇总，核对问题线索及处置情况，向县（市、区）监察委员会报告，并向相关部门通报。根据工作需要，可以对谈话、函询情况进行核实。另外，乡域监察组织应当做好信访举报的受理工作，《监察法实施条例》规定："信访举报部门对属于本机关受理的实名检举控告，应当在收到检举控告之日起十五个工作日以内按规定告知实名检举控告人受理情况，并做好记录。调查人员应当将实名检举控告的处理结果在办结之日起十五个工作日以内向检举控告人反馈，并记录反馈情况。对检举控告人提出异议的应当如实记录，并向其进行说明；对提供新证据材料的，应当依法核查处理。"

二 初步核实

乡域监察组织对具有可查性的职务违法和职务犯罪问题线索，应当按规定向县（市、区）监察委员会汇报，获得相关审批和授权后，方可依法开展或协助上级监察委员会开展初步核实工作。与此同时，经县（市、区）监察委员会授权，乡域监察组织还可以在初步核实后，向上级监察委员会以及相关部门提出处置建议，《监察法实施条例》规定："承办部门应当综合分析初步核实情况，按照拟立案调查、予以了结、谈话提醒、暂存待查，或者移送有关部门、机关处理等方式提出处置建议，按照批准初步核实的程序报批。"

三　立案

《监察法实施条例》规定："上级监察机关需要指定下级监察机关立案调查的，应当按规定报批，向被指定管辖的监察机关出具《指定管辖决定书》，由其办理立案手续。"乡域监察组织经过初步核实，对于已经掌握监察对象涉嫌职务违法或者职务犯罪的部分事实和证据，认为需要追究其法律责任的，应当按规定向县（市、区）监察委员会汇报，获得相关审批和授权后，依法立案调查。《监察法实施条例》规定："对案情简单、经过初步核实已查清主要职务违法事实，应当追究监察对象法律责任，不再需要开展调查的，立案和移送审理可以一并报批，履行立案程序后再移送审理。"而对于涉嫌严重职务违法或者职务犯罪的公职人员立案调查并采取留置措施的，乡域监察组织则需要进一步向县（市、区）监察委员会汇报，由上级监察委员会或协助上级监察委员会进行处理，并按规定通知被调查人家属，向社会公开发布。

四　调查

上级监察委员会应当与乡域监察组织协同，组成调查组依法开展调查。《监察法实施条例》规定："调查组应当将调查认定的涉嫌违法犯罪事实形成书面材料，交给被调查人核对，听取其意见。被调查人应当在书面材料上签署意见。对被调查人签署不同意见或者拒不签署意见的，调查组应当作出说明或者注明情况。对被调查人提出申辩的事实、理由和证据应当进行核实，成立的予以采纳。"

五　审理

乡域监察组织一般不具备直接审理案件的权限，如果是上级监察委员会直接办理乡域内的案件，可以经审理后直接进行处置，也可以经审理形成处置意见后,交由乡域监察组织办理。另外,《监察法实施条例》规定:"对被调查人涉嫌职务犯罪的,还应当审核相关案卷材料是否符合职务犯罪案件立卷要求,是否在调查报告中单独表述已查明的涉嫌犯罪问题,是否形成《起诉建议书》。"

六 处置

经县(市、区)监察委员会授权,乡域监察组织可根据监督、调查结果,依据《监察法》《公职人员政务处分法》等规定进行处置。《监察法实施条例》规定:"监察机关对于公职人员有职务违法行为但情节较轻的,可以依法进行谈话提醒、批评教育、责令检查,或者予以诫勉。上述方式可以单独使用,也可以依据规定合并使用。"

对违法的公职人员依法需要给予政务处分的,经县(市、区)监察委员会授权,乡域监察组织可以根据情节轻重作出警告、记过、记大过、降级、撤职、开除的政务处分决定,制作政务处分决定书。对于涉嫌行贿等犯罪的非监察对象,案件调查终结后,由上级监察委员会或授权乡域监察组织依法移送起诉。由乡域监察组织建议或上级监察委员会综合考虑行为性质、手段、后果、时间节点、认罪悔罪态度等具体情况,对于情节较轻,经审批不予移送起诉的,由上级监察委员会或授权乡域监察组织采取批评教育、责令具结悔过等方式处置;应当给予行政处罚的,依法移送有关行政执法部门。

七 移送审查起诉

决定对涉嫌职务犯罪的被调查人移送起诉的,应当由上级监察委员会出具《起诉意见书》,连同案卷材料、证据等,一并移送同级人民检察院。

第四节 乡域监督监察的挑战及应对

乡域监督监察是乡域治理的重要组成部分。完善乡域监督监察机制,是实现基层治理体系和治理能力现代化的重要路径,也是推进国家纪检监察全覆盖的应有之义。但当前乡域监督监察面临监督效能低下、监督力量不足、同级监督困境以及人情关系困境等难题，严重影响了乡域监督监察的质量和效果。基于此，应以数字技术提升监督效能，以上下联动、内外配合的监督网络增强乡域监督力量，以提级监督解决同级监督困境，以巡察监督摆脱人情关系困境，进而推动乡域监督监察提质增效。

一 乡域监督监察的现实挑战

（一）对治理合规化的追求引发基层超负

乡域监督监察机制的不断完善是一场基层治理领域的"合规化"运动，本质上服务于基层治理的制度化和规范化建设。然而，这场"合规化"运动也导致了乡域超负荷状态这一意外后果。

一方面，乡域的可监督性和可问责性大大加强。在"多中心工作"的格局中，乡域不仅需要独自承担繁多的治理任务，而且随着监督体系的建构和完善，乡域大量存在的细小琐碎的"剩余事务"被事无巨细地纳入监督视野，极大增强了乡域的可监督性。同时，当前基层治理体系普遍建立了以问责权为核心的工作推动机制，监督已经内置于基层治理体系中，贯穿于政策全过程，这进一步增强了监督结果的可问责性。另一方面，乡域的合规性成本不断提高，耗费了大量治理资源。可监督性和可问责性的加强，使得乡镇政府在职能部门和专门监督力量的多重监督和问责压力下不得不积极提供合规性证明，在实践中具体表现为乡域治理的"内务"工作持续增加，日常工作处处"留痕"，会议、台账、材料等工作量急剧加大。在这一过程中，乡域监督主体和监督客体，均投入了大量的治理资源，乡域合规性成本不断增加，进而引发基层超负。此外，在问责总领的治理模式下，乡镇政府基于合规性成本和问责风险，在治理过程中很可能趋向于不作为，或者以形式主义应付监督监察，产生消极避责现象。

（二）监督对象范围扩大与监督力量有限的矛盾

监察体制改革力求实现国家监察的全覆盖。就监察对象来说，《监察法》在横向上把"所有行使公权力的公职人员"列入监察对象，纵向上把"基层群众性自治组织中从事管理的人员"纳入监督范围，不再仅限于党内监督和《行政监察法》中的"行政机关内部的自律性监督"，从而扩大了监察的对象和范围。就监察的具体事项来说，《监察法实施条例》中除了通过以人为中心的方式来划定监督范围，还通过罗列101个职务犯罪具体罪名的方式来明确调查管辖范围，监察调查的事项范围涵盖了职务犯罪的调查与处置，不再是《行政监察法》中"涉嫌犯罪的，应当移送司法机关依法处理"的简单规定。

与监督对象范围扩大相对应的，是乡域配备的监督力量十分有限。乡域监督力量来源于上级派出的监察机构或监督专员，《监察法实施条例》第十二条规定："县级监察委员会和直辖市所辖区（县）监察委员会可以向街道、乡镇等区域派出监察机构或者监察专员。"但这种缺乏刚性的"许可"性规定时常因县级监察委员会"距离远""忙不过来"等原因，而很难派驻或者派出到乡村去。中央纪委国家监委通报的2022年全国纪检监察机关监督检查审查调查情况显示，2022年全国纪检监察机关处分省部级干部53人，厅局级干部2450人，县处级干部2.1万人，乡科级干部7.4万人，一般干部8.3万人，农村、企业等其他人员41.3万人。① 这些数据从侧面反映出基层尤其是乡域纪检监察的监督力量不足与监察对象范围大幅度扩张之间矛盾突出，乡域纪检监察监督实际效果受到极大制约。

（三）双重领导下的同级监督困境

《监察法实施条例》第十条规定："国家监察委员会在党中央领导下开展工作。地方各级监察委员会在同级党委和上级监察委员会双重领导下工作。"因此，在组织架构上，乡镇纪检组织既要接受上级的业务指导，又要接受同级党委的直接领导，与其他班子成员也是平级关系，监督执纪问责难免要有所顾忌。同时，乡镇纪检组织在乡镇党委领导下开展工作，就必然要服从乡镇党委的工作安排，肩负多项工作，导致没有充足的时间开展纪检工作来发挥监督执纪问责的专责作用。因此，双重领导下乡镇纪检组织的相对独立性并没有得到充分保障，必然会造成同级监督的软弱性。

同时，在村一级，"一肩挑"制度在强化党对农村全面领导、夯实村干部岗位责任、提高村两委工作效率、降低村民自治成本等方面发挥了积极作用，但也打破了村党支部书记与村委会主任之间的内部监督格局，权

---

① 《中央纪委国家监委通报2022年全国纪检监察机关监督检查审查调查情况》，中央纪委国家监委网站，https://www.ccdi.gov.cn/toutiaon/202301/t20230113_241506_m.html。

力双重叠加的村两委负责人既享有管理农村经济、文化事务上的自治权，又享有组织上的领导权，依赖基层政权内部进行有效监督的力量较为薄弱。从实践情形来看，村纪检监察员主要从村支部书记、村主任之外的村两委班子成员中产生，权力层面的监察制约关系较难形成。在此情形下，纪检监察员要真正发挥监督效力必然会受到限制，使得同级监督的优势和效能难以充分发挥。

（四）人情关系网影响纪检监察运行

相比省、市、县三级，乡域具有更加明显的封闭性和排他性特征，是一个具有"差序格局"特征的熟人社会。在相对稳固的地理位置区域范围内，亲人关系、同事关系、朋友关系、邻里关系等组成了乡域人情关系网。人情关系在保障乡域生产生活需要、降低社会和自然风险等方面虽然发挥着不可或缺的作用，但从乡域治理的角度来看，乡域人情关系网的存在也使得乡域往往习惯讲情面而不是依法办事，这是乡域监督监察所面临的核心症结。

其一，在价值观念层面，乡域熟人社会"重礼治，轻法治"的价值取向较为突出，而国家监督监察强调的是法治原则，规则适用下的公平正义是现代法治的价值追求。在"重礼治，轻法治"价值取向下，乡域办事需要靠人情，以"情理"为处事原则，注重情理运用与礼尚往来，强调融通性地化解问题。因人而异的为人处世的标准、对熟人与生人的差异化处理或特殊对待、不固定的行事方式与规则遵守，这些都与以法治为原则开展的监督监察相冲突。其二，在实践运行层面，乡域人情关系网一方面促使关系紧密的乡域利益共同体形成，开展监督调查往往会"一石激起千层浪"，庞大、复杂的关系网络使得办案人员或多或少受到牵绊，产生不敢监督与不愿监督的情形；另一方面，在封闭、排他的人情关系网中，部分领导干部自我监督意识薄弱，对自身在党要管党、全面从严治党中肩负的主体责任认识不清，将自身领导职责与监督职责割裂开来，产生特权思想，进而搞"山头主义""帮派主义"，阻碍乡域监督监察的实践运行。

二　健全乡域监督监察的路径选择

（一）以数字技术提升乡域监督监察效能

基层超负实质上体现着当前乡域监督监察的低效能状态，监督者和被监督者均须提供大量非必需的合规性证明，造成乡域治理资源浪费。数字技术的发展，为提高乡域监督监察效能提供了有效手段。在大数据、云计算、人工智能等数字技术的加持下，权力监督主体能够更高效、全面、客观地收集数据材料并对其进行数据分析，监督客体也能减少不必要的合规性证明。因此，打造基层监督数字化应用平台是乡域监督提质增效、破解基层超负的重要举措。首先，强化监督风险前置，实现精准化监督。横向上以乡域权力清单及流程图为基础，建立风险预警算法模型，提前研判风险点，智能识别潜伏性、隐蔽性问题，化人力被动式监督为算法主动式监督。纵向上建立覆盖县、乡、村三级的数字监督信息处理机制，促进各级各部门之间的海量数据信息实时比对分析，减少监督成本。其次，优化监督流程，实现智能化留痕。将乡域监督的工作流程从线下转为线上，实现乡域工作的全流程线上监管，以突破时间空间限制，避免纸质材料的层层审批和上报。同时，对乡域干部的日常工作自动进行数字化留痕，提高权力行使溯源的便捷性，将乡域干部从日常繁重的合规性证明中解放出来，为乡域干部减负。

（二）以上下联动、内外配合的监督网络增强乡域监督力量

一是建立县、乡、村三级联动协作、上下互动的纵向监督体系。通过建立基层监督协作区域的方式联合办案，对基层监督人员进行统一管理和集中调度，实现各级力量的优势互补和有机整合，夯实乡域监督力量。首先，以就近整合、规模适度为原则，划分协作区域；其次，由县纪委监委领导班子成员担任监督协作组长；再次，按人员专长科学搭配队伍成员，实现力量互补、各尽其能；最后，以规范性文件的形式将监督协作区域的工作安排和机构设置固定下来，明确主体责任，形成常态化、长效化的监督运行机制。二是构建群众监督网格，形成内外配合的横向监督体系。借鉴网格化管理的经验，构建县、乡、村、组四级网格化管理机制，充分调动社会群众参与基层特别是乡域监督的意识和热情。首先，以纪委监委班子成员作为网格管理员，并通过交叉任职和兼职等形式将更广泛的社会力量纳入基层监督的体系，形成监督合力。其次，明确群众监督与纪检监督的工作职责，避免因工作重叠浪费监督资源。群众监督的定位应当是监督信息的收集、监督情况的落实和监督效果的反馈；纪检监督则定位于事中

监督和对违法违纪行为的处置。

(三) 以提级监督解决同级监督困境

双重领导制度是乡域监督监察面临的制度性困境,加上处于熟人社会的环境土壤中,致使同级监督中往往出现"看得见,但不愿管、不敢管"的现象。而上级监督虽然具有权力架构上的优势而"管得住",但也面临着"看不见"的局面。基于此,可通过提级监督消解两者之间的矛盾,克服传统思维与视域局限性,解决"不愿管""不敢管"的难题,从而实现乡域监督中既能"看得见"又能"管得住"。在提级监督实施过程中,应重点把握两个关键问题:一是要明确提级监督是针对特定重点人群的专项监督,通过抓住关键少数,使领导干部以身作则,以上率下,发挥"头雁效应"的正效应。习近平总书记在第十八届中央纪律检查委员会第六次会议上的讲话中指出,"抓住'关键少数',破解一把手监督难题"。[①] 因此,应将乡域领导班子成员作为重点监督监察对象,进而有效防止权力滥用的潜在风险。二是明确提级监督是对重点事项的针对性监督,而非对所有事项大包大揽。针对基础设施建设、公共资源交易等领域存在的顽疾,通过提级监督的方式加强监督,以"哪里有问题管哪里"为方针,以人民利益为中心,有的放矢地聚焦重要事项,打破同级监督困境。

(四) 以巡察监督破除人情困境

交叉巡察制度是指在异地抽调巡察人员,组成巡察专班,再由市委巡察组进行统一调度,以不同于属地管辖的方式进行异地监督。交叉巡察方式可以在很大程度上破解亲情、友情、人情的干扰。首先,借助互联网创新交叉巡察工作方法。利用网络全面收集被巡察单位信息,提前了解群众所关注的重点问题、巡察单位职能特点等,对异地巡察单位做到"心中有数"。其次,科学调配巡察力量,克服协调障碍。以异地巡察人员为主要巡察力量,另设一名本地巡察机构工作人员为联络员,既能够克服人地两生的困境、提高协调效率,又能够促进不同地区间巡察人员的交流学习。最后,把握交叉巡察巡前、巡中、巡后三个环节,提高巡察效能。一是做好巡前准备。市委巡察办针对每轮交叉巡察"量身定制"工作方案、巡前

---

① 中共中央文献研究室编《习近平关于全面从严治党论述摘编》,中央文献出版社,2016,第211页。

第十三章 乡域监督监察机制

准备材料清单、监督重点清单、工作流程导图等。二是做好巡中指导。指导组定期下沉调研，建立专门工作群，收集、汇总、推动解决遇到的困难和问题，对普遍关注的重点、难点问题，研究后统一答复、集中指导。三是做好巡后评估。将本届每轮交叉巡察与上届常规巡察情况进行比对分析，形成评估报告，以便发现问题，做出改进，进一步完善交叉巡察制度。

第十四章 乡域治理现代化

当前,我国正处于推进中国式现代化道路的历史进程之中。乡域治理现代化是国家治理现代化的重要组成部分,也是实现国家治理现代化的基础性工程。乡域治理现代化包括乡域治理体系现代化和乡域治理能力现代化两个维度,并涵盖乡域党的领导、乡镇政权建设、乡域群众自治、乡域法治建设、乡域德治建设以及乡域智慧治理等诸多内容。本章拟从乡域治理现代化的概念内涵、现实挑战以及路径走向方面进行介绍。

第一节 乡域治理现代化的概念内涵

一 乡域治理现代化的概念界定

国家治理现代化是中国式现代化的重要内容,涵盖了国家治理体系和国家治理能力的现代化。国家治理现代化主要指在党领导下管理国家的制度体系和能力的现代化,即各方面制度更加科学、更加完善,实现党、国家、社会各项事务治理制度化、规范化、程序化,善于运用制度和法律治理国家,提高党科学执政、民主执政、依法执政水平。国家治理体系和治理能力要能回应现代化发展过程中国家治理主体对国家治理体系和治理能力提出的要求。

党的十八大以来,党和国家高度重视基层治理工作,提出"大抓基层"的鲜明导向,并将其纳入推进国家治理体系与治理能力现代化的重要内容。2021年7月,《中共中央 国务院关于加强基层治理体系和治理能力现代化建设的意见》,明确指出,"统筹推进乡镇(街道)和城乡社区治理，是实现国家治理体系和治理能力现代化的基础工程"。将基层治理现代化置于夯实国家治理根基的突出位置，成为实现中国式现代化总目标的有机组成部分。

作为基层治理的核心内容，乡域治理在国家治理中居于基础性地位。推进乡域治理现代化是实现国家治理现代化的基础和前提。所谓乡域治理现代化，可以理解为在乡域治理过程中，不同治理主体通过更新治理理念、改进治理方式、完善治理体制机制，不断提升乡域治理水平，达成共建共治共享的治理目标的过程。具体来看，乡域治理现代化包含乡域治理体系现代化和乡域治理能力现代化两个方面。所谓乡域治理体系现代化，是指在乡域范围内，以乡镇、村（社区）为基本治理单元，在党的统一领导下，建立起党组织统一领导、政府依法履责、各类组织积极协同、群众广泛参与，自治、法治、德治相结合的基层治理体系。所谓乡域治理能力现代化，是指乡域治理主体为达成治理目标所具有的行动能力，涵盖行政执行能力、为民服务能力、议事协商能力、应急管理能力和平安建设能力等不同方面，是乡域范围内人民幸福、经济发展、社会稳定、文化繁荣和生态可持续的重要保障，也是判断和评价乡域治理效果的基本维度。

二 乡域治理现代化的基本内涵

（一）治理基础：乡域党的领导

坚持党的全面领导既是中国特色社会主义的本质特征，也是我国各项事业取得胜利的根本保证，更是推进乡域治理能力现代化的根本保障。近年来，随着改革开放事业的不断推进，人口、资源等各种发展要素的流动性显著增强，乡域社会的治理结构与治理场景发生深刻变化，乡域治理面临社会转型衍生的现实问题与挑战。在此背景下，乡域党组织作为党的肌体中的"神经末梢"，是党领导乡域治理最直接、最基础的载体。乡域党组织扎根于人民群众，贯彻落实党的路线方针政策，表达传递党和国家意志，规范引导乡域社会的价值观念。在乡域社会主体发育不足、低组织化的治理条件下，乡域党组织能够进行有效整合，形成党组织对乡域各类组织和各项工作的统一领导，构建简洁、高效的治理秩序。乡域党组织能够有效贯彻党的群众路线和做好密切联系群众工作，不断创新完善联系群众、服务群众的方式方法，整合碎片化的社会资源开展公共服务，在基础设施建设、公共服务供给、民生保障等方面发挥着巨大作用。

（二）治理理念：坚持以人民为中心

习近平总书记指出："要把服务群众、造福群众作为基层治理的出发点和落脚点，通过不断增强人民群众的获得感、幸福感、安全感，赢得群众对党的信任和拥护。"[①] 乡域治理现代化的重要内涵是坚持以人民为中心，把增进民生福祉作为根本目的，不断满足人民日益增长的美好生活需要，不断促进社会公平正义，为人民群众安居乐业打下坚实基础。

一是着力解决与民众利益直接相关的现实问题。"善为国者，顺民之意。"（《战国策·齐策五》）乡域治理涉及教育、文化、医疗卫生、社会保障、社会治安、人居环境等许多方面，直接关系人民群众衣食住行、生老病死、安居乐业。加强和推进乡域治理和乡域治理现代化，必须以最广大人民根本利益为坐标，多谋民生之利、多解民生之忧，努力为群众办实事、解难事。应坚持既尽力而为，又量力而行，做那些现实条件下可以做到的事情，让群众得到看得见、摸得着的实惠，决不能开空头支票，否则就会失信于民。

二是促进公共资源向乡域社会有效延伸和覆盖。乡域治理现代化是促进农民农村共同富裕的重要路径。推进乡域治理现代化，关键要处理好城乡关系平衡问题，不断推动公共资源向乡域社会延伸，构建优质均衡的乡域公共服务体系，建成全覆盖、可持续的社会保障体系。通过公共资源的延伸和覆盖，提高乡域民众的获得感和幸福感，将以人民为中心的治理理念落到实处，赋予乡域治理现代化以有力支撑。

（三）治理目标：共建共治共享

党的二十大报告提出"健全共建共治共享的社会治理制度"[②]，这一理念被深刻嵌入社会治理的广阔图景中，并在实践中不断丰富发展。乡域治理现代化是一个从传统治理方式向现代治理方式的转变过程，并以"共建

[①] 习近平：《论党的自我革命》，党建读物出版社、中国方正出版社、中央文献出版社，2023，第247页。

[②] 习近平：《高举中国特色社会主义伟大旗帜　为全面建设社会主义现代化国家而团结奋斗——在中国共产党第二十次全国代表大会上的报告》，人民出版社，第54页。

共治共享"作为乡域治理现代化的重要目标。

其一,"共建"强调共同参与乡域建设。在教育、医疗卫生、就业以及社会服务等领域,坚持政府主导,推进政社合作,为市场主体和各种社会力量发挥作用创造更多机会。应充分认识社会组织在社会建设中的重要作用。社会组织是社会治理和公共服务的合作者,是社会和谐与秩序稳定的影响者,是社会公益慈善事业的推动者,在推进乡域治理现代化中可以发挥重要作用。在乡域治理中强调共建,重点是要推进乡域社会组织持续发展,激发社会力量参与社会建设的活力。比如,完善政府购买公共服务机制,支持社会组织在提供公共服务中有更多作为。

其二,"共治"强调共同参与乡域治理。参与权是每一个公民的权利。随着我国社会主要矛盾的变化,人们对民主、法治、公平、正义、安全、环境的需求越来越强烈。这就要求党委和政府为公众参与社会治理创造条件。一是完善乡域治理格局。进入新时代,乡域治理要善于发挥社会主体的积极性,推动形成政府治理和社会调节、居民自治良性互动的局面。应在坚持党委领导、政府负责的基础上,有效引导企事业单位、社会组织和公众参与社会治理,完善多元治理格局。二是重视乡域自治功能。乡域自治是社会主义民主的重要形式,是乡域群众实现自己的事情自己管、自己办的重要方式,有利于保障公民参与社会治理的权利,有利于社会和谐稳定。

其三,"共享"强调共同享有乡域成果。我们追求的发展是造福人民的发展。改革发展搞得成功不成功,最终评判标准是全体人民是否共同享受到了改革发展成果。改革开放以来,我国经济发展突飞猛进,但城乡之间、区域之间、群体之间还存在一定差距。解决这一问题,一个重要途径就是在社会治理中促进共享。社会治理要强化保障民生的举措、创新改善民生的思路,尤其要守住底线、突出重点,保障低收入群体的基本生活。社会治理还应注重完善有利于共享的制度,促进形成良好舆论氛围和社会预期,在幼有所育、学有所教、劳有所得、病有所医、老有所养、住有所居、弱有所扶上不断取得新进展。

(四)治理宗旨:实现"人"的现代化

马克思认为,未来社会是"以每一个个人的全面而自由的发展为基本原则的社会形式"。① 在全面建设社会主义现代化国家、推进中国式现代化的进程中，人民是主体力量，因而社会主义的现代化不仅需要物质资源的丰富，更需要人的思维、精神和行为实现现代化。"中国式现代化是人口规模巨大的现代化"，② 中国14亿多的巨大人口规模为乡域治理带来了复杂性挑战，同时也蕴含着巨大的治理力量，通过"人的建设"引导"物的建设"，将物质文明建设与精神文明建设深度融合、相互建构，是实现国家由"富起来"向"强起来"跨越式发展的关键要素。乡域治理现代化同时也是乡域范围内"人"的现代化过程，包括人的心理、思维和行为方式由传统人向现代人的转变。具体来看，重点是要塑造乡域民众的现代化人格，形成正确的价值观念、健康的文化旨趣、科学的思维方式以及高尚的人格理想。与此同时，通过推进民主政治建设，提升乡域民众的政治素养和参政能力，通过政治、经济、文化等多方面举措，为实现乡域民众的现代化创造可持续的发展空间。

第二节　乡域治理现代化的现实挑战

近年来，我国乡域治理取得了巨大成就，乡域治理体系日益完善，乡域治理能力明显提升。但需要看到，乡域治理现代化是一个长期、艰巨的过程，当前仍然面临许多挑战，需要在改革发展中进一步解决和完善。具体来看，当前乡域治理仍然面临以下现实挑战。

一　乡域党组织的领导功能仍有不足

乡域治理主体包括乡域党组织、乡镇政府、村委会、群团组织、社会组织等诸多主体。其中，乡域党组织居于领导核心地位。"火车跑得快，全靠车头带"，乡域党组织能否发挥战斗核心作用，对于乡域治理的成效产生了举足轻重的作用。

---

① 《马克思恩格斯选集》（第二卷），人民出版社，2012，第267页。
② 习近平：《高举中国特色社会主义伟大旗帜　为全面建设社会主义现代化国家而团结奋斗——在中国共产党第二十次全国代表大会上的报告》，人民出版社，2022，第22页。

乡域党组织建设不够健全。一些乡镇和村党组织存在组织结构混乱、干部队伍能力较弱、党员素质参差不齐等问题，导致党在基层的战斗堡垒作用难以充分发挥。尤其是在村党组织建设层面，在推进治理实践的过程中，缺乏凝聚力和工作思路，在重大事项决策上缺少必要的规范性程序，一些地方村级党组织软弱涣散问题仍时有发生，显著制约了乡域党组织的领导能力。

乡域党组织的治理方式较为单一。强化乡域党组织对乡域自治组织、社会组织、群团组织的统一领导是坚持中国特色社会主义方向的内在要求。在处理党委主导和社会组织参与的关系上，由于受传统"管控型"思维的影响，当前过多强调乡镇党委主导，以命令任务的方式指挥乡域自治组织、社会组织和群团组织的工作，在一定程度上抑制了自治组织、社会组织和群团组织参与乡域治理的广度和效度，限制了乡域治理效能。

二 乡镇政权建设存在短板

乡镇政权是乡域治理的重要主体，是推进乡域治理现代化的重要力量。但从实践来看，当前乡镇政权建设还存在权责关系不清、财政能力弱、编制不合理等体制性问题，不仅影响了乡域治理的成效，而且削弱了乡镇政府供给基本公共服务的能力。

乡镇权责关系倒挂。乡村振兴战略的实施，大量的人财物资源和惠免政策向乡域社会倾斜，一方面给乡镇发展带来了巨大机遇，另一方面也让原本繁重的乡镇社会治理任务更加繁重。特别是在乡村人居环境治理、镇域区划合并、各种棚户区改造、村落拆迁重建等方面对权限的需求越来越强烈，而具体实践中的政权权力则"捉襟见肘"，导致乡镇"权小责大"的倒挂问题愈加突出。

乡镇财政能力较弱。进入新时代，人民对美好生活的需求很大一部分表现为对公共服务的需求，然而有些乡镇政府财政上的"捉襟见肘"使其难以满足群众日益增长的公共服务需求。在现行"压力型"行政体制下，乡镇"财权层层上收、事责逐级下压"，这使得乡镇政府"有苦说不出"。

乡镇人事体制不健全。随着经济社会的高速发展以及社会治理重心和服务工作的下沉，乡镇政府的工作任务日益繁重，在编人员承担着越来繁重的工作任务，但乡镇政府受制于有限的人事编制自主权，无法根据发展需求聘用有编制的工作人员，不得不雇用编外人员分担社会治理工作。这在一定程度上影响了乡镇体制的创新。

三 乡域群众自治活力不足

村民民主意识淡薄。村民是基层群众自治的主体和直接参与者，他们的主体意识和自治能力直接关系到乡域民主政治的实效，然而在现实的乡域民主进程中，部分村民文化水平不高、受传统观念影响较深，个别村委会成员、村干部在工作中独断专行，漠视、侵害群众利益等，这些因素的叠加造成了群众对自治的漠视和冷淡，这种状况一方面使得村干部的工作得不到群众的支持和响应，有时甚至很难开展，另一方面又使得村干部的行为不能得到有效监督和激励，二者相互影响导致现实层面部分村委会的自治功能不能正常发挥。

村委会服务意识不强。一些村干部对乡域群众自治的"民主选举、民主决策、民主管理、民主监督"认识不清、定位不准，偏离民主内核，官本位意识较浓，把自治当成管理，把服务当成服从，对农民关心的焦点不清楚，民主法治意识淡薄，村里的重大事情和一些涉及村民切身利益的事情，不经村民的讨论决策，工作作风武断甚至独断专行，造成了干群关系紧张，即使有些事情对广大村民是有益的，但村民群众不理解，贯彻起来很困难，造成工作流产。

乡镇政府与村委会之间存在角色冲突。尽管《村民委员会组织法》规定村委会是群众性自治组织，对法律规定的自治事项享有自治权，乡镇政府对村委会工作进行指导、支持和帮助。然而在实践中乡镇政府却将指导关系转变为领导关系，一方面存在乡镇政府过多干预村委会的选举与自治工作的情况，另一方面乡镇政府将大量行政事务交给村委会，使得村委会演化为政府的"行政末梢"，行政权侵蚀自治权。这种状况的出现虽然有利于乡镇政府工作的推进，却挤压了村民自治的空间，制约了村民自治的发展。

四 乡域德治建设动力不足

其一，乡域德治内容亟待创新转化。乡村是中国传统道德文化的重要载体。但在现代化进程中，乡村文化的流失使得优秀传统道德的约束作用式微，创新转化乡村德治内容，重构乡村的道德体系成为当前德治建设的重中之重。一方面，人们将利益满足视作行动的目的与准则，主体性价值与社会性价值出现错位。另一方面，在商品经济设下的"享乐主义""拜金主义"思想陷阱之下，人们放松了对优秀传统道德的遵守，优秀传统道德的约束作用日渐式微。

其二，社会主义道德宣教亟须落地。社会主义核心价值观是开展乡村德治建设的核心内容来源，但在现实中，部分乡村地区对于社会主义核心价值观的宣传并不到位，一方面没有挖掘衔接好优秀传统文化中蕴含的丰富道德资源，另一方面没有注重筛选好具有时代特色、深刻内涵的现实案例，宣教方式停留于说教灌输，以文化人、以情动人的效果并不明显。

其三，乡域德治主体力量相对弱化。人才资源是实施乡村德治的重要支撑，也是实现乡村治理有效的重要抓手。然而当下部分地区面临青年人才的大量流失，人才总量不足、组织缺乏活力等问题，给乡村德治建设带来艰巨挑战。一是乡村人才流失，德治内生动力不足。人民群众是乡村德治的重要参与者，其中的乡村精英更是乡村德治建设的中坚力量。然而，改革开放以来在市场经济的助推下城市的"虹吸效应"对城乡人口分布产生了强烈的影响，乡村精英向城市的单向度流动从根本上削弱了乡村地区的人才基础，使德治建设的主体力量不断弱化。二是组织活力不强，德治建设效果不佳。现代社会治理实现了从单一主体向多元共融的转型，个体与组织共同作为社会治理主体的重要组成部分，二者功用不同，但相互联结、相互影响。因此，乡村人才流失必然会带来组织内部年龄老化、结构僵化等问题，影响德治在乡村地区的效果。

五 乡域法治建设亟待提升

一是公民法律素质有待提高。当前，部分基层群众民主法治意识欠缺，法治观念淡薄的问题仍然存在，在自身合法权利被侵害时，不能正确反映诉求，不懂得运用法律武器维权，崇尚"无讼有德""权大于法"。个别公职人员缺乏职业道德，知法犯法、以权压法的现象仍然存在。

二是传统思想观念根深蒂固。长期以来，中国社会存在"官从政法、民从私约"传统习惯。一些乡村干部"重人治、轻法治"。强调人治而藐视法治，漠视法律的地位和作用，对民主法治建设的重要性认识不足，习惯用人治来管理，忽视运用法治手段解决问题。程序意识淡薄，忽视行政权力的规范运作。

第三节　乡域治理现代化的路径走向

中国式现代化的特征，是在中国共产党的领导和马克思主义现代化理论的指引下，通过长期探索和深入实践而形成的，既符合世界各国现代化的一般规律，更有基于我国国情的特色。2021年，《中共中央　国务院关于加强基层治理体系和治理能力现代化建设的意见》明确了未来很长一段时期我国基层治理体系和治理能力现代化的发展方向和实施路径，具有极为重要的方向性价值。在推进乡域治理现代化的过程中，同样要以《中共中央　国务院关于加强基层治理体系和治理能力现代化建设的意见》为基本指引，采取多种途径推进乡域治理体系和治理能力的现代化。

一　完善党全面领导乡域治理制度

党的领导是推进乡域治理工作的根本保障。必须坚持党对乡域治理的全面领导，把党的领导贯穿乡域治理全过程、各方面，将党组织的政治优势、组织优势转化为乡域治理效能，推动全面从严治党向乡域延伸，把乡域党组织建设成为坚强战斗堡垒。

第一，健全乡域治理党的领导体制。把抓基层、打基础作为长远之计和固本之举，把乡域党组织建设成为领导乡域治理的坚强战斗堡垒，使党建引领乡域治理的作用得到强化和巩固。加强乡镇、村党组织对乡域各类组织和各项工作的统一领导，以提升组织力为重点，健全在乡域治理中坚持和加强党的领导的有关制度，涉及乡域治理重要事项、重大问题的都要由党组织研究讨论后按程序决定。创新党组织设置和活动方式，不断扩大党的组织覆盖和工作覆盖，持续整顿软弱涣散乡域党组织。推动全面从严治党向乡域延伸，加强日常监督，持续整治群众身边的不正之风和腐败问题。

第二，构建简约高效的乡镇管理体制。深化乡镇机构改革，统筹党政机构设置、职能配置和编制资源，设置综合性内设机构。除党中央明确要求实行派驻体制的机构外，县直部门设在乡镇的机构原则上实行属地管理。继续实行派驻体制的，要纳入乡镇统一指挥协调。

第三，完善党建引领的社会参与制度。坚持党建带群建，更好履行组织、宣传、凝聚、服务群众职责。统筹乡域党组织和群团组织资源配置，支持群团组织承担公共服务职能。培育扶持乡域公益性、服务性、互助性社会组织。支持党组织健全、管理规范的社会组织优先承接政府转移职能和服务项目。搭建区域化党建平台，推行机关企事业单位与乡镇、村党组织联建共建，组织党员、干部下沉参与乡域治理、有效服务群众。

二　加强乡域政权治理能力建设

第一，增强乡镇行政执行能力。加强乡镇党委对乡域政权建设的领导。依法赋予乡镇综合管理权、统筹协调权和应急处置权，强化其对涉及本区域重大决策、重大规划、重大项目的参与权和建议权。根据本地实际情况，依法赋予乡镇行政执法权，整合现有执法力量和资源。推行乡镇行政执法公示制度，优化乡镇行政区划设置，确保管理服务有效覆盖常住人口。

第二，增强乡镇为民服务能力。市、县级政府要规范乡镇政务服务、公共服务、公共安全等事项，将直接面向群众、乡镇能够承接的服务事项依法下放。乡镇要围绕全面推进乡村振兴、巩固拓展脱贫攻坚成果等任务，做好农业产业发展、人居环境建设及留守儿童、留守妇女、留守老人关爱服务等工作。加强乡域医疗卫生机构和乡村卫生健康人才队伍建设。优化乡镇政务服务流程，全面推进一窗式受理、一站式办理，加快推行市域通办，逐步推行跨区域办理。

第三，增强乡镇议事协商能力。完善乡域民主协商制度，县级党委和政府围绕涉及群众切身利益的事项确定乡镇协商重点，由乡镇党委主导开展议事协商，完善座谈会、听证会等协商方式，注重发挥人大代表、政协委员作用。探索建立社会公众列席乡镇有关会议制度。

第四，增强乡镇应急管理能力。强化乡镇属地责任和相应职权，构建多方参与的社会动员响应体系。健全乡域应急管理组织体系，细化乡镇应急预案，做好风险研判、预警、应对等工作。建立统一指挥的应急管理队伍，加强应急物资储备保障。每年组织开展综合应急演练。市、县级政府要指导乡镇做好应急准备工作，强化应急状态下对乡镇人、财、物支持。

第五，增强乡镇平安建设能力。坚持和发展新时代"枫桥经验"，加强乡镇综治中心规范化建设，发挥其整合社会治理资源、创新社会治理方式的平台作用。完善乡域社会治安防控体系，健全防范涉黑涉恶长效机制。健全乡镇矛盾纠纷一站式、多元化解决机制和心理疏导服务机制。

三　健全乡域群众自治制度

第一，加强村民委员会规范化建设。坚持党组织领导乡域群众性自治组织的制度，建立乡域群众性自治组织法人备案制度，加强集体资产管理。规范撤销村民委员会改设社区居民委员会的条件和程序，合理确定村（社区）规模，不盲目求大。发挥村民委员会下设的人民调解、治安保卫、公共卫生等委员会作用，村民委员会应设妇女和儿童工作等委员会，社区居民委员会可增设环境和物业管理等委员会，并做好相关工作。完善村民委员会成员履职承诺和述职制度。

第二，健全村民自治机制。强化党组织领导把关作用，规范村民委员会换届选举，全面落实村两委班子成员资格联审机制。在乡域公共事务和公益事业中广泛实行群众自我管理、自我服务、自我教育、自我监督，拓宽群众反映意见和建议的渠道。聚焦群众关心的民生实事和重要事项，定期开展民主协商。完善党务、村务、财务公开制度，及时公开权力事项，接受群众监督。强化乡域纪检监察组织与村务监督委员会的沟通协作、有效衔接，形成监督合力。

第三，增强村组织动员能力。健全村两委班子成员联系群众机制，经常性开展入户走访。加强群防群治、联防联治机制建设，完善应急预案。在应急状态下，由村两委统筹调配本区域各类资源和力量，组织开展应急工作。改进网格化管理服务，依托村统一划分综合网格，明确网格管理服务事项。

第四，优化村服务格局。市、县级政府要规范村（社区）公共服务和代办政务服务事项，由乡域党组织主导整合资源为群众提供服务。推进城乡社区综合服务设施建设，依托其开展就业、养老、医疗、托幼等服务，加强对困难群体和特殊人群关爱照护，做好传染病、慢性病防控等工作。加强综合服务、兜底服务能力建设。完善支持社区服务业发展政策，采取项目示范等方式，实施政府购买社区服务，鼓励社区服务机构与市场主体、社会力量合作。开展"新时代新社区新生活"服务质量提升活动，推进社区服务标准化。

四 推进乡域法治建设

大抓基层，法治社会是基础。法治社会是构筑法治国家的基础，也是乡域治理现代化的"风向标"。其一，提升乡域党员、干部法治素养，引导群众积极参与、依法支持和配合乡域治理。如深入开展"法律进乡村"宣传教育活动，提高农民法治素养，引导干部群众尊法学法守法用法。其二，完善乡域公共法律服务体系，加强和规范村（居）法律顾问工作。乡镇指导村（社区）依法制定村规民约、居民公约，维护村民委员会、农村集体经济组织、农村合作经济组织的特别法人地位和权利。深入推进综合行政执法改革向乡域延伸，创新监管方式，推动执法队伍整合、执法力量下沉，提高执法能力和水平。加强乡村人民调解组织建设，建立健全乡村调解、县市仲裁、司法保障的农村土地承包经营纠纷调处机制。健全农村公共法律服务体系，加强对农民的法律援助、司法救助和公益法律服务。深入开展法治县（市、区）、民主法治示范村等法治创建活动，深化农村基层组织依法治理。

五 推进乡域德治建设

一是加强思想道德建设。培育践行社会主义核心价值观，推动习近平新时代中国特色社会主义思想进社区、进农村、进家庭。健全村道德评议机制，开展道德模范评选表彰活动，注重发挥家庭家教家风在乡域治理中的重要作用。组织开展科学常识、卫生防疫知识、应急知识普及和诚信宣传教育，深入开展爱国卫生运动，遏制各类陈规陋习，抵制封建迷信活动。二是发展公益慈善事业。完善社会力量参与乡域治理激励政策，创新社区与社会组织、社会工作者、社区志愿者、社会慈善资源的联动机制，支持建立乡镇（街道）购买社会工作服务机制和设立社区基金会等协作载体，吸纳社会力量参加乡域应急救援。完善乡域志愿服务制度，大力开展邻里互助服务和互动交流活动，更好满足群众需求。

六　加强乡域智慧治理建设

以高智能解决老百姓的操心事、烦心事、揪心事，用高科技提升老百姓的获得感、幸福感、安全感，这是乡域治理现代化的必然趋势。一是做好规划建设。市、县级政府要将乡镇、村（社区）纳入信息化建设规划，统筹推进智慧城市和智慧社区基础设施、系统平台和应用终端建设，强化系统集成、数据融合和网络安全保障。健全乡域智慧治理标准体系，推广智能感知等技术。二是整合数据资源。完善乡镇、村（社区）地理信息等基础数据，共建全国乡域治理数据库，推动乡域治理数据资源共享，根据需要向乡域开放使用。完善乡镇与部门政务信息系统数据资源共享交换机制。推进村（社区）数据资源建设，实行村（社区）数据综合采集，实现一次采集、多方利用。三是拓展应用场景。加快全国一体化政务服务平台建设，推动各地政务服务平台向乡镇延伸，建设开发智慧社区信息系统和简便应用软件，提高乡域治理数字化智能化水平，提升政策宣传、民情沟通、便民服务效能，让数据多跑路、群众少跑腿。充分考虑老年人习惯，推行适老化和无障碍信息服务，保留必要的线下办事服务渠道。

参考文献

《马克思恩格斯选集》（第一~四卷），人民出版社，2012。
《习近平谈治国理政》，外文出版社，2014。
《习近平谈治国理政》（第一卷），外文出版社，2018。
《习近平谈治国理政》（第二卷），外文出版社，2017。
《习近平谈治国理政》（第三卷），外文出版社，2020。
《习近平谈治国理政》（第四卷），外文出版社，2022。
〔美〕埃莉诺·奥斯特罗姆：《公共事物的治理之道：集体行动制度的演进》，余逊达、陈旭东译，上海译文出版社，2012。
〔英〕安东尼·吉登斯：《民族—国家与暴力》，胡宗泽、赵力涛译，生活·读书·新知三联书店，1998。
〔美〕巴林顿·摩尔：《民主和专制的社会起源》，拓夫等译，华夏出版社，1987。
曹锦清：《黄河边上的中国——一个学者对乡村社会的观察与思考》，上海文艺出版社，2000。
曹锦清、张乐天、陈中亚：《当代浙北乡村的社会文化变迁》，上海远东出版社，1992。
陈吉元等主编《中国农村社会经济变迁 1949-1989》，山西经济出版社，1993。
董建辉：《明清乡约：理论演进与实践发展》，厦门大学出版社，2008。
《杜润生自述：中国农村体制变革重大决策纪实》，人民出版社，2005。
〔美〕杜赞奇：《文化、权力与国家：1900—1942 的华北农村》，王福明译，江苏人民出版社，2008。

费孝通：《江村经济》，戴可景译，北京大学出版社，2012。

费孝通：《乡土中国》，生活·读书·新知三联书店，1985。

费孝通：《乡土重建》，北京联合出版公司，2021。

〔美〕费正清：《美国与中国》，孙瑞芹、陈泽宪译，世界知识出版社，2008。

黄振华：《家户变迁与政府治理：基于农户的政治人类学考察》，北京大学出版社，2019。

〔美〕黄宗智：《长江三角洲小农家庭与乡村发展》，中华书局，1992。

〔美〕黄宗智：《华北的小农经济与社会变迁》，中华书局，2000。

〔美〕吉尔伯特·罗兹曼主编《中国的现代化》，国家社会科学基金"比较社会化"课题组译，江苏人民出版社，1988。

景跃进等主编《理解中国政治——关键词的方法》，中国社会科学出版社，2012。

瞿同祖：《清代地方政府》，范忠信、晏锋译，法律出版社，2003。

瞿同祖：《中国法律与中国社会》，中华书局，1981。

〔英〕卡尔·波兰尼：《大转型：我们时代的政治与经济起源》，冯钢、刘阳译，浙江人民出版社，2007。

梁漱溟：《乡村建设理论》，上海人民出版社，2006。

梁漱溟：《中国文化要义》，学林出版社，1987。

刘创楚、杨庆堃：《中国社会：从不变到巨变》，香港中文大学出版社，1989。

刘豪兴、冯月根等：《乡镇社区的当代变迁：苏南七都》，上海人民出版社，2002。

马得勇：《中国乡镇治理创新——10省市24乡镇的比较研究》，南开大学出版社，2014。

马戎等：《中国乡镇组织变迁研究》，华夏出版社，2000。

〔美〕明恩溥：《中国乡村生活》，陈午晴、唐军译，中华书局，2006。

彭一刚：《传统村镇聚落景观分析》，中国建筑工业出版社，1992。

秦晖：《传统十论——本土社会的制度文化与其变革》，复旦大学出版社，2013。

荣敬本等：《从压力型体制向民主合作体制的转变：县乡两级政治体制改

革》，中央编译出版社，1998。

〔美〕萨缪尔·P.亨廷顿：《变化社会中的政治秩序》，王冠华等译，上海人民出版社，2015。

〔美〕施坚雅：《中国农村的市场和社会结构》，史建云、徐秀丽译，中国社会科学出版社，1998。

史卫民等：《乡镇改革：乡镇选举、体制创新与乡镇治理研究》，中国社会科学出版社，2008。

苏力：《送法下乡：中国基层司法制度研究》，中国政法大学出版社，2000。

王沪宁：《当代中国村落家族文化——对中国社会现代化的一项探索》，上海人民出版社，1991。

王铭铭：《社区的历程：溪村汉人家族的个案研究》，天津人民出版社，1997。

王文编著《乡镇政权建设》，中山大学出版社，1993。

吴理财：《从"管治"到"服务"：乡镇政府职能转变研究》，中国社会科学出版社，2009。

吴良镛：《人居环境科学导论》，中国建筑工业出版社，2001。

项继权：《集体经济背景下的乡村治理——南街、向高和方家泉村村治实证研究》，华中师范大学出版社，2002。

肖唐镖等：《村治中的宗族：对九个村的调查和研究》，上海书店出版社，2001。

徐勇：《城乡差别的中国政治》，社会科学文献出版社，2019。

徐勇：《非均衡的中国政治：城市与乡村比较》，中国广播电视出版社，1992。

徐勇：《国家化、农民性与乡村整合》，江苏人民出版社，2019。

徐勇：《中国农村村民自治》，华中师范大学出版社，1997。

杨懋春：《一个中国村庄：山东台头》，江苏人民出版社，2001。

叶本乾：《乡域政治：现代国家构建中农村基层政权的生成与重构——基于河南弦乡的实践表达》，中国社会科学出版社，2016。

于建嵘：《岳村政治：转型期中国乡村政治结构的变迁》，商务印书馆，2005。

俞可平主编《治理与善治》，社会科学文献出版社，2000。

袁方成：《大陆与台湾地区乡镇治理比较研究》，中国社会科学出版社，2014。

〔美〕詹姆斯·汤森布、莱特利·沃马克：《中国政治》，顾速、董方译，江苏人民出版社，1995。

张厚安等编著《中国乡镇政权建设》，四川人民出版社，1992。

张厚安等：《中国农村村级治理——22个村的调查与比较》，华中师范大学出版社，2000。

张厚安主编《中国农村基层政权》，四川人民出版社，2012。

张静：《基层政权：乡村制度诸问题》，上海人民出版社，2007。

张静：《现代公共规则与乡村社会》，上海书店出版社，2006。

赵树凯：《农民的政治》，商务印书馆，2018。

赵树凯：《乡镇治理与政府制度化》（修订版），商务印书馆，2010。

赵秀玲：《中国乡里制度》，社会科学文献出版社，1998。

朱光磊：《当代中国政府过程》，天津人民出版社，1997。

David Zweig, *Freeing China's Farmers: Rural Restructuring in the Reform Era* (New York: M. E. Sharpe, 1997).

Helen F. Siu, *Agents and Victims in South China: Accomplices in Rural Revolution* (New Haven: Yale University Press, 1989).

Ionathan Unger, "The Decollectivization of the Chinese Countryside: A Survey of Twenty-eight Village," *Pacific Affairs* 58 (1985).

Jean C. Oi, *Rural China Takes off: Institutional Foundations of Economic Reform* (Berkely: University of California Press, 1999).

Kate Xiao Zhou, *How the Farmers Changed China: Power of the People* (Boulder, CO: Westview Press, 1996).

Kevin O'Brien and Li Lianjiang, *Rightful Resistance in Rural China* (New York and Cambridge University Press, 2006).

RobertRedfield, *Peasant Society and Culture: An Anthropological Approach to Civilization* (Chicago: University of Chicago Press, 1956).

Vivienne Shue, *The Reach of the State: Sketches of the Chinese Body Politic* (Stanford: Stanford University Press, 1988).

后　记

　　本书是华中师范大学政治学世界一流学科建设的阶段性成果。2021年，华中师范大学政治学进入世界一流学科第二轮建设周期，并明确提出了推进省域治理、市域治理、县域治理以及乡域治理的研究规划。"四大治理"是"基层与地方治理"的具体化，其既是不同的研究领域，也有相应的研究任务，编写教材是其中的一项重要内容。此次出版的《乡域治理》即为这一"有组织科研"的成果之一。

　　本书以"乡域治理"为主题，以乡镇治理为主体，同时兼及村级治理、县乡关系、镇村关系等。在研究内容上，本书重点围绕"谁来治""治什么""怎么治"展开。各章节的写作分工如下：绪论由黄振华负责；第一章和第十一章由张海超负责；第二章由姜修海负责；第三章和第四章由胡军负责；第五章和第十二章由黄洪凯负责；第六章由赵佩负责；第七章和第九章由杨瑞负责；第八章由常飞负责；第十章由徐卫士负责；第十三章由吴帅负责；第十四章由于国萍负责。黄振华承担了本书的具体组织和统筹工作，并对全书进行了统稿和修订。

　　本书得以顺利出版，要感谢诸多人士的大力支持。作为"四大治理"的重要一环，"乡域治理"研究始终是在华中师范大学政治学部的统一规划和支持下推进的。通过不定期组织"四大治理"内部研讨会，徐勇教授、陈军亚教授对于本书的研究主题、基本框架、主要内容等进行了全方位的指导。政治学部王璐老师为本书出版提供了诸多支持。社会科学文献出版社的黄金平编辑承担了本书的编校工作，他卓有成效的工作为本书的顺利出版奠定了坚实基础。最后，特别要感谢本书编写组的各位同人，在繁重的教学科研和学习任务之余高质量完成了各章的写作。

当前,"乡域治理"仍是一个有待深入探索的研究领域,《乡域治理》的编辑出版是一次初步尝试。由于编者水平有限,本书可能存在诸多错漏之处,请各位读者不吝赐教。

编者

2024 年 10 月 5 日

图书在版编目(CIP)数据

乡域治理 / 黄振华主编. --北京：社会科学文献出版社，2025.2. --（基层与地方治理系列教材）. ISBN 978-7-5228-4197-7

Ⅰ.D638

中国国家版本馆 CIP 数据核字第 202499NV82 号

基层与地方治理系列教材

乡域治理

主　　编 / 黄振华

出 版 人 / 冀祥德
责任编辑 / 黄金平
文稿编辑 / 尚莉丽
责任印制 / 王京美

出　　版 / 社会科学文献出版社·文化传媒分社（010）59367004
　　　　　　地址：北京市北三环中路甲 29 号院华龙大厦　邮编：100029
　　　　　　网址：www.ssap.com.cn
发　　行 / 社会科学文献出版社（010）59367028
印　　装 / 三河市龙林印务有限公司

规　　格 / 开　本：787mm×1092mm　1/16
　　　　　　印　张：18.5　字　数：290 千字
版　　次 / 2025 年 2 月第 1 版　2025 年 2 月第 1 次印刷
书　　号 / ISBN 978-7-5228-4197-7
定　　价 / 108.00 元

读者服务电话：4008918866

版权所有 翻印必究